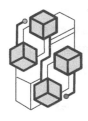

SHEBEI YUNWEI
DAOLUN

设备运维导论

宋震　周萌　主编

化学工业出版社
·北京·

内容简介

本书内容包括设备维护的各类方法以及实践，前四章分别介绍了主流以及前瞻的几种维护方法，其后的章节则面向日常运营，分别从数据收集、维护计划、维护管控、维护改进、维护手段、模型构建与策略优化等方面进行了详细的讲解，并在最后两章补充了先进的设备维护系统方面的知识。不同于现有书籍强调设备状态监测与故障诊断，本书较系统地介绍了设备维护的基础知识和实践经验，深入浅出，内容连贯且覆盖面广，学科交叉性强，内容实用性突出。

本书可以作为机械类专业高年级本科生和机械工程学科研究生的学习用书，也可供工程技术人员参考。

图书在版编目（CIP）数据

设备运维导论/宋震，周萌主编. —北京：化学工业出版社，2022.10
ISBN 978-7-122-41929-3

Ⅰ.①设⋯ Ⅱ.①宋⋯ ②周⋯ Ⅲ.①设备管理 Ⅳ.①F273.4

中国版本图书馆 CIP 数据核字（2022）第 137858 号

责任编辑：金林茹　张兴辉
文字编辑：吴开亮
责任校对：边　涛
装帧设计：王晓宇

出版发行：化学工业出版社
　　　　　（北京市东城区青年湖南街 13 号　邮政编码 100011）
印　　装：涿州市般润文化传播有限公司
787mm×1092mm　1/16　印张 15¾　字数 381 千字
2023 年 3 月北京第 1 版第 1 次印刷

购书咨询：010-64518888
售后服务：010-64518899
网　　址：http://www.cip.com.cn

凡购买本书，如有缺损质量问题，本社销售中心负责调换。

定　　价：99.00 元　　　　　　　　　　　　　　　　版权所有　违者必究

前言

设备维护是保障工矿企业生产的一项重要工作，是机械产品"设计、制造、维护"全周期的主要环节。理解并掌握设备维护工作是推行升级"设备智能运维"的基础。梳理总结设备维护管理知识，既是行业的需要，也为机械类专业本科生和机械工程学科研究生补全相关基础。鉴于此，我们编写了本书。读者通过学习本书内容，不仅能够理解设备运维的主要思想和主流方法，而且能够掌握设备运维的全套作业流程环节。

全书共分 17 章，包括基础性维护、预测性维护、可靠性维护、全面生产维护、维护数据的收集和分析、维护计划和安排、维护库存和采购、维护控制、维护工作改进、维护工程师的工具、维修工人的等级评估、维护模型和建模过程、维护策略优化方法、针对随机失效的检查策略、根本原因分析、集成式电子维护与智能维护系统、基于计算机的维护管理系统。

本书力求立足前沿，简洁易懂，着眼于从应用的角度较全面地介绍设备维护的一系列相关工作，配合实际工程问题作为案例和补充，既突出概念及原理，又强调维护工作实务，使读者逐步提升设备维护的系统性能力。

本书获得了西南石油大学研究生教材建设项目资助，并参考了同类教材和著作，在此表示感谢。

由于编者水平有限，内容深度和广度仍显不足，书中不足之处，恳请读者多提宝贵意见。编者电子邮箱：zhen.song@rwth-aachen.de，meng.zhou@hotmail.com。

编　者

目 录

第 1 章
基础性维护　　　　　　　　　　　　　　　　　　　　　　　001

- 1.1 故障维修 ··· 002
- 1.2 纠正性维护 ··· 002
- 1.3 预防性维护 ··· 003

第 2 章
预测性维护　　　　　　　　　　　　　　　　　　　　　　　008

- 2.1 预测性维护技术 ·· 010
  - 2.1.1 振动监测 ·· 010
  - 2.1.2 热成像 ·· 010
  - 2.1.3 摩擦学 ·· 011
  - 2.1.4 工艺参数监视 ·· 015
  - 2.1.5 电动机分析 ··· 015
  - 2.1.6 超声波监测 ··· 016
  - 2.1.7 操作动力学分析 ··· 016
  - 2.1.8 目视检查 ·· 016
  - 2.1.9 其他技术 ·· 017
- 2.2 计划费用 ··· 017
- 2.3 预测性维护的优势 ·· 018

第 3 章
可靠性维护　　　　　　　　　　　　　　　　　　　　　　　019

- 3.1 基本概念和方法 ·· 020
- 3.2 可靠性经济学 ·· 028
  - 3.2.1 可靠性、价格和性能的相对重要性 ············· 028
  - 3.2.2 可靠性的资本价值 ······································· 028
  - 3.2.3 可靠性的成本影响 ······································· 030
  - 3.2.4 可靠性的分析工具 ······································· 032
  - 3.2.5 可靠性的成本计算 ······································· 035

第 4 章
全面生产维护　　　　　　　　　　　　　　　　　　　　　　037

- 4.1 全面生产维护的基本结构 ······································· 038
- 4.2 设备有效性 ·· 040

  4.3 全面生产维护指标 ··· 041
  4.4 全面生产维护的实施 ·· 042
  4.5 常见障碍 ·· 043
  4.6 促成因素 ·· 043
  4.7 改进的建议 ·· 044
  4.8 全面生产维护详细描述 ··· 045
  4.9 全面生产维护的主要组成部分 ······························ 046
  4.10 全面生产维护的作用 ·· 047

第 5 章
维护数据的收集和分析　　　　　　　　　　　　050

  5.1 数据、信息和知识 ·· 051
  5.2 维护数据 ··· 052
  5.3 数据分析 ··· 053
  5.4 描述性统计 ·· 054
    5.4.1 数值统计 ·· 054
    5.4.2 图形柱 ·· 056
  5.5 推断统计 ··· 057
  5.6 产品维护数据的收集 ·· 058
  5.7 收集工厂维护数据 ·· 058

第 6 章
维护计划和安排　　　　　　　　　　　　　　　062

  6.1 维护计划员和主管 ·· 063
  6.2 主管岗位描述 ·· 064
  6.3 计划员职位描述 ·· 064
  6.4 计划员的工作技能 ·· 065
  6.5 计划失败的原因 ·· 066
  6.6 计划的好处 ·· 067
  6.7 维护计划 ··· 067
  6.8 维护计划的数字化 ·· 070

第 7 章
维护库存和采购　　　　　　　　　　　　　　　072

  7.1 库存系统要求 ·· 073
  7.2 组织维修库房 ·· 074
  7.3 存货成本及控制 ·· 075

第 8 章
维护控制　　　　　　　　　　　　　　　　　　077

  8.1 维护控制的功用 ·· 078

	8.2	维护控制的流程	079
	8.3	维护控制的功能结构	081
	8.4	工单系统	081
	8.5	工单系统流程	085
	8.6	有效地维护控制系统所需的工具	087

第 9 章
维护工作改进　　　　　　　　　　　　　　　　　090

	9.1	工作改进的五个步骤	093
	9.2	图表绘制技术	094
		9.2.1　流程图	094
		9.2.2　多重活动图	095
	9.3	操作轨迹的四大原则	097
	9.4	工作改进在维护中的应用	099
	9.5	维护工作启动	099
	9.6	维护工作度量	101
	9.7	关键绩效指标	102

第 10 章
维护工程师的工具　　　　　　　　　　　　　　　109

	10.1	简化的失效模式和影响分析	110
	10.2	故障树分析	115
	10.3	因果分析	116
	10.4	事件顺序分析	117
	10.5	五个原因	118
	10.6	统计分析工具	119
		10.6.1　帕累托分析	119
		10.6.2　80/20 规则	120
		10.6.3　因果图	120
		10.6.4　控制图	122
		10.6.5　直方图	123
		10.6.6　散点图	127

第 11 章
维护工人的等级评估　　　　　　　　　　　　　　130

	11.1	有效薪资计划的好处	131
	11.2	工作评估的一般原则	131
	11.3	传统因素	131
	11.4	因素的相对权重	132
	11.5	工作评估分析	132
	11.6	评估工作	135
	11.7	常见要素定义	135

| 11.8 | 确定工作类别 | 137 |
| 11.9 | 不同类别薪资水平的确定 | 138 |

第 12 章
维护模型和建模过程   **141**

12.1	模型介绍	142
12.2	模型构建	144
	12.2.1 数学公式和分类	144
	12.2.2 数学模型的分类	146
12.3	建模方法	146
12.4	数学建模过程	148
12.5	统计与概率观点	151
12.6	维护决策问题建模	152

第 13 章
维护策略优化方法   **153**

13.1	可靠性模型评估	154
	13.1.1 回归和最大似然方法	154
	13.1.2 不确定性影响的可靠性模型	156
13.2	维护性能	157
13.3	基于仿真的维护框架	159
	13.3.1 统一框架	159
	13.3.2 维护策略	159
	13.3.3 不确定性影响的维护性能	162
	13.3.4 案例研究	163

第 14 章
针对随机失效的检查策略   **167**

14.1	基本检验模型	169
14.2	基本检验模型的扩展	170
	14.2.1 单组件系统检验模型	170
	14.2.2 多组件系统检验模型	176
14.3	条件维护模型	177

第 15 章
根本原因分析   **180**

15.1	概念和方法	181
15.2	管理问题解决过程	183
	15.2.1 A3 流程	185
	15.2.2 根本原因分析的简单流程	186
	15.2.3 根本原因分析的正式流程	188

15.3　根本原因分析方法 189
　　　　15.3.1　识别潜在根本原因分析的事件 191
　　　　15.3.2　报告问题 191
　　　　15.3.3　澄清问题 192
　　　　15.3.4　确认事实 194
　　　　15.3.5　收集整理数据和物证 194
　　　　15.3.6　设计审查 195
　　　　15.3.7　程序审查 196

第 16 章
集成式电子维护与智能维护系统　　200

　　16.1　视情维护技术及发展状况 202
　　16.2　集成式电子维护系统及现状 203
　　16.3　电子维护技术框架 204
　　16.4　基于 Watchdog Agent 的智能维护系统 206
　　　　16.4.1　R2M-PHM 平台 207
　　　　16.4.2　系统架构 207
　　　　16.4.3　用于多传感器性能评估和预测的工具箱 208
　　　　16.4.4　维护决策支持系统 212
　　16.5　用于高级电子维护的技术集成 213
　　　　16.5.1　通用 ICT 接口 213
　　　　16.5.2　Watchdog Agent 的通用接口要求 216
　　　　16.5.3　系统用户界面需求 218
　　16.6　工业应用实例 219
　　　　16.6.1　复杂工业设施的电子维护系统 219
　　　　16.6.2　用于产品生命周期设计和管理的 Watchdog Agent 技术 220
　　　　16.6.3　用于解决轴承劣化问题的 Watchdog Agent 技术 221
　　16.7　电子维护应用系统面临的挑战 224

第 17 章
基于计算机的维护管理系统　　226

　　17.1　基于计算机的维护管理系统的功能 227
　　17.2　基于计算机的维护管理系统的文件 227
　　17.3　基于计算机的维护管理系统的使用 233
　　17.4　基于计算机的维护管理系统的适用性 240
　　17.5　基于计算机的维护管理系统的不适用之处 241
　　17.6　基于计算机的维护管理系统的失效 242

第1章
基础性维护

设备维护工作常见三种基本类型：故障维修、纠正性维护、预防性维护。它们之间的主要区别在于实施的是维修还是维护。故障维修是直到机器不能工作时才进行修理。纠正性维护是为了解决设备系统中已确定的具体问题，而预防性维护的主要任务是在问题暴露之前实施维护。目前很多工厂几乎完全依赖故障维修来维护关键的生产设备。

1.1 故障维修

由于大多数维护工作都是在出现故障或出现生产中断后才进行的，所以这项工作首要关注的是尽快让机器或系统恢复运行。只要机器能在可接受的最低水平上运行，就认为维修成功。这种方法既无效又昂贵，其中造成高成本的主要因素有两个：计划不周全和维修不彻底。

故障维修的第一个局限性是，由于生产和工厂管理的时间限制，大多数维护计划都做不到位，人力资源和维护资源的有效利用水平是非常低的。通常情况下，故障维修的成本是相同条件下制订好维护计划后维护成本的 3～4 倍。

故障维修的第二个局限性是，关注故障的明显症状，而非故障的根本原因。例如，一个轴承发生故障可能导致一个关键机器卡死而停止生产。在故障维修时，会尽快更换轴承，使机器恢复运行，但不会试图寻找轴承失效的根本原因以预防故障再次发生，并不会提高机器或系统的可靠性。这种故障维修的结果是维修频率居高不下以及维修成本显著增加。

1.2 纠正性维护

纠正性维护和预防性维护之间的主要区别是，预防性维护在采取措施之前未存在问题，其目的是防止问题的发生。纠正性维护的任务是将在点巡检工作中发现的可能造成设备故障的问题予以及时纠正。与故障维修不同，纠正性维护侧重于根据点巡检安排，完成定期的、有计划的任务，使得所有关键的机器设备和系统保持在最佳的运行状态。维护效率根据关键的机器设备和系统的生命周期成本来判断，而不是根据故障机器恢复服务的速度来判断。

纠正性维护是维护管理的一种前瞻且即时的方法，基本目标是消除点巡检中发现的问题，使设备达到最佳操作条件以及避免不必要的维修，并提高所有关键设备系统的效率。纠正性维护是根据需要对所有初始问题进行适当的、全面的解决，要经过精心的计划，由训练有素的技工实施，并在机器或系统恢复服务之前进行验证。初期的问题不限于电气或机械方面，所有偏离最佳操作条件，即效率、生产能力和产品质量的偏差，在检测到后都要得到纠正。

没有具体的支持工作，纠正性维护是不可能存在的。在正确实施纠正性维护之前，必须具备一些先决条件。

① 准确识别早期问题。必须在故障发生前通过完善的点巡检制度发现维护需求，准确找到所有早期问题的根本原因。没有这种能力，就无法计划纠正性维护工作。

② 妥善准备计划预案。必须有良好的计划，将成本和生产的中断降至最低。必须留出足够的时间，以便彻查出根本原因，从而较彻底地避免由这些初期问题造成的故障。妥善的计划依赖于训练有素的计划人员、可靠的维护数据库和工厂内每台机器或每个系统的

完整维护程序。

许多工厂没有专职的维护计划人员，或者他们的维护计划人员缺乏工作所需的知识或技能。必须提供适当的培训，以确保每个维护计划人员具有适当计划维护任务所需的技能。必须知道为保持关键工厂机器、设备和系统的最佳运行状态所需要的各类维护工作的平均时间。没有这些知识，就无法有效实施维护计划。此外，必须知道完成每项维护任务所需的具体工具、修理零件、辅助设备和维修技能。这就需要一个较为全面的维护数据库，其中包含实际的平均维护时间、标准的维护过程，以及正确维护计划所需的大量其他信息。这些信息，连同适当的维护规程，是一个可行的维护计划的必要条件。

③ 制订正确的维护规程。维护工作必须完整且正确地实施。在许多情况下，不合格的维护工作对关键的工厂机器造成的损害要大于机器故障本身造成的损害。

纠正性维护的一个基本要求是对每个潜在问题进行适当的、全面的解决。为了满足这一要求，所有维护工作都必须由掌握必要技能的人员来完成。熟练的技术人才是纠正性维护的先决条件。他们拥有修理零件和使用工具的技能，能够使机器或系统恢复到新的状态。相当多的维修技工不具备正确维护或修理工厂设备、机器或系统所需的基本技能，往往不能正确安装轴承，不能平衡旋转设备，甚至不能发动设备。需要加强培训正确拆卸、修理和重新组装复杂机械或系统所需的知识和技能。因此，必须实施持续的培训计划，提供支持生产或制造系统所需的基本维护技能。培训计划应包括技能考核和定期安排。

所有常见的维护任务都应该有一个标准的工作规程，应该包括所有必要信息，如工具、安全问题、维修零件、维护要求和工作步骤。这应该是完整的，并包含完成任务所需的所有信息。这些信息需要由制造商提供，而不应该让维护人员自己来寻找或确定。

④ 预留足够的维护时间。大多数工厂依赖故障维修的根本原因之一是紧凑的生产计划和管理限制了维护时间。减少故障维修次数和频率的唯一方法是留出足够的时间进行适当的维护。工厂管理必须允许所有的关键系统有足够的维护时间，这样才能进行有效的维护工作。从长远来看，维护管理理念的根本改变将促使维护关键设备所需的停机时间大幅减少。不允许降级到故障或可能发生严重问题的程度。这将比在故障模式下维修机器花费的成本更少。

⑤ 落实维护验证环节。所有的维护都必须在机器运转或系统恢复运行之前进行验证。这一验证过程将确保维护工作被正确执行，纠正了所有初始问题、偏离最佳操作条件的偏差，以及造成生产能力和产品质量下降的其他因素。

1.3 预防性维护

预防性维护通过对工厂关键设备和系统进行定期评估来发现潜在问题，并立即安排检修工作，以避免不良运行状态。在大多数工厂中，预防性维护常被误解为定期润滑、调整以及其他突现的维护任务。这些都不是真正的预防性维护。事实上，大多数情况下，这些维护活动的主要动机仍然是避免故障。

预防性维护旨在延长设备使用时间并避免任何计划外维护活动。例如，可以将预防性维护与汽车保养进行比较，必须有计划地安排某些任务，所有这些任务都是为了避免汽车故障。设备的预防性维护跟汽车保养一样，没有什么不同。

进行预防性维护工作的原因主要有以下几方面。

设备运维导论

- 自动化程度提高。
- 即时生产。
- 精益制造。
- 生产延误造成的业务损失。
- 减少多余设备。
- 减少安全库存。
- 生产过程的整体可靠性。
- 延长设备寿命。
- 降低能耗。
- 生产更高质量的产品。
- 需要一个更有计划、更有组织的工作环境。

工业自动化离不开预防性维护。设备自动化程度越高，可能导致的设备故障就越多，能使整个设备停止运行的组件也越多。例行预防性维护工作可以使自动化设备保持适宜的状态，以提供不间断的生产服务。

即时生产是当今一种普遍的生产策略，将制成成品的材料及时送达生产过程，消除不必要的库存。即时生产要求设备有较高的可用性。当生产需要时，设备必须准备好运行；在运行周期内不能发生故障。许多公司已经从"即时"发展到"精益"理念，对设备的可用性依然有很高的要求。由于即时生产和精益制造都要求减少或消除传统上存在的安全库存和高成本，因此必须进行预防性维护以防止设备停机。如果设备在运行周期内确实发生故障，则在制造产品和交付给客户方面会有所延迟。在竞争激烈的当下，交货延迟可能会导致客户流失。进行预防性维护，使设备能够可靠运行，以制订稳健的生产计划，从而可以足够可靠实现按时交货。

在许多情况下，当设备不够可靠，可能无法按计划生产时，公司会再购买一些相同的设备。如果一台设备出现故障，则启用一台备用设备。另外，维护人员也会采购许多备件以便处理设备故障。但是，鉴于设备和关键部件的价格，这种备用策略对于解决常见故障问题可能是比较昂贵的解决方案。通过制订良好的预防性维护计划，使维护部门能够了解设备状况并避免疲劳性故障，即使不能完全消除意外故障，也可大幅减少。如果设备可用性处于尽可能高的水平，则不需要多余的设备和备件。

每个生产过程都取决于先前的过程，这些过程分为多个单元。每个单元被视为一个单独的操作。此外，每个单元都依赖于前一个单元来处理必需的材料。对于独立单元，97%的正常运行时间是可以接受的。但如果将 10 个单元（每个单元的正常运行时间为 97%）串联形成一个制造过程，则该过程的总正常运行时间仅为 73.7%。这个水平在任何生产过程中都是不可接受的。预防性维护可以将设备正常运行时间提高到更高的水平，从而减少维护部门的故障维修工作量。回到车辆保养的例子，按规定的时间间隔进行保养的汽车将提供较长的使用寿命。但如果忽略保养（例如，从不更换机油），则使用寿命会缩短。由于工业设备通常比汽车还要复杂，因此维护需求可能会很广泛且关键。

预防性维护将设备的能耗降到尽可能低的水平。由于所有轴承、机械传动和轴对中等关键事项都得到了及时的关注，因此保养良好的设备运行能耗也会较少。

质量保障是降低成本的另一种方式，有助于证明预防性维护计划的合理性。较高的产品质量是严格的、有纪律的预防性维护计划的直接结果。为了获得在当今世界市场上竞争所需要的产品质量,需要良好的预防性维护计划。

如果按照大多数维护部门现有的方式组织维护工作,那么维护质量是得不到保障的。管理层往往为了短期回报而牺牲长期规划。必须改变这种态度和观念,要给予预防性维护所需的优先权,否则会导致应急的故障维修,使得维护基本没有计划或控制。没有管理层的大力支持,任何预防性维护计划都不会成功。

一个好的预防性维护计划,其重点因行业和设施而异,将包括以下这些类型。
- 基本预防性维护。
- 主动替换。
- 有计划地翻新。
- 有条件地保养。

基本预防性维护,包括润滑、清洁和检查,是预防性维护计划的第一步。这可帮助设备在出现故障之前解决一些小问题。通过检查可能会发现一些故障,可以通过正常的计划和系统进行修复。具有此类计划的公司常会误认为这就构成了预防性维护计划,但其实这仅是一个开始。

通常可以在检查或日常维护期间找到有缺陷或即将失效的零件。在它们失效之前用新零件替换,这减少了与故障相关的高昂成本。注意:只能对有故障危险的组件(即有缺陷或即将失效的零部件)进行更换。过度更换自以为但不确定有缺陷的部件,会增加预防性维护的成本。

定期翻新通常出现在公用事业和连续加工型工业中。在停机或大修期间,所有已知或怀疑有缺陷的部件都会更换,使设备在下次大修前处于相对无故障运行的状态。这是通过使用项目管理类型的软件进行计划的,使公司按时间表来启动和完成整个项目,并预先知道所有资源需求,从而合理规划整个项目。

预防性维护最显著的好处是消除了生产过程中发生故障的相关成本。修理设备的费用很容易计算,它等于工人人数×维修时间×单人单位时间维修成本+材料成本,但这并不是总费用。设备故障及生产意外中断的总成本如下。
- 操作员时间损失,包括报告故障时间、维修到达时间、维修完工时间、重启设备时间。
- 维修费用,包括得到设备的时间、修理设备的时间、返回调度区的时间。
- 修理或更换归档零部件的费用。
- 生产或销售成本损失或两者兼而有之。
- 维修工作产生的报废成本。

以上要点是明确的,但是成本可能仍然难以计算。最大的无形损失是延迟或劣质交付给客户的产品和服务。不完全统计表明,因产品和服务质量低劣而流失的客户,平均可占每年销售额的10%。当这个数字加上平均高达30%的生产预算用于质量问题返工时,就很容易突显出预防性维护对质量的重要性。预防性维护的财务证明并不困难,增加和节省的成本如下:

最初增加=维修人工费+更换零件费用
最终减少=废料(质量成本)损失+停工(生产成本)损失+销售成本损失

设备常见有四种不同类型的故障:初始故障、随机故障、误操作故障、疲劳故障。前三者并不适用预防性维护。

设备运维导论

- 初始故障是组件在最初几个小时内发生的故障。例如，电子元件行业存在的劣质器件的情况。在这种情况下，当对电路施加初始电压，但器件不符合标准时，就会发生故障。难以使用预防性维护防止这种类型的故障。
- 随机故障是在没有通知或警告的情况下发生的故障。这种类型的故障很难预测，与工况或材料有关，无法使用预防性维护来防止。
- 误操作故障通常是由于培训不规范或态度不端正引起的，也无法使用预防性维护。
- 疲劳故障是可以使用预防性维护的故障类型。这些故障会在相对较长的时间内逐渐发生。可以设计预防性维护程序来发现磨损或腐蚀迹象并采取适当措施避免故障。可以允许正常磨损和腐蚀，但不能引起故障后果，否则应在磨损或腐蚀超标或引起故障之前更换部件。

一旦决定使用预防性维护，并获得了管理层支持，则应遵循下列步骤。

- 确定关键设备单元或系统。
- 识别构成设备或系统的部件，包括皮带、链条、齿轮传动、电气系统、电子系统、流体动力系统等。
- 确定每种部件的预防性维护程序。
- 为每个程序制订详细的工作计划。
- 确定每个预防性维护程序的时间表。

使预防性维护覆盖工厂中的每个组件是不划算、不可能的。非关键组件直接用到失效或替换比花钱维护要容易得多，而关键组件应被识别并归类以纳入预防性维护计划。

确定维护对象后，有必要将设备组件进行分类。这样就更容易制订标准的预防性维护程序。例如，对大多数V带传动采用相同的维护程序，这样就使程序识别和应用于所有其他V带传动变得更容易，从而对同类对象的程序仅需微小的更改。在对组件进行分类时，可以参考几种信息源。

- 制造商，提供维护、润滑和检修计划。
- 查看工单历史记录，可以提供故障频率和维修历史的信息。
- 详细咨询，操作人员、工艺技术人员可以提供设备的具体信息和细节。

较高质量的历史记录可以提供最可靠的信息，因为它直接来自特定的工厂环境。如果使用了制造商的信息，则需要注意，制造商往往建议太多且过于频繁的维护工作。大多数制造商希望看到它们的设备得到尽可能好的维护，但过度维护会增加预防性维护成本。制造商信息可以用作指导原则，但不应被视为必须严格遵守。

在确定要执行的任务后，下一步就是制订各任务的详细程序。应包括以下信息：所需的工艺、工艺所需的时间、所需材料的清单、详细的作业说明，如安全说明、任何停机或停机时间要求。例如，在估算执行预防性维护所需的时间时，应考虑下列因素。

- 准备时间，包括上锁、挂牌。
- 行走时间，包括往返现场。
- 限制，包括密闭空间、消防值班等。
- 实际执行时间。
- 区域清理时间。

预防性维护计划越详细，就越容易安排。如果预防性维护计划与总体维护计划相结合，效果会更好，但其工作量可能会要求配有专门负责实施预防性维护的人员。在这两种情况下，更精确的估计和材料要求可以制订更准确的时间表，制订更成功的预防性维护计划。不准确估计和材料要求会导致错过预防性维护或改变频率，最终出现意外故障。不成功的预防性维护程序会失去管理层的支持。

预防性维护计划制订后，仍需对要执行的预防性维护是否需要监管做出决定。强制性预防性维护在时间到时必须执行，特别是涉及职业健康与安全、环境保护和许可证检查时。非强制性预防性维护可以在短时间内延迟，甚至在当前周期内取消，而不会导致部件立即失效或设备故障。

预防性维护工作中常见问题主要有以下几点。
- 低于平均无故障时间，导致设备经常故障。
- 高于平均维修时间，导致发生灾难性故障。
- 维修相关质量问题，导致高废品率。
- 因忽视基础性维护而导致的故障，导致润滑、检查或紧固程序的不良结果。
- 与维护相关的法规问题，包括 OSHA、EPA、FDA、ISO9000。
- 一般设备状况差，导致资本设备寿命减少。

这些指标中的每一个都可以用作改进现有维护计划或证明启动维护计划必要性的依据。例如，在订单充足的情况下，如果设备利用率低于 90%，说明设备维护方法不正确。如果有预防性维护计划，需要尽快修订完善。设备故障时，机器操作员的等待时间过长，表示重大故障。一个好的预防性维护计划应该在重大故障发生之前将其检测出来。如果存在许多重大故障，必须修订预防性维护计划，然后再取消原计划。如果可以将故障归因于缺乏润滑或调整，同样说明该预防性维护计划存在缺陷。

预防性维护计划中断或无效的常见原因有以下几个。
- 优先问题：用于繁忙的工作或填报工作，日程冲突，未能遵守计划。优先问题与维护组织中没有给予预防性维护计划足够的支持有关。当实施预防性维护计划时，所有人都必须致力于为使其工作而付出全部努力。
- 启动问题：设备选择错误，计划不周，任务细节不充分。启动问题表示预防性维护计划不完善，应在这些方面即时补充，以保有使预防性维护计划成功所需的管理层支持。
- 不更新问题：未能进行生命周期的调整或及时的失效分析。不更新问题表示维护程序需要灵活性，在设备的生命周期内需要进行更新。随着设备的老化，对其要求也有所不同。未能更新或调整维护程序将导致预防性维护计划运行数年，所需的成本显著攀升。

第2章
预测性维护

第2章 预测性维护

大多数用户将预测性维护视为防止关键旋转设备灾难性故障的一种手段，或者一种维护计划工具，使用振动、红外或润滑油分析数据来确定是否需要采取纠正性维护措施。这些误解使得大多数已制订的预测性维护计划无法实现维护成本的显著降低或工厂整体性能提高的目标。实际上，在许多情况下，执行该计划的直接结果是使每年的设备修理、产品质量和生产成本都急剧增加。

预测性维护不仅仅是维护计划工具，不应局限于维护管理，作为集成整体工厂绩效管理计划的一部分，也是一种可以提供提高生产能力、产品质量以及工厂的整体效率的手段。当然，对于各种限制工厂总体性能的因素而言，预测性维护并不是万能药。事实上，它不能直接影响工厂绩效。简而言之，预测性维护是一种管理技术，定期评估工厂设备、生产系统和工厂管理功能的实际运行状况，以优化工厂的总体运营。

预测性维护程序的输出是数据。在采取措施解决程序中显示的偏差或问题之前，无法改善工厂绩效。因此必须遵循工厂改良的管理理念。没有管理层的绝对承诺和支持，以及所有工厂职能部门的全面合作，预测性维护计划将无法提供解决低质低效工作的方法。

限制工厂有效管理的一个因素是缺乏及时的事实数据来定义关键生产系统的运行状况以及关键工厂功能（例如库存、工程和生产）的有效性。高昂的维护成本是整个工厂内在问题的直接后果，而不仅是无效的维护管理。不正确的设计和采购、不正确的操作以及过时的管理，比关键设备的灾难性故障造成的延误更能导致较高的生产和维护成本。低质低效工作的根本原因是无谓心态和目光短浅。

作为一种按需维护管理工具，预测性维护可以提供预防性和纠正性维护任务所需的数据。预测性维护通过直接监控运行状况、系统效率等指标来确定厂内的每台设备和系统的效率，而不是依靠行业收集的统计数据。预测性维护程序提供的事实数据，定义了每台设备的实际状况和每个过程的运行效率，为维护部门提供了可用于安排维护活动的实际依据。预测性维护程序可以最大限度地减少工厂中所有机械设备的计划外故障，并确保维修后的设备处于可接受的状态。该程序还可以在问题严重之前识别出机器问题。如果尽早发现并修复大多数问题，则可将影响最小化。正常的失效模式的劣化速度与严重程度成正比，在大多数情况下，可以及早发现问题。

为了实现这些目标，预测性维护程序必须正确地识别初期问题，通常是基于简单的监视方法，这可以识别症状，而问题的真正原因仍需进一步分析。

要成为有效的维护管理工具，必须将其与可行的维护计划结合使用，使用数据来计划适当的维修。另外，它取决于维修工的技能和知识。规划不力和维修不当都会严重限制预测性维护的优势。

基于振动特征分析的预测性维护建立在两个基本事实上：所有常见的失效模式都有不同的振动频率分量，可以将其区分和识别；除非机械传动系的运行动力学发生变化，否则每个不同的振动分量的振幅将保持恒定。利用热损失等非破坏性技术进行预测性维护可以量化非旋转设备的运行效率。这些与振动分析结合使用的技术可以提供事实信息，使设备获得最佳的可靠性和可用性。

预测性维护可以提供许多导致产品质量下降问题的数据。一个全面的程序将使用振动、热成像、摩擦学（关于相互作用表面的摩擦、磨损和润滑的科学）、过程参数和运行动力学等数据的组合，预测与关键设备的最佳运行条件的偏离，从而保证产品质量和生产能力。

2.1 预测性维护技术

多种技术可以用于预测性维护。通常机械系统占工厂设备的大部分,因此振动监控是大多数预测性维护计划的关键组成部分,但仅限于监视机械状况,而不是提供维护设备可靠性和效率所需的关键参数。如前所述,一个全面的预测性维护程序必须包括的监视和诊断技术有振动监测、热成像、摩擦学、工艺参数监视、电动机分析、超声波监测、操作动力学分析、目视检查和其他技术。

2.1.1 振动监测

振动监测是用于预测性维护的主要技术。该技术利用机械设备产生的噪声或振动来确定其实际状况,已被证明在检测异常机器行为方面极其可靠和准确。但是,仪器的成本以及获取和分析噪声数据所需的专业知识使这种类型的预测性维护较难普遍应用。目前在少数选定行业中的关键设备上证明实施基于噪声的预测性维护程序所需的费用是合理的。如果使用得当,振动监测可以在严重的零部件失效发生之前识别特定的潜在设备组件及失效模式。大多数基于振动的预测性维护程序都依赖于一种或多种趋势分析技术,包括宽带趋势、窄带趋势和特征分析。

(1) 宽带趋势

该技术从机械设备上的选定点获取总体或宽带振动读数,将这些数据与从新机器获取的基准读数或振动严重性图表进行比较,以确定机器的相对状况。通常,此类分析使用未经过滤的宽带测量值,该测量值可提供 10~10000Hz 的总振动频率。所测量的数据代表机器在其特定测量点的振动,不直接反映与实际机器问题或失效模式相关的任何信息。理想情况下,宽带趋势可以用作简单指示,表明机械状况或运行动态是否发生变化。该技术最好用作关键机械运行状况的总体扫描。宽带值必须转化为实际的生产参数,例如负载和速度,才能有效发挥作用。机器速度和负载的变化将直接影响机器的整体振动水平。

(2) 窄带趋势

像宽带一样,窄带趋势监视特定频率的振动能量。与宽带不同,窄带分析使用代表特定机器组件或失效模式的振动频率。这种方法能够快速监控关键机器组件的状况,而不是整个机器状况,无需手动分析振动信号,即可监视齿轮组、轴承、转子等部件状况。与宽带趋势一样,速度、负载和其他工艺参数的变化将对每个机器组件(即窄带产生的振动能量)产生直接的影响。为了有意义,也必须将窄带值转化为实际生产参数。

(3) 特征分析

与两种趋势技术不同,特征分析提供了由机械生成的每个频率分量的可视表示。通过培训,工厂员工可以使用振动信号来确定机械所需的特定维护。大多数基于振动的预测性维护程序都使用某种形式的特征分析。这些程序的局限性在于大多依靠比较分析,而不是完全的根本原因分析技术。

2.1.2 热成像

热成像技术是一种预测性维护技术,利用温度高于热力学零度的所有物体都会发出能量或辐射这一特点,用于监视机械和结构状况,监测设备散发的红外能量(即温度),以判定其工作条件。通过发现热异常，即比其应有温度高或低的区域，有经验的技术员可以定位并确定设备内的初期问题。

红外辐射是发射能量的一种形式，有所有辐射能量中最长的波长，需要使用特殊仪器观察。来自物体的红外辐射强度是其表面温度的函数。但是，使用红外方法进行温度测量很复杂，因为可以从任何物体检测到三个热能源：物体本身发出的能量、物体反射的能量及物体透射的能量。在预测性维护程序中，仅需要测取物体本身发出的能量，反射和透射的能量会使原始的红外数据失真。因此，在进行有意义的分析之前，必须从获取的数据中滤除反射和透射的能量。

表面条件、油漆或其他保护性涂层的变化以及许多其他变量会影响工厂设备的实际发射率。除反射和透射的能量外，还必须考虑物体和测量仪器之间的大气层水蒸气和其他气体吸收红外辐射。周围大气中漂浮的灰尘、某些照明和其他变量可能会使测得的红外辐射变形。由于大气环境在不断变化，因此每次获取红外数据时，使用热成像技术都需要格外小心。大多数红外监视系统或仪器都提供了特殊的过滤器，可用来避免大气衰减红外数据带来的负面影响。

光学元件收集辐射能并将其聚焦在探测器上，探测器将其转换为电信号。仪器的电子设备将输出信号放大并处理成可以显示的形式。可用于预测性维护的仪器有三种：红外测温仪（或点辐射计）、线扫描仪和红外成像系统。

(1) 红外测温仪

红外测温仪或点辐射计提供机器或表面上单个相对较小点的实际表面温度。在预测性维护程序中，点红外测温仪可以与振动传感器结合使用，以监控设备上关键点的温度，如轴承盖温度、电动机绕组温度、过程管道温度，所测取的温度仅代表机器或结构上的单个点，但与振动数据结合使用，可能会是有价值的信息。

(2) 线扫描仪

这种红外仪器可提供一维扫描或比较辐射线，尽管可提供较大的视野，如机器表面的面积，但在预测性维护应用中仍受限制。

(3) 红外成像系统

与其他红外技术不同，热成像或红外成像提供了一种在非常短的时间内扫描整个机器的红外发射的方法。大多数成像系统的功能都非常类似于摄像机，用户只需看一下仪器的光学元件，就可以查看大范围的热辐射曲线。如果设计为扫描仪，不具备存储和调用热图像的功能，将限制长期的预测性维护工作。

在预测性维护程序中使用热成像技术，将能够监视关键过程的热效率，这些过程依赖于传热或蓄热、电气设备以及其他可改善系统可靠性和效率的参数。红外技术可用于检测各种系统和设备中的问题，包括电气开关设备、变速箱、变电站、断路器面板、电动机、建筑物外壳、轴承、蒸汽管线等。

2.1.3 摩擦学

摩擦学是通用术语，这里指轴承——润滑转子支承结构的设计和动力学。可以将几种摩擦学技术用于预测性维护，如润滑油分析、光谱分析、磨损颗粒分析和铁谱分析。

润滑油分析是一种确定机械和电气设备中所使用的润滑油状态的分析技术，不是确定机器运行状况的工具。某些形式的润滑油分析将对油中包含的各化学元素（包括油添加剂和污染物)进行准确的定量分析。分析连续的油样中痕量金属可以表明工厂设备中被油浸湿部件的磨损方式,并可提示可能的机器故障。

摩擦学分析一直是一个相对缓慢且昂贵的过程。使用传统的实验室技术进行分析,需要大量的熟练技术工人。现在可以实现大多数润滑油光谱分析自动化,从而减少人工并降低分析成本。润滑油光谱分析的主要应用是油品质量控制,减少润滑油库存以及确定最经济的换油间隔。可以使用这些技术定期分析润滑油、液压油和介电油的状况,确定机油是否满足设备的润滑要求。如不满足,可以更换或升级。此外,在某些情况下,对工厂中所用不同油品的化学和物理性质进行详细分析,可以固结或减少维持设备所需的润滑剂的数量和类型。消除不必要的重复可减少所需的库存水平,从而降低维护成本。作为预测性维护工具,润滑油光谱分析可用于根据油的实际情况安排换油间隔。在中型和大型工厂中,换油次数的减少可以使每年维护成本大幅降低。相对便宜的采样和测试可以显示机器中的机油何时达到需要更换的点。通过频繁采样工厂中每台机器的数据,就能为油品分析提供大量信息,作为维护决策的基础。但是,如果没有一致的采样程序,会使数据的有效性大打折扣。

(1) 润滑油分析

润滑油分析已成为预防性维护的重要辅助手段。实验室按计划的时间间隔取样机器润滑油,以确定对机器传动系统至关重要的润滑膜状况。需要进行以下 10 种常规测试。

① 黏度 这是润滑油最重要的特性之一。将油样品的实际黏度与未使用的样品进行比较,以确定在使用过程中样品的变稀或增稠。黏度太低会降低油膜强度,削弱其防止金属与金属接触的能力。黏度过高可能会阻止油流到轴承支撑结构中的重要部位,从而降低润滑能力。

② 污染 水或冷却剂对机油的污染会在润滑系统中引起严重问题。现在用于配制润滑油的许多添加剂包含与冷却剂添加剂相同的元素。因此,实验室必须准确地分析比较油质。

③ 燃料稀释 发动机中的机油稀释会削弱油膜强度、密封能力和去污力。这可能是由于操作不当、燃油系统泄漏、点火问题等引起的。当燃油稀释度达到 2.5%~5%时,被认为是过度的。

④ 固体含量 指润滑油中所有固体物质所占样品体积或重量的百分比。润滑系统中固体的存在会显著增加润滑零件的磨损。报告中固体的任何意外增加都值得关注。

⑤ 油烟 柴油机机油中的燃油烟灰是柴油机机油的重要指标,在一定程度上始终存在。柴油机机油中燃油烟灰的测试很重要,因为它表明了发动机的燃油燃烧效率。燃油烟灰的大多数测试都是通过红外分析进行的。

⑥ 氧化 润滑油的氧化可导致漆沉积、金属腐蚀或油增稠。大多数润滑油都含有抗氧化剂。但是,当添加剂用完时,油本身就开始氧化。通过差分红外分析可测量油样的氧化量。

⑦ 硝化 发动机中的燃料燃烧引发机油硝化作用,形成的产品呈高酸性,可能在燃烧区域留下沉积物。硝化将加速机油的氧化。红外分析用于检测硝化产物。

⑧ 总酸值 这是油样中酸或酸样物质含量的量度。由于新机油中含有会影响总酸值的添加剂,因此,在特定时间间隔内,定期将用过的机油样品与相同类型的未使用过的新机油进行比较非常重要。

⑨ **总碱值** 总碱值用于表示油中和酸性的能力。总碱值越高,中和酸性的能力越强。总碱值低的典型原因包括使用不当的机油,换油之间的等待时间过长、过热以及使用高硫燃料。

⑩ **颗粒计数** 颗粒计数测试对于预测潜在的机器问题很重要。在液压系统中尤其如此。颗粒计数分析成为普通润滑油分析的一部分,与磨损颗粒分析有很大不同,没有尝试确定磨损模式、尺寸和其他因素来确定机器内的故障模式。在该测试中,高颗粒数表明机器可能异常磨损,或者由于暂时或永久堵塞的孔导致。

(2) 光谱分析

标准润滑油分析无法确定导致机械问题发展的特定失效模式。因此,必须将其他技术用作全面的预测性维护程序的一部分。光谱分析可以准确快速测量润滑油中存在的许多元素。这些元素通常被分类为磨损金属、污染物或添加剂。某些元素在上面这些分类中属于不止一类。正常的光谱分析仅限于 10μm 或更小的颗粒污染物,较大的污染物被忽略(会限制该技术发挥更大作用)。

(3) 磨损颗粒分析

磨损颗粒分析要研究的颗粒是通过抽取润滑油样品收集的。在润滑油分析确定机油样品实际状况的地方,磨损颗粒分析可提供有关机械轮系磨损状况的直接信息。根据机器润滑油中的颗粒所提供的信息可以对颗粒形状、组成、尺寸和数量展开分析。磨损颗粒分析通常分两个阶段进行:一是对机器润滑油的固体含量的常规监测和趋势化分析,即数量、组成和大小所代表的机器状况,普通机器将包含少量小于 10μm 的固体,随着机器状态的降低,颗粒物的数量和大小也会增加;二是对润滑油样品中的各种颗粒物进行识别分析,根据颗粒的分类,可以识别出五种基本磨损类型——摩擦磨损、切削磨损、滚动疲劳磨损、滚动和滑动结合磨损及严重的滑动磨损(表 2-1),只有摩擦磨损和早期滚动疲劳磨损才会产生尺寸小于 15μm 的颗粒。

表 2-1 五种磨损方式

类型	描述
摩擦磨损	机器正常磨损的结果
切削磨损	由一个表面穿透另一个表面引起
滚动疲劳磨损	轴承内滚动接触的主要结果
滚动和滑动结合磨损	齿轮系统内接触面移动的结果
严重的滑动磨损	由齿轮系统中的过大负载或热量引起

① **摩擦磨损** 这是机器正常滑动磨损的结果。在正常磨损表面磨损过程中,会在表面上形成一层独特的涂层。只要该层稳定,表面就会正常磨损。如果去除层的速度快于其产生的速度,则磨损率会增加,最大粒径也会增加。润滑系统中过多的污染物可能会使摩擦磨损增加一个数量级以上,而不会完全去除剪切混合层。尽管灾难性故障不太可能发生,但是这些机器可能会很快磨损。磨损颗粒的急剧增加表明即将发生问题。

② **切削磨损** 当一个表面穿透另一个表面时会生成这种磨损。当未对准或破裂的硬质表面切入较软表面的边缘时,或当磨料污染物嵌入软质表面并切削相对的表面时,就会产生这种现象。切削磨损颗粒是异常现象,始终值得关注。如果它们只有几微米长、几分

之一毫米宽，则可能是污染的原因。较长颗粒的数量增加预示着组件即将发生故障。

③ 滚动疲劳磨损　这主要与滚动轴承有关，并且可能产生三种不同的颗粒类型：疲劳剥落颗粒、球形颗粒和层状颗粒。疲劳剥落颗粒是当轴承表面上出现凹坑或剥落时，去除的实际材料。这些颗粒的数量或尺寸的增加是异常的迹象。滚动疲劳并不总是产生球形颗粒，可能是由其他原因产生的。层状颗粒非常薄且经常有洞，被认为是由于磨损颗粒穿过，滚动接触。在轴承的整个使用寿命中都可能产生层状颗粒，但是在疲劳剥落开始时，数量会增加。

④ 滚动和滑动结合磨损　这是由于齿轮系统中负载过大或转速过高条件下，表面的运动接触引起的。较大的颗粒由齿轮表面的拉应力产生，从而导致疲劳裂纹在点蚀之前深入齿轮齿中。齿轮疲劳裂纹不会产生球体。产生的过多热量会破坏润滑膜并导致配对齿轮齿的黏附。随着磨损表面变粗糙，磨损率增加。一旦开始，磨损通常会影响每个齿轮齿。

⑤ 严重的滑动磨损　这是由齿轮系统中的过大负载或过多热量引起的。在这些条件下，大颗粒会从磨损表面脱离，导致磨损率增加。如果施加到表面的应力进一步增加，则达到第二过渡点，表面破裂，随后发生灾难性磨损。

(4) 铁谱分析

铁谱分析类似于光谱分析，但又有所不同。首先，铁谱分析通过使用磁场来分离颗粒污染物，而不是像光谱分析法那样燃烧样品。由于使用磁场来分离污染物，因此该技术主要用于铁或磁性颗粒。其次是可以分离和分析大于 $10\mu m$ 的颗粒污染物。正常的铁谱分析可以捕获高达 $100\mu m$ 的颗粒，并且比光谱技术能更好地表示油污染。

在预测性维护程序中使用摩擦学分析存在三个主要限制：设备成本、获取准确的油样和数据解释。

准确样品采样不是简单地在油管的某处打开端口并接收一定体积样品的问题。必须格外小心，以获取真正代表机器轴承的润滑油样品。例如尝试从防污压缩机中获取油样，润滑油过滤器在清洁侧，即下游侧具有样品口。将此时的采样结果与直接从压缩机的储油罐中获取的样本进行比较，结果表明，过滤器下游的污染物比储油罐中的污染物更多。两种样品均不能真正代表机油状况。过滤器去除了大多数悬浮固体，即金属和其他不溶物，因此不能代表实际情况。储油罐样品也不具有代表性，因为大多数悬浮固体已沉淀在集液槽中。

正确的润滑油采样方法和频率对于使用润滑油样品做预测性维护至关重要。应该选择与检测大颗粒目标一致的采样点。在再循环系统中，应在润滑油返回储油罐时以及进行任何过滤之前抽取样品。勿从油底壳的底部抽油，因为随着时间的推移会积聚大量污染物。回流管线比储油罐更适合作为样品来源，但是，如果采取谨慎、一致的做法，从储油罐也可以获得良好的样品。只要在油进入过滤器之前抽取样品，即使是具有高过滤水平的设备，也可以得到有效样品。采样技术涉及在统一的操作条件下采样。关闭设备后，不得超过 **30min** 取样。采样频率是从异常磨损模式开始到灾难性故障的平均故障时间的函数。对于关键服务的机器，每 $24h$ 采样一次是合适的。对于大多数可连续使用的工业设备，每月采样一次就足够了。对于负载极大的机器，建议每周取样一次。

了解分析结果的含义也许是最严重的限制因素。通常，结果表示的内容，工程师或技术人员并不理解。例如，就机油或机器状况而言，他们很难理解其真正含义，如果具有化学知识将是有益的。作为最低要求，工作人员需要接受基础化学方面的培训以及有关解释摩擦学分析结果的具体指导。

2.1.4 工艺参数监视

许多工厂并不认为机器或系统的效率是维护责任的一部分。但是，未在可接受的效率范围内运行的设备严重限制了生产率。因此，全面的预测性维护程序应包括对工艺参数的常规监视。下面将对工厂运行可能至关重要的泵作为重要的工艺参数监控示例进行说明。

基于振动的预测性维护将提供泵的机械状况，而红外成像将提供电动机和轴承的状况。两者均未提供有关泵工作效率的任何指示。因此，泵的工作效率可能低于 50%，而预测性维护程序将无法检测到问题。

流程效率低下通常是工厂中最严重的限制因素，对生产率和利润率的负面影响大于维护操作的总成本。如果不定期监视过程参数，许多工厂将不会意识到这一事实。如果程序包括监视泵的吸入压力和排出压力以及安培负载，则可以确定运行效率。制动马力（bhp）公式如下。

$$bhp = \frac{gpm \times TDH \times sp.gr}{3960 \times efficiency}$$

上式可用于计算程序中任何泵的运行效率（efficiency）。通过测量吸入和排出压力，并确定流体比（sp.gr），可以确定总动态扬程（TDH）。与实际总动态扬程结合使用的流量曲线将定义实际流量（gpm），而电流表读数将定义马力。利用这些测量数据，可以计算出效率。

工艺参数监视应包括生产过程中可能影响其生产能力的所有机械和系统。典型的系统包括热交换器、泵、过滤器、锅炉、风扇、鼓风机和其他关键系统。在预测性维护中将过程参数包括在内可以通过两种方法来完成：手工或基于微处理器的系统。这两种方法通常都需要安装仪器来测量、指示工厂系统实际运行状况的参数。大多数工厂安装了提供此类程序所需信息的压力计、温度计和其他仪器。可以使用手动日志记录或基于微处理器的数据记录器定期记录已安装仪器的数据。如果选择后者，则许多基于振动的微处理器系统也可以提供获取过程数据的方法。另外，一些基于微处理器的预测性维护系统提供了计算未知过程变量的能力。例如，可以计算示例中使用的泵效率。这种基于测量变量来计算未知数的能力将增强整个工厂的预测性维护程序，而无需增加所需的人工。此外，其中一些系统还包括非浸入式传感器，可以测量温度、流量和其他仪器。这进一步降低了在程序中包含工艺参数的初始成本。

2.1.5 电动机分析

电动机和其他电气设备的评估对于整个工厂的预测性维护计划至关重要。振动数据在一定程度上识别了关键驱动电动机中可能出现的一些机械和电气问题。但是，振动无法提供实现最佳工厂性能所需的全面覆盖范围。因此，整个工厂的预测性维护计划必须包括专门用于识别电动机和其他电气设备问题在内的数据采集和评估方法。

（1）绝缘电阻

绝缘电阻测试尽管可能不是结论性的，但可以揭示绝缘缺陷、绝缘材料不良、湿气的存在以及许多其他问题，可应用于从绕组到框架、地下电缆、绝缘子、电容器以及许多其他辅助电气组件。测试常使用兆欧表、惠斯通电桥、开尔文双桥等。

兆欧表提供了直接测量电动机绝缘状况的方法，会产生一个已知的输出（通常为500V），并直接测量电动机内绝缘的电阻。当绝缘电阻降至规定值以下时，可以通过清洁和干燥的定子和转子使其达到要求的标准。兆欧表和大多数绝缘电阻测试的准确性会随温度、湿度和零件清洁度的不同而有很大差异，因此其测量结果可能不是绝对结论性的。

（2）其他电气测试

完整的预测性维护计划应包括定期评估所有关键工厂系统所需的测试和评估方法。至少，整个工厂计划还应包括介质损耗分析、油中气体分析、漏磁监视、高压开关柜放电测试、电阻测量、转子棒电流谐波测量。

2.1.6　超声波监测

超声波监测的原理类似于振动分析。两种技术都监测工厂机械或系统产生的噪声，以确定其实际运行状况。与振动监测不同，超声波监测的是高频（即超声波），是由过程系统或机器中的独特动态产生的。振动分析的正常监测范围是 1~20000Hz。超声波技术监测20~100kHz 之间的频率范围。超声波监测的主要应用是在泄漏检测中。液体和气体通过限制孔的湍流（即泄漏），将产生高频信号，可以使用超声波技术轻松识别。因此，该技术非常适合监测阀门、疏水阀、管道和其他过程系统中的泄漏。

超声波探测器可在扫描或接触模式下使用。作为扫描仪，最常用于检测气体泄漏。因为其仅对超声波敏感，所以不像其他气体泄漏检测仪那样局限于特定的气体。此外，其通常用于定位各种形式的真空泄漏。在接触模式下，金属棒充当波导，当它接触表面时，会受到表面相对侧的高频超声波的激励。

该技术用于确定管道中的湍流和/或流量限制。超声波发射器可以放置在管道或容器内。在这种模式下，超声波监测器可用于检测沿容器表面的声音的穿透区域。这种超声波传输方法可用于快速检查储油罐接缝、舱口、密封件、嵌缝、垫圈或建筑物墙壁的接缝。

在典型的机器系统中，许多其他动力学动作也会在超声波仪器覆盖的带宽内产生频率。齿轮啮合、流体通过叶片和其他机器部件也会产生能量或噪声，这些能量或噪声无法与轴承频率分开。确定特定机械部件（包括轴承）状况的唯一可靠方法是振动分析，不建议使用超声波监测轴承状况。

2.1.7　操作动力学分析

操作动力学分析由机器或系统设计驱动，不限于传统的分析技术，诊断逻辑是从机组或生产系统的特定设计和操作特性中得出的。根据每个机械系统或系统的独特动态，对确定最佳运行条件的所有参数进行常规测量和评估，使用正常运行条件的逻辑，运行动态可以检测、隔离并提供经济有效的纠正措施，以应对任何偏离最佳状态的情况。

操作动力学分析将传统的预测性维护技术与整体评估技术相结合，该技术可将任何偏离关键工厂系统最佳条件的情况识别开来。该概念使用从振动、红外、超声波、工艺参数和外观等监测获得的原始数据，但应用独特的诊断逻辑来评估工厂系统。

2.1.8　目视检查

定期对工厂的机械和系统进行目视检查是任何预测性维护计划的必要组成部分。在许多情况下，目视检查将发现使用其他预测性维护技术可能遗漏的潜在问题。即使使用所讨论的预测技术，许多潜在的严重问题仍可能未被发现。对所有关键工厂系统进行例行的目视检查将增强其他技术，并确保在可能发生严重损坏之前检测到潜在的问题。大多数基于振动的预测性维护系统都具有将视觉观察过程记录为常规数据获取过程的一部分的功能。

由于这些视觉观察的增量成本很小，因此应在所有预测性维护程序中采用此技术。工厂中的所有设备和系统均应定期进行目视检查。目视检查提供的其他信息将增强预测性维护程序，而与所使用的主要技术无关。

2.1.9 其他技术

许多非破坏性技术可用于识别设备或系统中的初期问题。但是，这些技术要么不能提供足够广泛的应用，要么太昂贵而无法支持预测性维护程序。因此，这些技术通常仅用作确认预测性维护技术所发现的失效模式的手段。其他可以支持预测性维护的技术包括声波发射、涡流、磁粉、残余应力以及大多数传统的非破坏性方法。

2.2 计划费用

建立和维护全面的预测性维护计划所需的初始和经常性费用将因工厂选择的技术和系统类型而异。虽然初始成本更为明显，但是计划的实际成本是维持整个工厂计划所需的经常性人工、培训和技术支持。

实施基于振动的预测性维护计划的成本从几千元到数万元不等，具体费用取决于所需的特定技术。培训对于基于振动监测和分析的预测性维护计划至关重要。即使严格依赖简化趋势或比较技术的程序也需要振动理论的基础知识，以便可以得出对机器状态有意义的解释。更高级的技术，即特征和根本原因故障分析，需要对机器动态和失效模式有一定的了解。

点红外温度计可商购并且相对便宜。没有存储功能的黑白成像系统的价格大概在几千元，而基于微处理器的彩色成像系统的价格至少几万元。培训对于任何成像系统都是至关重要的。每次获取红外数据时，必须补偿可能破坏热数据准确性和可重复性的变量。另外，红外数据的解释需要大量的培训和经验。

光谱分析仪器的成本通常过高，无法证明在厂内测试的合理性。基于微处理器的光谱系统的典型成本在几万至十几万元。因此，大多数预测性维护程序都依赖于油样的第三方分析。一个测试实验室对润滑油的简单分析价格约每个样品几十元。标准分析通常包括黏度、闪点、总不溶物、总酸值、总碱值、燃料含量和水含量。使用光谱或铁谱技术进行更详细的分析，包括金属扫描、颗粒分布（尺寸）和其他数据，每个样品的费用为几百元。

大多数超声波监测系统严格来说是扫描仪，不提供任何长期趋势或数据存储，可指示仪器带宽内的总体噪声幅度，因此成本相对较低。超声波仪器的正常价格在几千元。超声波技术用于泄漏检测，几乎不需要培训。低成本与使用该技术所需的最低培训费用以及泄漏对工厂可用性的潜在影响的结合，为将超声波技术纳入整个工厂的预测性维护计划提供了积极的成本优势。但是，许多超声波系统都作为轴承状态监测器出售。即使滚动轴承的固有频率落在超声波仪器的带宽之内，也不能确定这是监测滚动轴承状况的有效技术。

2.3 预测性维护的优势

正确实施预测性维护不仅可以安排维护任务，而且可以做更多的工作。基于运行动态的预测性维护的典型结果可能很重要。下面使用四种主要损失分析某钢铁厂。采用预测性维护计划后的实际效果。

(1) 故障损失

在大型综合钢铁厂启用全面预测性维护投产第一年，设备和系统故障导致的延误减少了 15.4%。工厂的所有部门反映总延迟明显减少。减少延迟的关键不仅是将范围限制于计划外时间所造成的延迟，还必须集中精力减少定期维护造成的延时，甚至提高定期维护效率。

计划的维护延迟会严重限制可用的生产时间。很多的工厂使用历史数据作为计划维护停机的依据。全面的预测性维护程序必须包括评估所有延迟和停机时间的特定方法。预测性维护的目标是实现 100% 的可用性。15.4% 的改善不包括因消除计划内停机而导致的新增生产能力，工厂的生产能力可用性增加了 5%。

(2) 质量缺陷

在整个综合钢铁厂中，返工和报废减少了 1%。这减少了劣质产品的负面成本，每生产 1t 产品减少 5 元以上，或减少了 13%。两年后，与劣质产品相关的总成本降低了 24% 以上，或 10 元/t。

(3) 容量系数

系统调整，降低的速度和启动损失以及工厂流程的运行效率是直接影响工厂整体产能的因子。这些主要损失的减少，加上延误和拒收的减少，使净生产能力总体提高了 2.5%。到第一年年底，优质产品净增加 477000t。预测性维护作为整个工厂改进计划的组成部分实施时，可以显著提高公司的净运营利润。

(4) 维修费用

日本公司通常建议全面生产维护（TPM）指标中不包括传统的维护成本，即人工和材料。但是，它们是任何工厂改进计划都应解决的主要因素。预测性维护的传统应用对减少工厂内部的总体维护成本几乎没有作用。在大多数情况下，唯一的减少将来自加班成本的逐步减少。材料成本（例如轴承和联轴器）将增加，并且总体影响将是总成本的轻微增加。基于操作动力学的预测性维护将大幅减少人工和材料，即维护成本。两年后，该示例钢厂将总人工成本降低了 15% 以上，即每年减少 2.3 亿元。此外，材料成本每年减少 3000 万元以上。降低材料成本的一个简单示例是滚动轴承。在实施该计划的之前几年，钢铁厂平均每年购买 5000 万元的轴承。在执行维护程序后的第一年，轴承的总支出下降到 2700 万元，第二年又减少到不足 1200 万元。在这一项目中，钢铁厂每年可以节省超过 4000 万元的维修零件成本。

第3章
可靠性维护

3.1 基本概念和方法

可靠性维护（Reliability-Centered Maintenance，RCM）指使用以可靠性为主的维护标识资产所有的功能和功能故障，确定这些故障（失效）的所有可能原因，识别故障模式（失效模式）的因素，并确定这些因素的重要性。基本上，RCM 过程需要按顺序回答以下六个问题。

(1) 在当前工况条件下，资产的功能和相关的期望性能标准是什么？

回答这个问题，必须完成的特定前提有：定义资产的运行环境；识别资产的所有功能（所有主要和次要功能，包括所有保护装置的功能）；所有的专业语句都应该包含一个动词、一个对象和一个性能标准（在每种情况下都可以量化）；功能报表中包含的性能标准应是资产的用户在其运行环境中所期望的性能水平。

在设备安装中，相同的硬件并不总是需要相同的故障管理策略。例如，系统中的单个泵通常需要与系统中多个冗余泵不同的故障管理策略。输送腐蚀性液体的泵与输送良性液体的泵通常需要不同的策略。设备的保护装置常常被忽视，RCM 过程应确保其功能得到识别和定义。

(2) 它在哪些方面不能完成其功能？

这个问题只有一个特定的标准，必须标识与每个功能相关的所有故障状态。例如，如果需要保持系统温度 50～70℃，那么故障的情况可能就是：无法将系统温度提高到高于环境温度；温度高于 50℃，无法正常工作；温度低于 70℃，无法正常工作。

(3) 是什么导致了相关功能的故障？

确定故障模式需遵循：应识别所有合理可能导致每个功能故障的故障模式；用于确定什么构成合理可能的故障模式的方法应被资产的用户接受。故障模式应在因果关系级别上进行识别，以便能够应用适当的故障管理策略。故障模式列表应包括以前发生过的故障模式，目前已被现有的维护计划预防的故障模式，以及尚未发生的故障模式在运行环境中被认为是合理可能的故障模式。故障模式列表应包括任何可能导致功能故障的事件或过程，包括劣化、人为错误和设计缺陷。

(4) 当故障发生时会发生什么？

识别故障影响的标准包括：应描述如果没有进行特定的任务来预测、预防或检测故障，将会发生什么。包括支持评估故障后果所需的所有信息，例如已经发生的证据是什么？是否会造成人员伤亡，或对环境产生不利影响？什么因素会对运营产生不利影响？导致的物理损坏是什么？必须做什么来恢复系统的功能？

(5) 每种故障都以何种方式引发后果？

每个故障模式的后果应按以下形式分类：结果分类过程应将隐藏的故障模式与明显的故障模式区分开；结果分类过程应清楚地区分具有安全和/或环境后果的事件（故障模式和多次故障）与仅具有经济后果的事件（运营和非运营后果）。RCM 通过将每种故障模式正式分配到以下四个类别之一来评估故障后果：隐患、显然的安全/环境、显然的可操作、显然的不可操作。

(6) 应该采取什么措施来预测或预防每个故障？

选择故障管理策略的标准包括：故障管理选择过程应考虑某些故障模式的条件概率会随着时间（或承受压力）而增加，某些故障模式的条件概率不会随时间而变化，其他故障模式的条件概率会随着时间的增加而减少。

所有计划任务应在技术上可行且值得做，既适用且有效，并且在故障管理部分的计划任务中列出满足此要求的方式。如果两个或多个建议的故障管理策略在技术上适用且有效，则应选择最具成本效益的策略。计划任务是指以固定的预定间隔执行的任务，包括连续监视。计划任务应符合以下条件：如果出现明显的故障模式会导致安全或环境后果，则任务应将故障模式的可能性降低到资产用户可容忍的水平。在相关多重故障具有安全或环境后果的隐性故障模式的情况下，任务应将隐性故障模式的可能性降低到一定程度，从而将相关联的多重故障的可能性降低到可容忍的水平。如果出现明显的故障模式而没有安全或环境影响，则执行该任务的直接和间接成本应小于该故障的直接和间接成本。在隐性故障模式下，相关的多重故障不会对安全或环境造成影响的情况下，执行该任务的直接和间接成本应小于多重故障的直接和间接成本加上修复隐性故障的成本。

目前大多数维护程序是检查、清洁、调整、润滑和类似任务的松散集合，这些任务对维护关键生产资产的可靠性几乎不起任何作用。据统计，33%~42%的所谓维护工作在可靠性方面没有任何价值。以可靠性为基础的维护既能防止故障，又能延长工厂资产的使用寿命。基于可靠性的维护程序遵循图3-1所示的逻辑关系和表3-1所示的任务选择标准。两者是可靠性维护的主要工具。

根据设备故障和故障原因进行评估，从而制订可靠的维护计划，为了保证完整性和避免重复，评价工作应以适当和合乎逻辑的设备故障为基础。可以根据特定行业的需要调整各项任务，各项任务的重要性将取决于该行业的性质。

重要设备是指在特定的作业或维护环境中，其故障将影响安全或可能产生重大的作业或经济影响的设备。重要设备的识别过程就是根据所使用分析方法和良好的工程判断来预测故障会导致的后果。该过程使用自上向下的方法，首先在系统级执行，然后在子系统级执行，适当情况下，在组件级执行。重要设备的识别应该遵循一个迭代的过程。首先确定系统和子系统的边界和功能。在此过程中，选择关键系统进行进一步分析，以便更加全面详细地对系统、系统功能和系统功能故障进行分析。将设备划分系统，有助于实现明确功能的组件分组并确定系统边界。有时需要进一步划分子系统，这些子系统执行对系统性能至关重要的功能。系统边界不受可能重叠的系统物理边界的限制。

信息收集、系统分析等概述了重要设备识别全过程。所有这些过程都应适用于复杂或新设备的情况。但是，对于已建立或简单的设备，如果功能和功能劣化/故障得到充分认识，则可以很快完成系统分析所列的任务。这些都应该被记录下来并考虑。应用这些内容的深度和严谨性也会因设备的复杂性和新颖性而有所不同。设备信息为评估提供了基础，应在分析开始之前进行整理，并根据需要进行补充。应包括以下内容：设备及相关系统的要求，如法规要求；设计和维护文档；性能反馈，如维护和故障数据。

使用功能框图确定系统和子系统执行的主要功能和辅助功能，有助于系统功能的识别。功能定义描述了系统或子系统应该完成的操作或需求，有时是在指定的限制内的性能方面。审查设计规范、设计说明和操作程序，包括安全、异常操作和紧急指令，可以确定主要和辅助、测试或维护准备等功能。

选择和优先考虑系统，对设备的安全性、可用性或经济性具有重要意义。用于选择和确定系统优先级的方法可以分为以下几类：基于过去历史和集体工程判断的定性方法；定量方法，基于定量标准，如临界等级、安全因素、故障概率、故障率、生命周期成本等，

设备运维导论

用于评估系统退化/故障对设备安全、性能和成本的重要性。当适当的模型和数据库存在时,这种方法的实现就变得容易了。

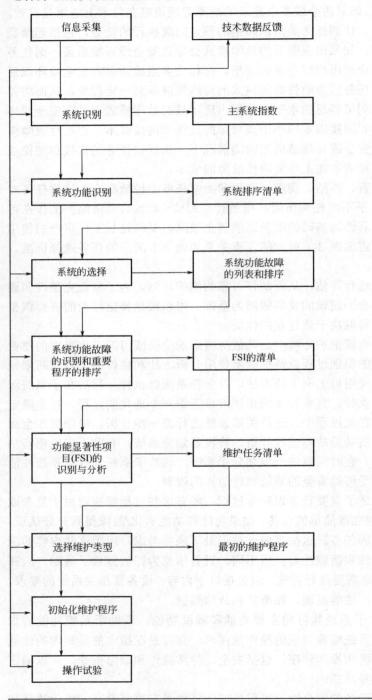

图 3-1　可靠性维护程序的开发任务

表 3-1 任务选择标准

任务	应用规范	有效性规则		
		安全	操作性	直接成本
添加润滑油维修	消耗品的补充应当降低功能丧失的概率	降低出现故障的风险	将故障的发生概率降低到可接受的水平	应具有成本效益
可视操作自动化评审	能够进行故障识别	提高安全运行的概率	不适用	确保隐藏功能在运行中有足够的可用性,以避免发生多次故障造成经济影响,并应具有成本效益
检查功能以及监督运行	故障率的升高应是可检测到的及可预测的	降低故障风险,保证安全运行	降低出现故障的风险达到可接受的水平	应具有成本效益,即该任务的成本应低于防止出现故障的成本
复位	零件在额定寿命过后会出现功能退化的特征,大部分零件应该达到其寿命期限。该任务应该将零件恢复到特定的抗破坏标准	降低故障风险,保证安全运行	降低出现故障的风险达到可接受的水平	该任务应具有成本效益,即该任务的成本应低于防止出现故障的成本
报废	零件在额定寿命过后会出现功能退化的特征,大部分零件应该达到其寿命期限	安全的寿命期限应该能够降低故障风险,保证安全运行	降低出现故障的风险达到可接受的水平	该任务应具有成本效益,即该任务的成本应低于防止出现故障的成本

识别系统功能故障并对其进行优先级排序,因为每个系统功能故障可能对安全性、可用性或维护成本有不同的影响。排序需考虑故障发生的概率和后果。可以使用基于集体工程判断和操作经验分析的定性方法,还可以使用简化故障模式和影响分析或风险分析的定量方法。排序是 RCM 分析中最重要的内容之一。过于保守的排序可能会导致过多的可靠性维护计划。反之,较低的排序可能会导致过多的故障和潜在的安全影响。这两种情况都会产生未优化的维护程序。

根据系统功能、功能故障和影响因素的判断,可以识别和筛选出重要设备列表。如前所述,这些任务的失败可能会影响安全,如在正常操作过程中检测不到,会对运营有重大影响且具有重大的经济影响。

一旦生成重要设备列表,就应该使用诸如故障模式和影响分析之类的方法来识别每个重要设备的关键功能以评估所需信息。下面是水泵提供冷却水流量时发生故障的例子。

功能:项目的正常特性动作[例如,以 100~240gpm(1gpm=6.31×10^{-2}L/s)的速度向热交换器提供冷却水]。

功能故障:产品无法发挥其功能(如泵无法提供所需的流量)。

故障原因:为什么会发生功能故障(如轴承故障)。

故障效果:每种功能故障的直接效果和更广泛的后果是什么(例如,冷却不足,导致系统过热及故障)。

重要设备故障分析旨在识别功能故障和故障原因。认为不可信的故障,例如仅由未检测到的制造故障、不太可能的故障机制或不太可能的外部事件造成的故障,应记录为已被考虑,并应说明导致这些故障被评估为不可信的因素。从这个分析中,可以识别出临界重要故障。那些既有显著的功能影响,又有较高的故障概率的故障,都被判定为严重故障或维护记录很差的故障。

用于确定适用的和有效的维护任务的方法是为处理每个重要设备功能故障提供逻辑路径的方法。决策逻辑树（图 3-2）使用一组连续的"是/否"问题对每个功能故障进行分类或描述。对"是/否"问题的回答决定了分析流程的方向，并有助于确定功能故障的后果。分析后将确定是否存在可适用的和有效的维护任务来预防或缓解。由此产生的任务和相关的时间间隔将形成最初的定期维护计划。在不充分或不完整的故障信息下进行逻辑树分析，可能会导致安全临界故障的发生，原因可能是不适当的、遗漏的或不必要的维护，也可能是不必要的定期维护活动增加了成本，或者两者都有。

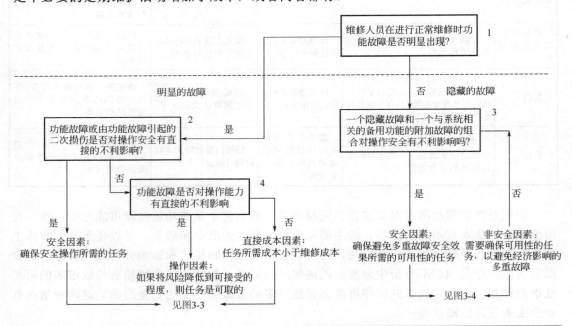

图 3-2 决策逻辑树

使用层次分析法，在决策逻辑中有两个层级。

第一级（问题 1、2、3 和 4）要求对每种功能退化/故障进行评估，以确定最终的影响类别，即明显的安全性、明显的可操作性、明显的直接成本、隐藏的安全性、隐藏的非安全性或无安全性。

第二级（问题 5、6、7、8 和 9，从 a 到 e，视情况而定）考虑每个功能退化/故障的故障原因，以选择特定类型的任务。

第一级分析：影响的测定，故障的后果，包括劣化，在第一级使用四个基本问题进行评估（图 3-2）。

问题 1：明显的还是隐藏的功能故障？这个问题的目的是隔离明显的和隐藏的功能故障，并且应该针对每个功能故障进行询问。

问题 2：对操作安全的直接不利影响？直接地说，功能故障或由此产生的二次损伤应自行发挥作用，而不应与其他功能故障相结合。对操作安全的不利影响意味着设备的损坏或丢失、人员的受伤或死亡，或这些事件的组合，可能是功能故障或功能故障导致的二次损坏的后果。

问题 3：隐藏的功能故障安全效应？这个问题考虑了隐藏功能（其故障对操作人员来说是未知的）丢失所导致的故障。这种类型的故障不会直接影响安全，但与附加的功能故障相结合，会对操作安全产生不利影响。操作人员由当班和直接参与设备使用的所有合格人员组成。

问题 4：对操作能力的直接不利影响？这个问题询问功能故障是否会对操作能力产生不利影响，要求实施操作限制或在进一步操作之前进行纠正，要求操作人员使用异常或紧急程序。

第二级分析：将第一级问题的决策逻辑应用到每个功能故障上，可以得到以下五种问题中的一种。

问题 5：安全影响明显问题（5a 至 5e）。在处理这类任务时，应理解为需要一个（或多个）任务来确保安全操作。如果从这个类别的分析中没有获得适用的和有效的任务结果，那么有必要重新进行设计。

问题 6：明显的操作效果问题（6a 至 6d）。如果任务能将故障的风险降低到可接受的水平，那么它就是可取的。如果所有答案都在逻辑流程中，则不会生成维护任务。如果操作惩罚是严重的，则重新设计是可取的。

问题 7：明显的直接成本影响问题（7a 至 7d）。如果任务的成本低于修复成本，则该任务是可取的。如果逻辑流程中的所有答案都是"否"，则不会生成预防性维护任务。如果成本惩罚是严重的，重新设计可能是可取的。

问题 8：隐藏功能安全影响问题（8a 至 8f）。隐藏功能安全效应需要一个任务来确保可用性，以避免多重故障的安全效应。如果没有找到适用和有效的任务，则必须重新设计。

问题 9：隐藏功能非安全影响问题（9a 至 9d）。一个任务可能是可取的，以确保必要的可用性，避免多次失败的直接成本影响。如果逻辑流程中的所有答案都是否，则不会生成维护任务。如果经济惩罚是严厉的，重新设计可能是可取的。

对于计划维护任务，有必要将功能故障的故障原因应用到逻辑关系图的第二级。在第二级，并行和默认逻辑起着重要的作用（图 3-3 和图 3-4），沿着隐藏或明显的路径，提出后续所有问题。在第一个问题之后的其余类别中，"是"将允许退出逻辑。根据用户的选择，在得到"是"答案后，允许后续问题继续前进，但前提是任务的成本与防止失败的成本相等。

缺省逻辑通过任务选择逻辑的安排反映在安全效果区域之外的路径上。在没有足够信息的情况下回答"是"或"否"时，对于第二级的问题，默认的逻辑是给出一个"否"的答案，然后再问下一个问题。当产生"否"的答案时，唯一可用的选择是下一个问题，在大多数情况下，这提供了一个更保守、更严格和/或更昂贵的路线。

对维护任务中可能使用的术语解释如下：

润滑/维修：涉及任何润滑或维修行为，以保持固有的设计能力。

操作/监测/自动检查：是一项任务，不需要定量检查，是一项故障查找任务，用于确定某项是否达到了预期的目的。

检查/功能检查/状态监测检查：根据特定标准对一个项目进行的检查，是一种定量检查，用于确定一个项的一个或多个功能是否在指定的范围内执行。状态监测是一种任务，可以是连续的，也可以是周期性的，根据预先设定的参数来监测一个运行中的项目的状态。

设备运维导论

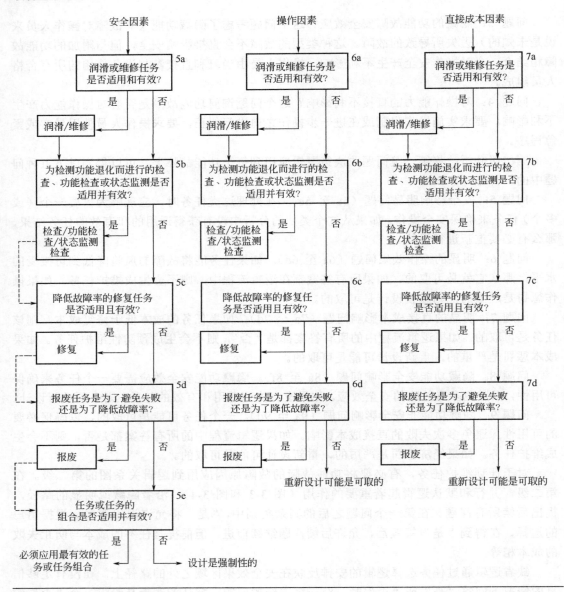

图 3-3 明显的故障

修复：将项目返回特定标准所必需的工作。由于修复可能是从清洗或更换单个部件到彻底检修，因此必须指定修复任务的范围。

报废：某一物品在规定的使用期限内从服务中移除。通常应用于单个部件，如墨盒、罐、气缸、涡轮盘、结构件等。

设置任务频率或间隔，前提是存在确定适用的操作经验数据，这些数据表明任务完成的有效间隔。可从下列其中一项或多项取得：从其他类似设备获得的先验知识，提供了大量的证据，证明计划的维护任务是适用的、有效的和经济上有价值的；制造商/供应商测试数据，表明计划的维护任务将适用于正在评估的项目；可靠性数据和预测。

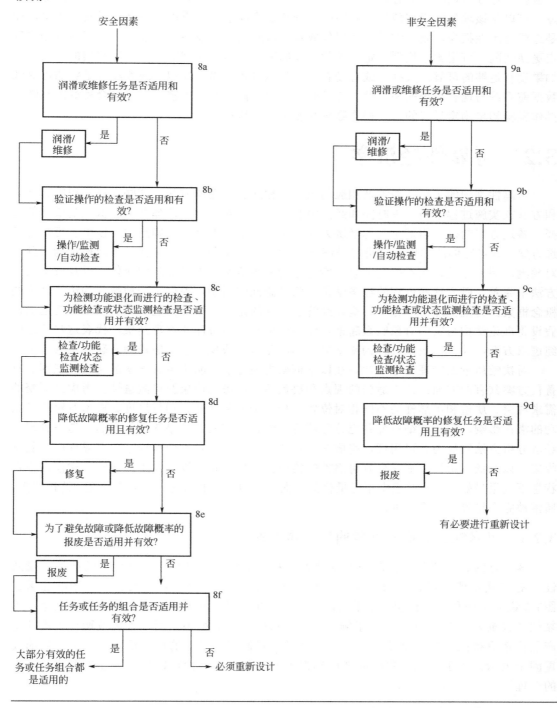

图 3-4　隐藏的故障

在确定维护间隔时，需要考虑安全性和成本。计划的检查和更换间隔应尽可能一致，并应将任务分组以减少业务影响。通过选择一个在更换之前导致极低的故障概率的更换间隔，可以从该项目的累积故障分布中确定安全更换间隔。如果故障不会造成安全危害，而是造成可用性损失，则在涉及更换组件成本、故障成本和设备可用性要求的权衡过程中确定更换间隔。可用数学模型确定任务频率和间隔，但这些模型取决于适当数据的可用性。如果没有足够的可靠性数据，或者没有其他类似设备的事先知识，或者没有足够的可靠性数据前系统与现有系统的相似性，任务间隔频率只能由经验丰富的人员结合良好的判断和操作经验初步确定最好的可用操作数据和相关成本数据。

3.2　可靠性经济学

可靠性维护的工程实践涉及相应的设计、程序、计划和方法。这些设计、程序、计划和方法在实施过程中需考虑时间和经济限制。工程师对方案的选择并不能保证是最佳的选择。备选方案的确定需基于工程经济方法，这些方法只考虑已经确定的在技术上可行的备选方案，并对它们的预期差异进行经济分析。"预期"分析着眼于未来，不能被视为一种绝对预测，因为总是存在不确定因素、所考虑的参数值发生不受控制的变化，以及成本估计方法不完善。研究这些过程的经济学是一门经验性的科学，提供了一种被称为选择理论的概念框架。与规范经济学相反，实证经济学关注的是一些事实问题，在这些事实问题上，假设将理论结构与实际对象联系起来。经济模型基于经济而非物理结果，代表这些理论的纯逻辑方面，并作为决策、行为或结果预测、测试，或反驳基本假设和命题的工具。

对决策质量的管理责任通常是在以下框架内履行的：明确备选方案的定义；识别所有替代方案共有的方面；建立适当的观点和决策标准；考虑后果及可测量性。考虑到频繁的需求冲突、质量和可靠性的不同相对位置，相对于产品性能、项目进度、成本及对业务成功的潜在影响，应该详细研究并充分理解可靠性替代方案及后果的经济方面。考虑到现有经济分析方法的能力和可用性，完成这一任务的主要困难是有效和详细的可靠性成本数据收集，以及低可用性和缺乏良好可靠性的模型。当技术状态没有发生改变时，建模在稳定状态下效果最好。工业过程中不可量化的方面，例如工人的态度、标准化程度、销售惯例，通常被完全排除在模型之外。

3.2.1　可靠性、价格和性能的相对重要性

客户行为、价值观、信念和态度的大量数据常常证实可靠性是最重要的产品质量属性，对交换价值（以价格表示）和使用价值（以用户的投资回报表示）的影响显著。图3-5 说明了两种极端情况。由于失败的严重后果，阿波罗太空计划的决策主要是考虑可靠性（权重为 0.7）。在消费电子领域，由于故障的影响很小，所以大多数购买决策都将产品价格看得比可靠性重要得多。可靠性对于其他产品属性的相对重要性，用定量的权重因子表示，对于形式和实际的考虑都很重要，并且可靠性可以显著提高许多决策过程的合理性。

3.2.2　可靠性的资本价值

考虑到可靠性与价值的关系及对价格的影响，可以分析产品作为一种资本投资的吸引力，方便衡量这种吸引力的是投资回报率（Return on Investment，ROI）。其他衡量资本投

资有效性的方法可以很容易从 ROI 中得到。

不考虑时间价值的 ROI 是一种近似值，假定项目的寿命是不确定的，而回收期方法忽略了期望的投资利润。这些近似值可用于对可靠性计划中建议的投资进行"快速而粗略"的分析，以防止或减少产品中代价高昂的故障。当所需的投资回报率很高，以补偿未来的不确定性时，可以在 ROI 和投资回收期方面产生显著不同。现有的评价方法有以下使用规则。

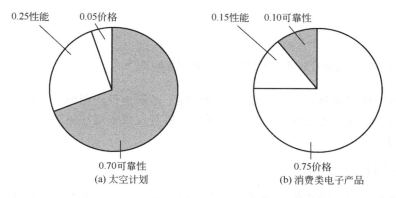

图 3-5　关于价格、性能和可靠性的相对重要性的例子

- 投资回收期只是简单反映投资回报率，是一个忽略了时间价值总现金流的快速的测试。
- 收益成本比是 ROI 乘以预期使用年限。
- 净收益的计算方法是将收益成本比乘以投资成本（即可靠性改进计划的成本），然后再减去投资成本。
- 收益成本比和净收益可以通过将 ROI 乘以当前价值因子（在标准利率表中可以找到）折现来反映资金的时间价值。

例如：正在考虑的可靠性改进计划的预期成本 C_R 为 50000 元，每年可避免 N=250 次故障，平均维修成本 C_{rep}=850 元，预期使用寿命 L=8 年。考虑一般和行政管理费用 OH=30%，利润系数 P=10%，以及定义 8 年服务的当前价值因素的 10% 折扣计划 F_8=5.335，用不同的方法来表示这项投资的有效性。

投资回报率：

$$ROI = \frac{NC_{rep}}{C_R(1+OH)(1+P)} = \frac{250 \times 850}{50000 \times (1+0.3) \times (1+0.1)} = 2.97$$

投资回收期：

$$PP = \frac{1}{ROI} = \frac{1}{2.97} = 0.3367(年)$$

收益成本比：

$$\frac{B}{C} = ROI \times L = 2.97 \times 8 = 23.76$$

折扣比率：

$$\frac{DB}{C} = ROI \times F_8 = 2.97 \times 5.335 = 15.84$$

净收益：

$$NR = \left(\frac{B}{C} \times C_R\right) - C_R = (23.76 \times 50000) - 50000 = 1138000（元）$$

折扣纯收益：

$$DNR = \left(\frac{DB}{C} \times C_R\right) - C_R = (15.84 \times 50000) - 50000 = 742000（元）$$

在计算机的帮助下，可以进行额外的调查，以评估敏感性、不确定性的影响，或比较不同的措施。可以进行类似的研究，通过性能和可用性下降或所有权成本增加来评估不可靠性对产品价值的经济影响。

3.2.3 可靠性的成本影响

沟通和感知的可靠性水平对产品价格的可接受程度有很强的影响。关于产品可靠性的沟通是否清晰，客观上取决于发布的数据，主观上取决于产品可靠性在潜在买家心中的位置。产品可靠性对成本影响的研究，通常会遇到技术性问题，如成本估算、数据缺乏、分析复杂性、优化方法敏感性等，需要多种经济工具来帮助解决可靠性成本建模的问题。

可靠性成本的概念，即制造商在设计、制造和保证一个给定可靠性的产品的期间总成本，已在制造业的所有部门得到验证和证实，用于测量质量的经济状态，识别质量改进的机会，验证有效性，并记录质量改进计划的影响，可识别与产品和过程缺陷相关的所有成本项目，然后将其与经营成本进行对比。可靠性成本与下列因素有关。

- 外部故障。保修期内的不可靠性成本、备件库存成本、故障分析成本等。
- 内部故障。可靠性筛选和测试造成的成品率损失、制造设备故障停机成本、可靠性再设计成本。
- 可靠性评估。寿命测试，环境强度评估，滥用测试，故障数据报告和分析，可靠性建模等。
- 预防。可靠性设计，可靠性标准和指南的开发，客户需求研究，产品鉴定，设计评审，可靠性培训，故障树分析，故障模式，影响和临界性分析等。

了解这些成本类别，对于合理规划可靠性保证资源、环境和寿命测试设施、培训计划、保修政策以及成功的可靠性计划所需的其他服务来说是必须的。在某些行业，例如半导体行业，已经积累了足够的基于经验的信息来合理地建模，找出最终产品可靠性与重新设计周期的数量、筛选和测试的级别之间的依赖关系。增加计划和控制的可靠性保证成本和活动，将显著降低计划外故障成本。这些模型与物理故障率模型和保修成本计算相结合，优化了可靠性成本，并允许在设计阶段对项目、制造和支持资源进行合理规划（图3-6）。最优成本与可靠性策略的开发从一个简单的可靠性总成本（COR_{total}）公式开始：

$$COR_{total} = CRD + CRM + WC \tag{3-1}$$

可靠性设计成本（CRD），通过可靠性循环的成本和设计次数之间的经验关系建模，可用程序环境压力、复杂性和预期质量表示，例如质量系数 π_Q。制造可靠性成本（CRM）是制造有效性的一个函数，表示质量系数 π_Q 相关的固定和可变成本。保修成本（WC）是初始故障率的函数，也考虑浴缸曲线、学习曲线的影响，以及修理成本（F）。

$$COR_{total}=CRD(\pi_Q)+CRM(\pi_Q)+WC+F(\pi_Q) \quad (3-2)$$

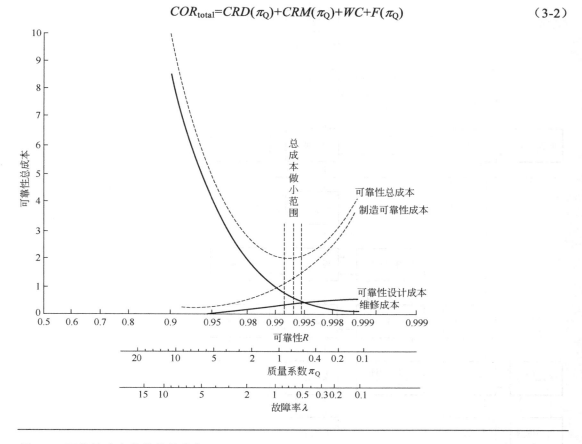

图 3-6　可靠性成本曲线的最优集

使用质量系数 π_Q 可找到最佳的不同条件下的保修时间、学习因素、通货膨胀率、浴缸的形状曲线等。找到的最佳条件必须转化为资源水平，并从可靠性的技术角度加以解释。基于最低总成本及在设计、制造和保修之间的最佳分配的可靠性策略，通常可以为所有相关的管理人员所接受。

生命周期成本（Life-Cycle Costing，LCC）法源自担忧投标价格降低而导致供应商更换。LCC 法现已发展成一种成本核算原则、一种采购技术、一种收购考虑和一种设计权衡工具。LCC 法要求通过产品生命周期的所有阶段来确定所有潜在的系统成本：概念、开发、制造、安装、操作、支持和退役。这显然是一项非常困难的任务。LCC 法也常退化成一种积累和报告成本的方法。目前所使用模型的计算机化正在将 LCC 法转变为决策支持分析的一个集成部分，该分析基于相关的、面向用户的效用和成本概念。

在 LCC 法的应用中，设计权衡通常从平衡获取成本和拥有成本开始，以获得最大的系统能力和可承受的总成本。在计划阶段，这些权衡将传播到所有系统级别，直至实现硬件组件选择。图 3-7 展示了这个成本和权衡过程的通用结构。客户必须在预期的所需经费和预算资源之间取得平衡，同时考虑到现有的内部限制：内部采购物流，例如来料检验和测试设施的状态、安装机会、资产管理系统和程序；支持系统，这将影响实际应用环境的效果、维护策略等。

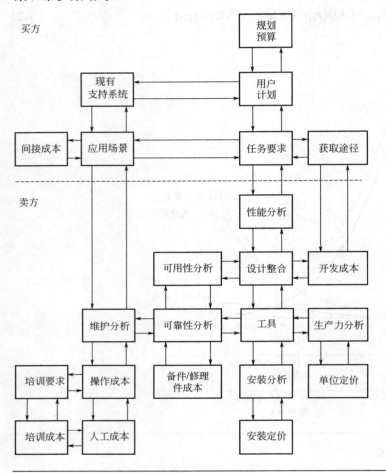

图 3-7　系统 LCC 模型

3.2.4　可靠性的分析工具

想要满足所提议的任务需求，供应商必须执行多项分析，以深入了解可用的实现方案，从而找到保证最低成本的方案。这项活动的主要限制因素取决于是否有以下条件。

- 用于精确分析的工具、技能、信息和资源。
- 创造性的设计实现方案。
- 成本估算技能和历史成本数据库的完整性。

在内部和供应商之间为客户和供应商寻找最佳折中必须在整个采购阶段的不同细节级别间重复进行。如果供应商是设备制造商或系统集成商，LCC 过程也要针对产品生命周期的每个新阶段进行重复和细化。

- 在概念阶段，通常只有一个备选方案的成本是通过参数成本估算关系来确定的。其他替代方案的成本是根据估计的成本差异计算的。定义了设计规范和实现策略之后，项目就进入了验证阶段。在这方面，需要更详细的费用估计，以证明设计费用目标的合理性，并需要说明低成本活动的特点。
- 在全面开发阶段，由于可靠性、可维护性、可服务性和可支持性得到了证明，运营和支持成本估算变得更加准确，保修条件和价格问题也得到了解决，并形成了一个新的总LCC重新评估的基础。
- 在全尺寸制造、交付、安装、应用和使用的生命周期阶段，实际成本被测量并存储在成本数据库中，以评估以前评估的准确性和对未来评估改进。

大量影响成本的变数反映了拟订问题和费用估计的困难程度。进程的复杂性需要继续监测，保持提供评估进展情况的能力。LCC 方法的有效应用通常从对现有系统的试验开始。

对最小成本控制的要求不断提高，促使采用计算机化的方法，通过改变成本要素来优化成本，考虑设计方案、新概念或实施策略，并考虑不确定性。在以利润为导向的环境中，某些成本的最小化并不一定是最好的解决方案，因此必须开发 LCC 模型来保证净利润最大化的策略。利润是一个随机变量，取决于使用期间的工作量。计算总生命周期利润的关键是盈利能力，它将利润与运营和支持成本联系起来，并且是设备寿命的函数，经常表现出与故障率相同的三个阶段（早期、有用和磨损期）。

在大多数实际情况下，由于开发和制造成本已经产生，并反映在设备采购价格中，寻找 LCC 最小值的自由度仅限于评估不同的支持和维护策略。设备的固有可靠性，与其价格相同，只影响维修成本，可以设最小成本为 M_C（每一段时间，通常是一个月或一年）：

- 备件库存成本 C_{SPI}，反映了原备件制造成本 C_M 和库存成本率 I_{CR}（以百分比表示），包括折旧、利息、搬运成本等；
- 预防性维护成本 C_{PM}；
- 纠正性维护成本 C_{CM}。

$$M_C = C_{SPI} + C_{PM} + C_{CM} = C_M I_{CR} + WH\frac{T_R^P + T_T^P}{T_I^P} + WH\frac{MTTR + T_T^C}{MTBF} \quad (3-3)$$

式中　　W——服务工程师每小时工资，包括每小时零件成本；

　　　　H——设备使用时间；

　　　　T_R^P——维护计划时间；

　　　　T_T^P——预防性维护的移动时间；

　　　　T_I^P——维修间隔时间；

　　　$MTTR$——平均修复时间；

　　　　T_T^C——纠正性维护的移动时间；

　　　$MTBF$——平均故障时间，是其使用时间。

对于竞争性的分析、比较和替代策略的评估，通常将年度维护成本表示为购买价格的百分比，或者将其标准化，例如每 1000 元的价格。以上讨论的 COR_{total} 和 LCC 为优化、处理和研究个别可靠性问题，它们对总成本、收入的影响，以及为本地实现方案的选择提供了一个总体框架。

可靠性与产品安全问题之间的密切关系可以从风险的简单定义中获得：

风险=故障概率×结果影响×敞口

通过故障树分析、故障模式和影响分析或危害分析获得的结果可以用负效用、事件概率和严重程度来解释，这些都是成本-收益研究的标准主题。成本因素必须考虑安全设计成本、安全制造成本、投诉、索赔、法律成本、不利宣传、政府干预等造成的损失。最佳投资通常产生于最低的成本效益比，但实施方案必须谨慎选择，因为成本可能在两个极端情况下都显著增加：低概率需求导致的过度设计；可接受的高风险概率被简单地视为可忽略。

可靠性的测试目标可能因制造商的不同而不同。例如，改进的过程控制、最小化现场故障数量等，但总是与最小化生产成本的基本趋势相结合。下面基本的检验技术可用于实现这些目标。

- 100%的测试—加压—再测试。这种综合技术是最有效的策略，使故障和失效的部分在装配使用前就被移除。劣化前和劣化后测试结果的相关性通常为供应商的过程控制和质量改进提供重要信息。
- 100%测试。100%测试策略去除特定批次交付的缺陷部件，从而降低了组装返工成本，提高测试效率及总质量成本。功能测试作为可靠性筛选只是部分有效。
- 购买抽样测试服务。为供应商的性能审计和风险控制而进行的抽样测试将增加总成本，而不会对改进质量或可靠性产生显著额外影响。

通过简单推理，可以快速估计损益平衡的成分。盈亏平衡点是指在给定的时间内，通常是一年，不进行测试的成本和测试的成本相等。不进行测试的成本：

$$C^{NR} = NR(P^I C_R^I + P^W C_R^W) \tag{3-4}$$

测试的成本：

$$C^T = P + \frac{NL}{n} \tag{3-5}$$

式中　N ——组件数；

R ——先前观察到或估计的缺陷的总分数；

P^I ——在厂内失效的部分次品；

C_R^I ——厂内修理的平均费用；

P^W ——在保修期内不合格的部分；

C_R^W ——平均保修费用；

P ——测试设备的成本；

n ——每小时测试的单元数；

L ——每小时的人工和开销率。

由此盈亏平衡即可估计出来：

$$C^{NR} = C^T$$

$$NR(P^I C_R^I + P^W C_R^W) = P + \frac{NL}{n}$$

第 3 章 可靠性维护

$$N = \frac{P}{R(P^I C_R^I + P^W C_R^W) - \dfrac{L}{n}}$$

在大多数制造业，向管理层提出一个很好的理由，说明某个特殊的投资项目将有助于实现公司的财务目标，对拟进行的项目进行了技术和经济评价，这时资金才会分配给这个项目。有时这些判断是直觉的，基于经验；在其他情况下，需要正式的详细分析，围绕着利润、增长率、投资回报率、效益成本比、现金流、货币价值等概念展开。

经济分析的基本步骤都是选择决策标准或价值标准，在私营部门（由利润驱动）和公共部门（由社会福利或可能由政治动机驱动）之间可能有很大的差别。严格的经济利益驱动的情况更容易进行形式化的分析，并且通常以最大的收益率、最大的 ROI 或最小的投资回报所需时间来定义价值。即使在明显的效益成本比非常有利的情况下，保证预期收益的稳定性也是很有必要的。需要了解与通货膨胀率、利率、商业周期、成本估计错误、过时的影响、折旧、税收，有时甚至是社会成本相关的风险。最常用的经济分析的基本方法如下。

现金流量法要求将所有的现金流量转换成一个经过时间调整的、等价的、统一的年度金额。

盈亏平衡分析，适用于解决不完整数据集的问题，需要敏感性分析来最小化估计误差的后果。

目前价值法是将所有现金流量转换成等值的金额，再通过适当的利率公式折现到时间为零。

收益率法通过试错法计算投资资本的利息收益率的现金流量折现率。

收益-成本法是政府机构经常使用的一种方法，用于评估一项投资的经济吸引力，计算可能的年度收益与等价的年度现金流的比率。

经济分析和评估的实际执行经常遇到困难，难以就各种优化方法的价值、决策标准及重要性、成本估计的可信度和动力达成共识。所有工程和管理方法的主要缺点是完全忽视所涉及的非现金流因素，在最终选择方案时必须与管理经验和判断相平衡。

3.2.5 可靠性的成本计算

对于设备制造商和用户的项目规划和预算决策来说，对相互竞争的工程设计方案进行准确的成本估算是至关重要的。传统上，系统成本估计是使用工业工程技术编制的，包括对必要的操作和材料的详细研究。这些估计连同大量的支持文件，当在设计上出现即使是很小改变时，也需要大量修订。这导致制造商和用户对统计和其他费用估计方法越来越感兴趣。

有的成本估算是通过类比的方式进行的，并且总是通过将新系统与一些已知的过去的经验联系起来反映新系统的未来成本。历史成本数据包含了与工业工程方法相反的、设计要求变更的和其他难以识别和控制的情况的经验。类比的作用及背后的推理方法是至关重要的。表格模型提供了易于理解、实现和修改的关系，而这些关系很难用显式的解析公式表示。所用模型通常只包含少量的变量，而且对许多有时很重要的因素不敏感。如果采用复合函数的形式，可以更好地表示历史数据，但代价是增加了复杂性。算法模型的优点在于客观性、可重复性和计算效率，以支持各种估计或敏感性分析，但不能处理异常情况，也不能补偿成本变量和模型系数的错误值。由成本估算的实际经验得出的结论是，没有一种方法在所有方面都有显著的优势，许多方法的优势和劣势是互补的。

为保证经济分析方法的合理传播扩散，支持关于可靠性的合理决策，需要一个实际成本数据反馈系统，以保证评估预测准确性，成本估计和所使用的分析方法的有效性。在第一次尝试确定和测量可靠性成本时，成本数据要求很可能与现有的会计体系不匹配，需要重新手动收集数据，设计必要的表格将成本从会计科目中拆分出来，才能建立可靠性成本计算系统，与一般财务管理和法律目的所需的会计系统相平行。该系统化方法至少需要下列信息。

- 相关项目、产品清单。
- 相关部门清单。
- 累计相关费用的账目清单。
- 可靠性成本类别。

预设成本：设计工程师、可靠性工程师、材料工程师、技术人员、测试和评估人员的时薪和管理费用；可靠性的小时成本和间接费用；预防性维护计划的成本；每年人均可靠性培训费用。

评估成本：可靠性评估、可靠性鉴定、可靠性论证、环境试验、寿命试验的小时成本和间接费用；装配测试、筛选、检验、审核和校准的平均成本；供应商确认成本，由供应商确认。

内部故障成本：用于故障排除和维修、重新测试、故障分析的小时成本和开销率；备件库存；备件成本；生产成本变更管理。

外部故障成本：维修费用，维修服务工程按小时收费和间接费用；更换零件费用；维修工具费用；备件库存费用、故障分析费用；保修管理和报告费用；责任保险费用。

- 数据条目的定义要求和格式定义的数据流程及控制点。
- 一个既定规则的数据和结果解释的基础比较评价方法。
- 成本标准创建和改进的方法。

收集的数据必须进行排序和压缩，以适应来自不同侧面的评估。可排序的内容包括：组织职责；发生或报告的地点和时间；项目或项目关联。在对数据和结果进行格式化时，通常偏爱使用表格、Pareto 分布、饼图、趋势线、散点图、控制图等形式。通过可靠性计算对以前项目、合同和经济研究的数据进行分析，可能会对改进管理决策、资源分配和效率产生更长期和更根本的影响，从而对改进业务单元竞争的地位和竞争成功的可能性有重大贡献。

第4章
全面生产维护

全面生产维护（Total Productive Maintenance，TPM）为设备管理提供了一种全面的、全生命周期的方法，最大限度减少设备故障、生产缺陷和事故。其涉及组织中的每个人，从最高层的管理到生产机制，以及生产支持小组到外部供应商，目标是不断提高设备的可用性，防止设备劣化，以达到最大的效率。这些目标需要强有力的管理支持，以及持续利用工作团队和小组的活动来实现渐进的改进。TPM 不是一个全新的概念，只是继续良好生产和维护实践演进的结果。

资产维护已经从早期的故障检修方法中成熟起来。一开始，维护的主要功能是让设备恢复并运行，在设备发生故障后，设备操作员的态度是"我运行它，你修理它"。接着，出现的是实施预防性维护，是基于这样一种信念，即如果偶尔停止设备执行定期的维护，就可以避免灾难性的故障。下一阶段就是 TPM，在 TPM 中，维护被认为是一种有价值的资源。维修组织现在的作用是通过不断提高设备的能力，使业务更有利可图，使制造系统更有竞争力，并使维修工作更有效率。要获得 TPM 的全部优势，必须在适当的数量和适当的情况下应用 TPM，并与制造系统和其他改进计划集成。

4.1 全面生产维护的基本结构

TPM 的概念简单地分为三个不同的组：自主维护、计划维护和维护减负。自主维护的核心思想是让设备操作员来执行一些日常维护任务。这些任务包括日常清洁、检查、拧紧和设备所需的润滑。由于操作人员比其他人更熟悉他们的设备，他们能够迅速发现任何异常。自主维护有效培训的有几种形式：对制造和维修人员教授 TPM 的概念和自主维护的好处，培训操作人员如何正确清洁和润滑设备，以及对设备运营商进行特殊的安全意识培训。

实现自主维护通常包括使用可视化控件。视觉控制是一种用来最小化学习新任务所需的培训，以及简化检查任务的方法。对设备进行标记和标识，以便更容易地识别正常和异常情况。例如，仪表盘被着色以显示正常的工作范围，容器上润滑点被着色以匹配储存适当的润滑油，螺栓划线以显示周围的结构的运动。所有这些检查记录在简单的检查表上，包括该地区的地图和适当的检查路线。

设备操作人员还需要收集关于设备健康状况的日常信息：停机时间、产品质量、所进行的任何维护（拧紧松动的螺栓、添加冷却液等）。这些信息对操作人员和维修人员都很有用，可以帮助他们识别设备开始劣化的任何迹象，及可能需要进行的更重要维修。

自主维护仍然有一些需要解决的常见问题。首先，设备操作人员现在被要求承担额外的责任。管理部门必须优先处理这些新情况，并且应该修改操作人员的绩效考核以包括这些新活动。其次，维修人员被要求放弃部分职责。这可能会导致维护人员担心他们的职业安全，特别是当公司正在裁员的情况下。为了解决这些担忧，管理层必须传达他们对新的维护方法的支持，并为维护人员提供承担新职责的机会。理想情况下，维护人员将从日常的应急活动中解脱出来，可以专注于计划的维护活动。

通过自主维护，减少一些日常维护任务，维护人员可以开始主动进行设备维护工作。计划的维护活动，即预防性维护，计划在设备损坏之前对其进行修理和更换。这就要求生产计划能够预估设备维护的计划停机时间，并允许将这些维护视为与运行设备生产同等重要的优先级。普遍的理论是，随着计划维护的增加，计划外维护（故障）减少，最终导致总维护成本下降。图 4-1 为维护量权衡曲线。制造和维护组织作为一个团队，应该根据设备的健康状况和制造过程的类型，确定适当的计划维护量，执行过多的维护可能与没有执行足够的维护一样昂贵，需要一个平衡点来达到最佳效果。

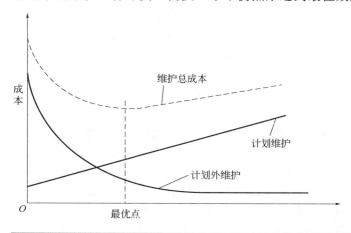

图 4-1　维护量权衡曲线

　　执行适当数量的计划维护，需要深入了解生产设备，直至设备组件级别。这种了解需要从产品及关键特性开始，然后从设备、设备的流程到工艺参数。图 4-2 展示了如何将产品的关键顶级需求（关键特性）追溯到制造过程参数。

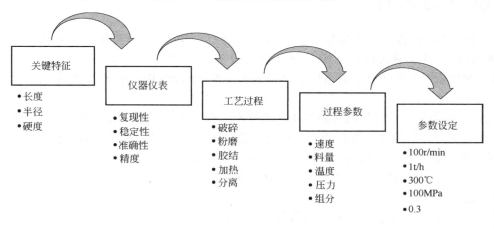

图 4-2　工艺参数关键特性流程示例

　　一旦制造和维护团队确定了他们认为关键的流程参数，就需要验证这些参数，并确定适当的参数设置。实现这一目标的最佳方法是通过实验。这将确定这些工艺参数中的哪些对提高与关键产品特性相关的设备性能起到了显著的作用。

　　可深入研究评估设备持续生产高质量部件能力的方法，以及分析设备执行特定操作的能力的方法，并将评估和分析结果与行业标准进行比较。这两项研究，如果定期进行，可以提供设备性能正在下降的指标，并且预示在不久的将来，将开始生产劣质部件，或出现故障。这些数据也可以存储在维护数据库中，这样类似的设备或设备组件就可以一起进行分析，以查找长期存在的问题。以这种方式仔细组合数据可以减少在数据不足的情况下做出决策的问题。

TPM 概念实际上是由两个概念组成的——设备设计和预测性维护，它们关注于减少所需的总体维护量。通过与设备供应商的合作，从维护设备中获得的知识可以整合到下一代设备设计中。这种维护方式的设计使得设备更容易维护，并且可以立即支持自主维护。设备制造商甚至可以提供用户需要的用于清洗、检查和润滑的视觉控制标记和标签。供应商和客户之间的这种沟通也可以用来建立设备性能标准。供应商和用户都应该能够从他们的机器性能研究中获得相同的结果，这可以作为设备验收测试。此外，设备供应商应该提供有关组件的数据，以帮助确定所需的检查频率和计划维护。

另一种减少所需维护量的方法是执行特殊设备分析，以收集可用于预测设备故障的数据。这类分析包括热成像、超声波和振动，其允许技术人员收集设备内部产生的信息。热成像分析用于检测设备的"热点"，在这些过热的"热点"中，可能与轴承磨损、润滑不良或冷却液管路堵塞有关。超声波分析被用来检测设备上的微小裂缝，而这些裂缝是肉眼看不到的。如果及早发现这些裂缝，就可以在发生灾难性故障之前进行修复。振动分析用于检测不寻常的设备振动（幅度和频率）。性能良好的设备将具有一定的振动特征，这种特征的任何变化都表明内部组件可能正在磨损或松动。这些类型的设备分析可以定期进行，随着历史数据开始显示趋势，可以对其频率进行微调。这些研究还有助于发现一些慢性问题的原因，这些问题无法通过操作人员的检查和定期的计划维护所收集的数据消除。

4.2 设备有效性

设备有效性是指设备在正常运行时的性能和质量。TPM 的主要目标之一是通过减少制造过程中的浪费来最大化设备的效率。确定设备有效性的三个因素——设备可用性、性能效率和质量率也用于计算设备的总体设备有效性（Overall Equipment Effectiveness, OEE）。

一个运作良好的生产系统将随时提供所需的生产设备。这并不意味着设备必须一直要用。例如，在不需要产品的情况下启动和运行设备没有什么好处，这只会增加系统的库存。但是，如果有较多订单的话，就需要提高生产速度，设备必须能够满足产量增加的需求。设备管理必须在保持设备潜在利用率高的成本和过多库存的成本之间取得平衡，以避免错过一个销售机会。

设备可用性受到计划停机和计划外停机的影响。在功能良好的设备系统中，意外停机时间最小化，而计划停机时间最优化，并且根据库存和设备改变生产速率。当设备被临时关闭以执行维护任务时，过程中的库存通常可以用来满足下游的需求。确定适当的库存成为设备停机频率的函数，包括定期修理和不定期修理。

设备可用性损失的最常见原因是意外故障。这些故障影响维修人员（他们必须争分夺秒地使设备运行起来）和设备操作人员（他们必须等待设备被修复才能继续工作）。保持备用系统可用是减少设备可用性损失的一种方法。然而，这很少是最具成本效益的方法，如果设备运行更可靠，就不需要投资资本设备。设备可用性的另一个消耗是设备转换以生产不同产品所需的时间。这种设置时间常常被忽略，尽管它有可能消除生产周期中大量的非增值时间。

设备的性能效率通常用来衡量一个制造系统。通过以最高速度运行设备，尽可能长时间地运行，以增加产量，可以最大限度地提高效率。由于设备空转（等待部件加载）所花费的时间、由于小的停机（对设备进行小的调整）而损失的时间以及以较低的速度运行设备所带来的较低产量，都降低了效率。这些效率损失可能是由于操作人员技能低、设备磨损或设计不良的制造系统造成的。

然而，仅测量设备的效率可能会造成误导，因为制造系统可能无法从100%效率的传统目标中获益。重要的标准是设备应该生产多少，而不是如果以极快的速度运行，能生产多少。目标效率需要考虑设备的设计产能，以及下游需求。当设备启动并运行时，它应该能够以设计的速度运行。但是，当不需要供货时，需关闭设备并使用这段时间来执行其他任务，而不是减慢设备的速度来降低产量。这种偶尔的停机时间对于执行自主维护、计划维护和设备分析非常有用。

如果设备是可用的，并以其设计的速度运行，但产品质量较差、质量比率较低，说明可能设备磨损到不能再生产合格产品的程度。最好的办法是关闭它，以节约能源和原材料，并进行维修。质量损失还包括由于长时间预热或等待其他工艺参数稳定下来而造成的时间、精力和部件的损失。例如，在等待注塑机升温的过程中所浪费的时间和零件的报废应该被认为是设备的质量比率的一部分。

减少质量损失需要与关键的产品需求联系起来。生产每个功能都完美的部件几乎没有什么好处，除了对于客户所需要的关键功能。关键特性的概念是有助于将关键的产品特性与相应的设备参数进行校准。这些是需要改进的参数，以便为整个系统带来最大的好处。这些也是在确定设备的质量比率时应该测量的参数和特征。

4.3　全面生产维护指标

数据收集是开始 TPM 的先决条件。一旦组织决定 TPM 适合当前情况，TPM 就会有额外的数据收集需求。

总体设备效能通过设备可用性、性能效率和质量比率相乘计算。确定这些值所需的数据包括计划停机时间、计划外停机时间和产量（包括合格和不合格部分）。对设备可用性、性能效率和质量比率制作控制图表，可以提供反映任何变化的汇总数据。这些控制图表应该具有预定义的阈值，以确定何时需要收集更详细的数据，以便在发生灾难性故障之前进行必要的更改。确定这些阈值首先需要收集更详细数据的历史记录，其中有明确显示的历史故障及原因。

OEE 为跟踪 TPM 的进展和改进提供了有用的标准，但没有提供足够的细节来确定设备是好是坏。例如，OEE 会反映出产品质量下降，但不提供质量下降的原因以及采取什么解决措施。为了确定所观察到的事件原因，需要补充数据。

反映产品关键特性的统计过程控制（Statistical Process Control，SPC）数据，可以反馈给设备操作人员关于某一设备操作结果的复现性。如果过程失控，应立即将相应的 SPC 数据发送给操作人员。

通过监控设备本身收集的 SPC 数据向实际过程中数据收集迈进了一步。例如，应变仪可以安装在铣床的主轴上。当刀具磨损时，需要更大的力来保持设定的速度和进给速度，这由应变仪记录。应变读数和相关部件质量的历史数据可用于确定阈值，在需要更换刀具之前确定允许的磨损。这种方法不同于前面描述的预测性维护，这是一种持续的监控和定期的预测维护。

收集关键工艺参数的 SPC 数据，如进料、速度、温度和时间的 SPC 数据，是向目标又迈进了一步。这种方法需要首先确定关键的工艺参数，即影响关键产品特性的参数，然后确定其最佳取值。这可以使用实验设计来完成，结果数据对于确定计划维护需求也很有用。一旦确定了关键参数，操作人员就可以收集数据或使用持续监控来跟踪参数。

正在进行的过程监测必须在提供聚合数据和大量数据之间取得平衡。数据聚合得太强，无法查看具体的内部细节；数据量太大可能会导致没有时间对其进行系统性分析。如果不能轻松地监控数据，分析的负担可能会超过分析带来的好处。

4.4 全面生产维护的实施

图 4-3 描述了构成 TPM 实施工作的主要活动，应该给予大约 3 年时间来完成。

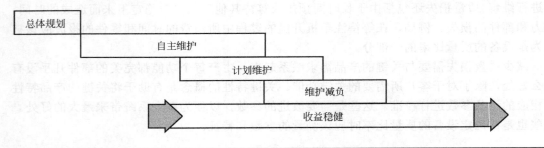

图 4-3 TPM 实施工作的主要活动

在总体规划中，TPM 团队，连同生产和维护管理者决定 TPM 计划的范围/重点，确定所选设备及实现顺序，收集基准性能数据并确定程序的目标。

在自主维护中，TPM 团队接受 TPM 方法和工具以及可视化控制方面的培训。设备操作人员负责设备的清洁和检查，并执行基本的维护任务。维修人员培训操作人员如何进行日常维护，并参与制订安全程序。设备操作人员开始收集数据以确定设备性能。

在计划维护中，维护人员收集和分析数据，以确定基于使用的维护需求。创建一个用于跟踪设备性能指标和维护活动的系统。此外，维护计划被集成到生产计划中，以避免计划冲突。

在维修中，将已收集的数据和从 TPM 实施中获得的经验与设备供应商共享。这种"维护设计"的知识被纳入下一代设备设计中。维修人员还制订计划和时间表，定期进行设备分析（热成像、油液分析等）。这些分析数据也被输入维护数据库中，以对设备性能和维修需求进行准确的评估。这些估计值有助于制订备件库存政策和主动更换计划。

新的 TPM 实践被纳入组织的标准操作程序。这些新方法和数据收集活动应与生产系统的其他要素相结合，以避免冗余或相互冲突。新的设备管理方法也应该不断改进，以简化任务并将 TPM 计划所需的工作量最小化。

全面生产维护是一种世界级制造的设备管理方法，每个人都参与其中，努力提高设备的效率。成功的实施需要共同的责任、全体员工的参与和自然的工作团队。描述 TPM 方法的一个简单类比是考虑一般汽车所有者的活动。车主（设备操作人员）执行一些小的维护活动，如检查机油，检查轮胎的气压，甚至可能对汽车进行调整。然而，如果出了什么大问题，一个专业的汽车机械师（维修技术人员）就会被请来执行这些困难的任务。这种汽车类比与生产设备之间的主要区别在于，大多数传统组织将他们的设备看作是租用的汽车。

TPM 通常作为独立的改进活动来实现，其实应该与一个世界一流的制造系统的其他元素协调一致。世界级制造概念的协同作用，如库存减少、硬件可变性控制和周期时间减少的协同作用，可以提供比其各部分改进之和更大的好处。

4.5　常见障碍

每个 TPM 项目都有各自的挑战和挫折，虽然其中一些是特定于某个行业的，但是有些障碍对于许多 TPM 项目来说是普遍的。

对 TPM 最重要的挑战是缺乏战略方向支持。每个 TPM 计划对于决定实施它的组织来说都是唯一的。这些组织必须要么翻新以前的 TPM，要么从头开始创建实现计划。其缺点是，TPM 计划倾向于由组织内的一两个人"拥有"。如果这些人离开了团队，TPM 通常会在指导和支持方面的力度逐渐下降，最终结果是信息、工具和数据逐渐不能共享。应该制订一个全面的 TPM 战略和方法，其中一些组织可能会被迫回溯以实现共性。

TPM 的优先级不足。大多数单位仍然将 TPM 视为维护问题，而不是制造问题。大多数 TPM 人员要么是维护人员，要么是培训人员。由于维修组织与生产组织完全分离，这两个组织直到副总级别以上才向另一个组织反映情况，因此，很少用设备性能来衡量制造人员，也很少用生产部件质量或周期时间来衡量维修组。这种维护和生产的分离无法使两个组织的经理为实现一个成功的 TPM 计划而集中他们的资源。

TPM 项目与其他项目发生冲突。在任何给定的时间，几乎每个制造单元都在执行一些新的制造过程，以及一些过程改进计划。这通常会出现组织同时处理更多的工作。最后，有些项目成功了，有些被取消了，有些则被忽略了。除非组织中的所有活动都被记录下来并按优先级排序，否则添加另一个过程（如 TPM）只会迫使其他项目取消。没有哪个组织有无限的预算、时间和人力来让他们实现每个好主意。与其让项目竞争资源，不如将多个项目组合成一个内聚项目，并在较长时间内实现。

由于缺乏可用于规划目的的可靠数据，一些实施 TPM 的努力受到阻碍。现有的数据收集方法并没有强调准确监测设备性能所能带来的好处。没有这些数据，就很难确定设备性能、产品质量和制造成本之间的关系。所收集的数据通常不用于任何决策制订，因此这些数据的质量永远不会得到验证。没有可靠的数据，组织就不能制订准确的计划，也不能量化 TPM 项目所带来的任何好处。

4.6　促成因素

促使 TPM 项目成功的几个因素其实是起到了与上述障碍相反的作用。然而，对于更成功的 TPM 项目来说，有一些额外的活动也是常见的。主要包括以下几方面因素。

成功实施TPM通常得益于一个极具支持性的管理团队。这意味着管理层不仅允许TPM实施，实际上是实施背后的驱动力之一。管理活动包括奖励积极维护的团队，修订业务计划（包括 TPM 目标），允许生产工人参加培训会议，将 TPM 目标传达给整个组织。

要使用不同的方法来确定在哪里可以从 TPM 中获得最大的收益。尽管可能没有一个最好的方法来确定 TPM 实现顺序的优先级，但是重要的决定是实际花时间来执行这个优先级。没有任何组织拥有同时解决其所有问题所需的资源，因此它们必须选择利用资源的机会。制订了关于如何过渡到 TPM 实践的清晰的总体计划的组织比没有制订出重点计划的组织在实现目标方面会取得更大的进展。

虽然管理层需要在 TPM 的实施中承担领导角色，但也必须允许设备操作人员在 TPM 的开发和实施中发挥突出的作用。TPM 的基本理念之一是鼓励经营者对影响生产设备的决策承担更多的责任和权力。如果操作人员脱离 TPM 计划，就很难获得主动的设备检查和维护。让设备操作人员深入参与的好处是，对设备了解最多的人（每天运行设备的人）正在为计划提供输入。要求设备操作人员尽早参与，这样他们才能感到属于 TPM 实施团队，使他们能够在 TPM 计划中更投入。

太早交付的培训几乎和太迟交付的培训一样无效。如果受训人员在直接使用新知识之前接受了培训，就有机会通过获得直接和即时的反馈来加强他们的课堂学习效果。由于培训是在很长一段时间内"分权、小剂量"进行的，便于组织更轻松地协调生产。

许多组织在生产计划和维护计划中使用完全隔离的计划系统。在这种情况下，每个预防性维护活动都必须由两个组织安排，在何时关闭设备进行维护时达成妥协。通过集成所有需要访问生产设备的实体，组织可以避免因谁拥有设备的最高优先级而产生的冲突。除制造和维护之外的小组也需要访问设备来执行测试（质量保证），或者运行原型部件（研究和开发）。

4.7 改进的建议

以自上而下的方式推进 TPM。任何新流程的成功实施都得益于使用试点实施、经验总结和全面部署的协调方法。实现这些需要来自上层管理者的明确方向和优先级，目标是避免一种偶然的实现方法。在这种偶然的实现方法中，每个组织可以决定是否要实现新过程，然后开发自己独特的方法。如果发生这种情况，组织就不能轻松地共享和传递信息、知识和方法。

新流程必须与现有的系统集成，并为未来的流程引入做好准备。建立独立的单线流程将使其他流程必须与之竞争。这种流程的竞争在组织内部造成了大量的混乱，并使资源分配变得极其困难。支持多个过程的度量和激励（例如，使用机器数据同时评估产品质量和设备性能）使得改进活动的优先级更加明显。

许多组织的底层明显缺乏有用的数据。此外，可用的数据常常没有被预期的组织有效利用。这使得几乎不可能将决策权降低到这些级别。较底层的组织需要开发简单的数据收集方法来收集信息，这些信息可以立即被工厂员工使用，包括定性和定量数据。此外，数据收集计划应该在改进活动开始时就建立起来。

大多数实施新过程的组织未能充分认识组织文化对 TPM 实施的重要影响。执行计划的一部分应专门用于明确必要的组织变更。这包括被提议的过程变更所影响的个人当前和未来的角色和职责。需要将这些更改传达给组织，并提供适当的培训，以使流程顺利过渡。

在许多组织中，TPM 仍然被视为设备维护问题，而不是制造问题。这个困境的解决方案是将这两个组织的度量标准、目标和奖励联系在一起。例如，维护组织通常没有与产品质量相关的目标，制造组织没有与设备性能相关的目标。如果两个组织都在努力最大限度地提高整个设备的效能，就应鼓励它们共同努力，互相支持对方的需要。另一个需要解决的障碍是人类对变化的基本反应——通常不喜欢变化。这往往是缺乏沟通和训练的结果，导致对未知的恐惧，不一定是对改变的抵制。

已经开始实施 TPM 的团队已意识到，设备性能对于降低制造成本来说至关重要。设备的变化直接导致硬件的变化，这已多次被证明会增加制造成本，这是由于报废零件、返工零件、调整生产计划以适应生产的延误。性能不佳的设备通常通过增加协调活动和存储额外的库存来应对。

4.8　全面生产维护详细描述

TPM 的理想目标是实现零故障、零缺陷、零事故。尽管这些目标非常难实现，而且在许多情况下可能不具有经济可行性，因为消除所有故障、缺陷和事故的成本很高；它们提供了一个组织可以瞄准的目标。为了使组织朝着这些目标前进，TPM 提供了一种增加设备可靠生产的时间量的方法。这需要大量的工作来减少可能导致设备故障或生产部件变化的设备退化。此外，TPM 通过提高设备状态意识、所有权意识和责任感来影响设备操作人员。设备管理的 TPM 方法还包括一组度量整体设备有效性的新指标。

TPM 的实施不应被视为对生产问题的短期修正。TPM 项目的全面部署通常需要 3 年的时间。从 TPM 的实施到成果的完成，需要关注设备整个生命周期的成本。生命周期成本包括购置成本、运营成本、维护成本和转换/退役成本。这些费用可以进一步细分。例如，维护成本包括维修成本、维护人工成本、操作人员人工成本（停机期间）和设备零部件成本。

为了帮助集中改进工作，对设备遇到的问题进行分类或分组通常是有帮助的。从生产系统损失的角度进行思考，并根据这些损失的原因对问题进行分组，有助于指出设备问题的常见来源。然而，要消除正在降低设备性能的长期问题，需要追踪问题的根源。

由于停机造成的损失。属于这一类的生产系统损失是由于设备暂时无法用于生产而造成的。损失可以细分为两类：故障维修和设置调整。零星的突发故障，通常很明显且不难纠正。然而，频繁的或慢性的小故障往往被忽视。为了最大限度地提高设备的效率，故障必须减少到尽可能低的频率。这个目标可以通过在定期维护期间主动更换磨损部件来实现。更换一个有问题的部件总比无法关闭或开启设备更划算。

设置调整期间的损失源自停机和生产劣质产品。当一个项目的生产结束，设备被调整以满足另一个项目的要求。通过明确区分内部设置时间（必须在机器停机时执行的操作）和外部设置时间（可以在机器仍在运行时执行的操作），来减少设置时间。

性能不佳造成的损失。是指由于设备以低于额定速度运行而造成的设备利用率损失。损失的生产能力可分为减速、空转和小停机。如果设备运行速度低于设计速度，就会造成损失。这可能是由于设备过度磨损，或由于操作人员对制造过程缺乏信心。维护良好的设备和可靠的生产流程有助于将这两个问题最小化。空转和小停机是指处理过程中的短暂中断。小停机通常是由于需要进行一些轻微的调整，如拧紧螺栓或夹具。解决一个小故障可能需要纠正一个小问题，如设备堵塞。小停机和设备故障之间的区别通常是时间和严重程度。空转和小停机可以迅速纠正，通常不完全关闭设备；故障与大型或灾难性的事故相关。

质量问题造成的损失。设备在运转，而且是全速运转，并不能保证生产出令人满意的产品。如果设备的输出是无用的，设备也可以关闭，以节约能源。生产劣质产品的损失分为工艺缺陷和启动损失两类。工艺缺陷通常是由与设备性能相关的工艺缺陷引起的。在这种情况下，提高质量的方法是通过改进设备来消除造成损失的根本原因。这些过程缺陷包括慢性和偶发性的生产问题，这些问题导致零件必须返工或报废。启动损失是由在生产的早期阶段出现的生产出残次品和产品产量下降造成的，从机器启动到稳定，设备达到稳定所需的时间越长，无法使用的产量就越大。这种情况的例子包括在达到工作温度或速度所需的时间内生产出的残次品或降低产量。减少设备参数达到所需状态的时间将使启动损失最小化。

4.9 全面生产维护的主要组成部分

全面生产维护包括改进生产设备，以及提高维护的效率，这需要准确的计划和调度，获得可靠的设备信息，以及良好的备件库存系统。它也可以涉及设计或重新设计设备，使维修更容易和更快地执行，或使购买的设备需要较少的维修。整个生产维护活动可以有效地收集在以下六个独立的组件中。

① 教育和培训。用于确保员工在执行与 TPM 相关的任务时拥有必要的知识和技能来完成高质量的工作，从而支持所有其他 TPM 组件。相关人员包括管理人员、维护人员、操作人员和设备运行中的其他利益相关者。教育和培训还提供了通用的词汇表和对制造过程的 TPM 目标的准确理解。

② 自主维护。自主维护需要设备操作人员的积极参与，通过清洗、监控、紧固件拧紧、数据收集及向维护人员报告设备状况和问题来消除加速设备老化的问题。此外，操作人员必须努力对设备有更深刻的了解，这将有助于提高操作技能。每日清洁以减少机器磨损，并观察是否存在过度磨损和轻微的设备故障，可以在过度损坏之前通知维修人员或采取纠正措施。在适当的情况下，操作人员只需进行少量的调整，就可以避免维修技工的大量操作，从而有助于降低管理成本。这种直接操作响应确保在发生设备故障或生产的部件变化之前进行调整。由操作人员进行的自主维护将有助于保持机器的高可靠性、低运行成本和高质量的生产部件。设备操作人员收集的信息有助于全面提升设备有效性，并有助于提高新设备和现有设备的可靠性和可维护性。

③ 预防性维护。预防性维护的基础是对设备进行有计划的维护和深入的检查，以发现和纠正可能导致故障、生产中断和过早磨损的情况。这一功能包括定期检查、有计划地恢复损坏和主动更换可疑的设备部件。在进行预防性维护时，收集设备有效性、可靠性的数据研究、可维护性度量和操作成本；另一个目标是减少计划维修所需的时间，并最终取消对设备进行计划外维修的要求。

④ 计划和调度。主要任务是协调生产计划、预防性维护计划和其他需要使用设备的活动。此外，还要确保训练有素的技术人员与适当的工具、零件、文件和安全的工作指令。还包括派遣作业，以最大限度地提高设备的整体效能和生产可用性，同时避免计划中断以进行计划维护或故障维修。

⑤ 可靠性工程和预测性维护。这部分通过专门的技术核心组来识别和关注长期存在的设备问题，预测性维护提供了一个提高设备效率的过程。此外，可靠性工程对问题的根本原因进行分析，并确定提高机器可靠性和可维护性所需的行动和资源。该功能还负责开

发预测性维护技术，如振动分析、热分析和润滑油分析。此外，它还负责向设备工程师、设备供应商开发和反馈可靠性及可维护性数据。

⑥ 设备设计和启动管理。这部分负责将从维护现有设备中获得的知识整合到新的设备设计中。这些信息包括设备性能、生命周期成本、可靠性和可维护性目标、设备测试计划、操作文档和培训。这一过程需要与参与设备启动的其他利益相关者共同规划和协调。目标是实现快速和可靠地上升到设计的产量性能。

4.10 全面生产维护的作用

实施 TPM 的直接成效是帮助降低制造成本。对于广泛使用自动化和复杂生产设备的组织来说，效果尤其明显。当然，成本节约的实际数额在很大程度上取决于制造系统的当前状态和生产过程的类型。如果设备已经运行良好，那么组织最好关注其他改进生产系统的机会（例如，减少库存、员工技能培训、减少周期时间等）。此外，如果工厂目前有过剩的能力，为产品寻找新客户可能会提供比提高设备可靠性更好的回报。尽管 TPM 已被证明为许多公司带来了非凡的效益，但每个工厂必须仔细评估其现状，以确定生产系统是否能从中获得好处。

TPM 的实施不是免费的，需要培训、新的数据收集程序、改变角色和职责，许多行业都有相关的投入和回报记录。其好处是提高设备的可靠性和利用率，减少由于磨损而造成的设备变化，以及减少应急维护。此外，设备供应的增加也使组织能够推迟购买额外设备，以满足生产需求的增加。

许多公司已经证明，增加定期维护（预防性维护）将大幅减少非定期维护（故障维修），并且随着计划维护替代非计划故障，总的维护成本将降低。降低这些维护成本的动机是因观察到维护成本通常是一家制造公司销售产品成本的 15%～40%。成本可以在过多发生故障的情况下急剧增加，但是，必须在执行大量预防性维护的成本和允许极少的故障之间进行权衡。组织必须确定由故障引起的成本，并将其与避免这些故障的成本进行平衡，以确定预防性维护的最佳数量。为了确定合适的维护组合策略，一些公司估算设备故障的平均成本是维修成本的四倍，在这种情况下，允许设备发生一次故障比进行四次预防性维护要便宜得多。

实施 TPM 可以提高产品质量，从而降低返工成本并提高客户满意度。下面列举了在公司成功实施 TPM 计划时可能获得的好处。

（1）减少变化量

制造系统中的变化有多种形式，如硬件变化、产量变化、库存变化等。在许多情况下，TPM 可以有效地减少这些变化的来源、出现的频率，并提高生产系统的稳定性。

在硬件可变的情况下，TPM 可以通过提高生产设备的可重复性来消除变化影响。跟踪从产品关键特性到设备和工艺参数的变化来源，第一步是确定哪些产品特性对满足客户需求最为关键。实验设计技术可以用来识别对这些关键特性影响最大的工艺参数，并且有助于识别产生最佳产品的参数值。

一旦确定了这些参数值，操作人员可以使用 SPC 控制图表对其进行监控，以提供过程中的数据。如果在 SPC 数据中观察到异常，设备操作人员将得到警告，结果生产部分可能无法接受，需要进行额外的调查。此外，这些过程参数应该与直接影响其稳定性的维护任务保持一致。例如，机床刀具不能达到理想的工作速度，可能是由于润滑不良导致轴承磨损过大。

通过实施 TPM 来提高设备的可靠性，也将减少制造系统产量的可变性。零星的设备故障和不定期的修理是产量波动的主要原因。实施 TPM 将最小化这些设备的可靠性问题。有效的 TPM 计划允许设备在必要时全速运行，只有计划维护的停机时间。此外，计划维护可以通过生产调度系统进行调度，这样就不会影响预测的产量。

库存波动也可以归因于设备的可靠性和由此产生的产量波动。此外，具有高可用性的设备使生产系统能够更有效地应对客户需求的变化。在必要时，生产设备可以简单提高产量。这种额外的生产能力来自更少的故障和不定期的维护，以及使设备能够以最大设计速度运行。

(2) 提高生产率

为减少计划外停机和过多的返工，组织将更多的时间花在增值任务上，如生产更好的产品。实施 TPM 建立管控过程，将注意力集中在最小化而非生产任务上，由此带来的生产率提高不仅适用于设备，也适用于在制造系统中工作的人。生产工人不再被迫在设备维修时等待，维修人员也不再疲于匆忙修理设备。一个有效的 TPM 计划还建立了关注于减少设备设置和随时间变化的指标。TPM 鼓励改变设备设置过程，以允许在设备仍在生产现有产品时，配置其他设备准备生产下一类产品。

(3) 减少维护成本

从故障维修到主动改进维护的变化使组织能够降低总体维护成本。传统的设备维护方法迫使维护组织增加额外的工作人员来处理剧烈波动和不可预测的工作量。TPM 的主动维护的实现，从维护人员的工作负担中删除了许多技术上不太具有挑战性的任务。这就解放了维护人员，使他们能够集中精力进行主动的设备改进、设备性能分析和简化现有的维护实践。这种责任的转变需要一个开明的管理团队，专注于从改进的维护中获得的潜在收益，而不是专注于简单减少维护人员的人数所节省的成本。更有效地运行设备还有一个额外的好处——降低了能源成本。由于采用了 TPM，设备的空转时间更短，操作更方便。尽管采用 TPM 减少能源消耗的收益可能并不惊人，但总体制造成本仍在下降。

(4) 减少库存

使用不可靠设备的生产组织都必须保持大量的产成品库存。设备越不可靠，产成品的必要库存就越大。如果给定的生产线是由不可靠的设备组成的，则必须将在制品的库存保持在高于所需的水平，以适应设备性能的不确定性。所有这些额外的库存会产生很多问题：客户需求的变化需要很长时间才能体现出来；新产品的交货时间必须考虑完成品和在制品的库存。此外，生产出来的任何有缺陷的部件都可以放在生产过程中的临时库存中，等待在生产过程的下一步被发现。库存有效掩盖了这些生产问题。实现 TPM 可以消除生产系统的产量和周期时间中的很多不确定性。

生产设备的备件是造成不必要的库存持有成本的另一个来源。备件是用来维修设备的，在不可靠的设备上随时都可能用到。另外，设备性能的不确定性需要额外的库存。通过可靠性工程、数据收集和分析，使维护人员得到对必要的备件及其使用频率的准确估计。实施 TPM 将允许维护人员进行必要的分析，以优化他们的备件库存政策。

(5) 改进安全性

在实施 TPM 的自动维护活动的最初步骤中，会出现容易降低安全性和增加事故的环境。这是设备操作人员承担额外和不熟悉的维护任务的结果,他们可能没有得到有效的培训。由于这些任务对操作人员来说是新的,而且常常涉及潜在的危险活动(清除设备上的碎片、检查链条和齿轮等),因此它们对操作人员的安全构成了新的威胁。所以,确保操作人员的安全必须是 TPM 计划的主要功能。这需要广泛的培训,开发"万无一失"的维护任务,并实施改进的程序。此外,通过频繁执行日常维护任务,操作人员对他们的设备有更好的了解,这一新知识有助于操作员做出更明智的决定,以减少设备所带来的潜在危险。所有与设备有关的人员的安全必须是任何良好的 TPM 计划的首要任务。

(6) 提高员工积极性

与工作场所的任何变化一样,实施 TPM 会受到一些干扰,然而这并不一定都是负面的。由于 TPM 使用员工团队来制订实施计划并部署这些计划,所以操作人员可以由管理层授权,并增加对设备的控制和所有权。这种所有权使操作人员对设备的操作更加自豪,并对如何最好地运行设备做出明智的决定。显然,这需要管理上的支持,因为经营者拥有决策权力。如果管理者不愿意放弃对这些决策的控制,员工积极性最终可能会下降,而不是提高。

维护人员如有时间进行设备分析,与设备设计师一起工作,并从事具有技术挑战的任务,可以进行更积极主动的维护活动的转变,如制订设备的预防性维护要求。虽然将日常维护任务交给操作人员,维护人员的工作量也不一定会减少。只是这种变化还需要管理层支持,以允许维护人员在这些领域发展他们的技能。

第5章
维护数据的收集和分析

数据是生成信息和知识的来源，这些信息和知识是做出正确的操作和维护管理决策所必需的。维护期间收集的数据包括在对工程对象执行预防性维护（PM）和纠正性维护（CM）操作期间收集的数据以及各种各样的补充数据（例如，设备年龄、供应商、备件制造、等待时间、维护和服务人员的差旅时间等）。数据分析是从收集的数据中提取信息的过程，可以是定性的，也可以是定量的。

5.1 数据、信息和知识

数据表示一个可测量数量的实现集合，如组件失效时间、组件材料特性、组件上的载荷等。通过分析从数据中提取的信息，以了解数据块之间可能的关系（例如因果关系）。通常，数据和信息要么作为同义词互换使用，要么只有细微的区别。数据是未经组织或无法解释的原始事实，信息是可以理解的数据，知识是人类理解信息以及在特定的环境（如预测）中使用信息的能力，它包括理论、模型、工具和技术、技术标准等。

数据、信息和知识之间的联系可以通过 DIKW（数据、信息、知识和智慧）层次结构来描述，如表 5-1 所示。它指出了信息和知识在回答不同类型问题方面的作用。

表 5-1　DIKW

术语	含义
数据	用符号表示事件的事实或陈述
信息	处理数据以提供"是谁""为什么""在什么地方"和"什么时候"等问题的答案
知识	使用数据和信息来回答问题"知其然"
智慧	评价理解

（1）数据类型

数据可以是四种不同类型中的一种，其分类是基于数据测量和数据记录的类型或级别。这四种类型是标称数据、序数数据、区间数据和比例数据（表 5-2）。标称数据和序数数据本质上是定性的，表示项目属性；区间数据和比例数据本质上是定量的，表示的是数量而不是类型。

表 5-2　四种类型数据对比

项目	标称数据	序数数据	区间数据	比例数据
数据形式	类别	等级顺序	在等区间范围内的数值	具有唯一定义零的等间隔刻度上的数值
示例	一项关于汽车服务中心客户满意度、所服务汽车的品牌名称的研究中，工程对象的故障模式、变量（如男性或女性）	等级量表（损害严重程度，1~4级）、维护服务质量（1~7级）	温度	项目故障时间，修理成本，每年更换次数
允许操作	仅计数，没有排名或数字操作	计数和排序，没有数值的操作	排序，加减法（也就是求平均值），乘法和除法没有意义	所有普通的数值和数学操作

(2) 结构化数据与非结构化数据

结构化数据有一个定义良好的格式，需要封闭的答案，从有限的选项中进行选择。相反，非结构化数据通常采用文本的形式，没有指定的选项集。在工程对象的维护环境中，非结构化数据的两个常见来源是客户对问题的描述和技术人员的评论。例如，描述问题的客户表明：刹车缓慢，空调没有充分冷却，水泵发出一些噪声。技术人员对故障识别的意见：刹车踏板不灵活，空调中的压缩机不能正常工作，螺栓未充分拧紧。对于分析（定性或定量），必须将非结构化数据转换为结构化数据。这涉及一种自然语言处理技术。

(3) 数据收集

数据收集是准备和收集数据的过程，成本高昂。每个数据都需要时间、精力和资金来收集、存储、检索和使用。数据收集的目的是获取信息并保存记录，以对重要问题做出决策，例如，评估不同的维护策略或试图了解劣化过程。

5.2 维护数据

(1) 数据分类

工程对象（产品、工厂或基础设施）的维护数据可以大致分为两类。

① 在维护（PM 和 CM）过程中收集的数据：与对象相关的数据（例如，检查时的条件）；与维护相关的数据（材料、人工、成本等）。

② 补充数据，是与适当的维护决策相关的其他数据，可分为四个子类别。

- 与对象相关的数据：详细的图纸，分解、故障和审查数据等。
- 与物流相关的数据：备件、维护人员和设施、零部件供应商等。
- 与生产相关的数据：在一般意义上是指产品和服务。例如，铁路网络中移动的吨位，在生产或加工厂中的产量等。
- 与业务相关的数据：服务合同、维护成本等。

为了正确地收集维护数据，需要很好地理解维护过程。维护过程取决于维护是在内部进行还是外包。根据工程对象（产品、工厂或基础设施）和维护（现场或服务中心、内部或外包）的不同，有几种不同的场景。

(2) 数据源

数据源依赖于工程对象（产品、工厂或基础设施）。"产品"可以是消费品、工业品、商业品或国防品、原始设备制造商（OEM）、客户的使用和操作环境、服务中心（由原始设备制造商、零售商或独立公司拥有）。"工厂"由若干元素组成，数据来源包括 OEM、生产部、维修部（用于内部维修）、外部维修服务代理（用于外包维修）、客户、组件供应商。"基础设施"更复杂，涉及较多方面。因此，数据源包括业主、建筑商、客户、维修部（用于内部维修）、外部维修服务代理（用于外包维修）、监管机构（有关安全的指令和法律等）。

(3) 失效和截尾数据

失效数据是在数据收集期间失效组件的使用年限。

截尾数据是组件已投入使用，但在数据收集期间没有失效的组件数据。截尾数据产生的原因是：故障前更换组件（例如，由于预防性维护措施），在这种情况下，数据是指更换时的年限；数据收集期结束时仍在运行的组件，在这种情况下，数据是指工作组件的年限。图 5-1 显示了基于年限的维护政策下的历史替换时间，显示了数据收集期间的失效和截尾数据。

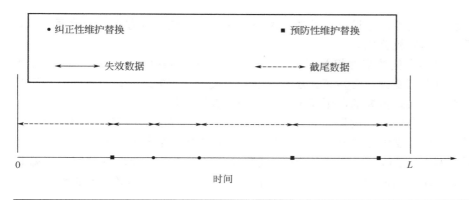

图 5-1　失效和截尾数据的时间历史

另外，完整数据是指如果一个数据集不包含经过审查的数据，则称它是完整的。不完整数据是指如果一个数据集同时包括失效数据和截尾数据，则该数据称为不完整数据。

(4) 排序数据

假设有一个大小为 n 的样本，如果通用样本值被认为是随机变量，则用 Y_1，Y_2，…，Y_n 来表示通用样本值，如果这些值是随机变量的观测值，则用 Y_1，Y_2，…，Y_n 表示随机样本值。对于某些类型的数据分析将观测值从最小值排序到最大值比较方便。观测值的有序集合将表示为 $y(1)$，$y(2)$，…，$y(n)$，$y(1) \leqslant y(2) \leqslant \cdots \leqslant y(n)$。有序数据在选择分布函数来模拟首次失效中起着重要的作用。

(5) 数据相关问题

在收集数据时可能会遇到许多问题。在产品维护方面，最重要的有以下几点：报告延误；未报告的数据；数据报告不正确（由于欺诈、意外错误等）；不完整数据；缺少分项数据（例如，某个时间段内的故障总数，而不是每个组件的故障次数）。

理想情况下，应该收集每个 CM 作业相关的数据：失效时组件的年龄；失效时组件的用途（如果相关）；故障原因、失效模式（导致故障的部件、装配错误等）；使用模式、强度、操作环境（来自客户的非结构化数据）；故障前的症状（来自客户的非结构化数据）；为纠正故障而采取的措施（更换或修理故障部件，其他部件的状况等）；维修数据、使用的备件、修理时间等。如果没有收集到上面列出的数据，就会丢失信息。

5.3　数据分析

考虑一组数据，其中要么时间不起作用（例如，修复成本），要么处理单个事件（例如，第一次故障的时间）。分析首先涉及确定数据中是否存在显著的可变性。如果样本标准差与样本均值相比非常小，则可以忽略可变性，而将数据视为确定性数据。如果不是，则需要使用概率公式对数据建模。

如果数据具有时间维度（例如，服务合同的月度销售或工厂的年度维护成本），那么数据与时间的关系图可以揭示某些模式，如趋势和季节性。可以从数据中删除这些，留下数据的随机元素。如果数据的样本均值非常接近于零，且标准差相对于数据集中的最小值非常小，则可以忽略可变性，通过确定性的动态公式（如差分或微分方程）对数据建模。如果没有，就需要使用随机公式。

如果数据与随时间变化的事件相关（例如一个或多个组件随时间变化的失效），则可以绘制事件图，以查看可变性是否显著。还可以绘制出失效之间的时间，查看数据是否显示出显著的可变性。如果是重要的，则需要点过程来对数据进行描述。

有时，故障以不确定的方式发生，因此，失效数据表现出显著的可变性，将重点放在这些数据的分析上。统计学理论的两个主题分析包括描述性统计和推论统计。

可以手工进行统计分析，也可以使用计算机软件包。有许多统计软件包可用于数据分析，对不同的汇总统计信息和描述性统计图进行估价，并呈现用于推论统计的结果。

5.4 描述性统计

深入了解数据的第一步是将数据用图形表示，并进行一些分析以获得汇总统计信息。这些被称为数据的初步分析或描述性统计，为建立故障和维护模型提供了基础。描述性统计所使用的技术可分为以下两类：数值统计（摘要或样本）和图形柱。

5.4.1 数值统计

首先是对一个样本进行一组观察（测量、响应等），然后执行各种计算和操作，以便理解样本数据的信息内容。"统计"一词用来指从数据中计算出来的任何数量——平均值、范围、百分位数等。数值统计的步骤适用于完整的数据，数据集由随机变量 $y=\{y_1,y_2,\cdots,y_n\}$ 的观测值 $Y=\{Y_1,Y_2,\cdots,Y_n\}$ 组成。

样本 p 的分位数被定义为 y_p，即至少有一个概率 p 等于或小于 y_p 值，并且至少有一个概率 $1-p$ 等于或大于 y_p 值。该值也可能不是唯一的，可能会使用多种替代定义。特别值得注意的是 0.25、0.50 和 0.75 分位数，称为四分位数，表示为 Q_1、Q_2 和 Q_3。

样本中心的最常见度量（也称位置度量，或简单的平均值）是样本均值和中位数。样本中位数为 0.50 分位数或 Q_2，是中心的自然测量值，因为至少一半的数据等于或大于中心的自然测量值，至少一半等于或小于 Q_2。处理异常值引起失真的一种方法是计算修剪后的平均值——从数据中移除最小值和最大值的固定概率，并计算剩余值的平均值。

统计分析中常用的另一种描述性度量是数据的离散（或扩散）度量。该指标反映了数据的可变性，对理解数据和正确解释统计结果很重要。在大多数情况下，最重要的离散度度量是样本方差 s^2 和样本标准差 s（即样本方差的平方根）。

虽然均值和 0.50 分位数都度量中心位置，但方式不同。对两者的比较提供了有关样本的附加信息。通过推断，还可提供有关从中提取样本的总体的信息。如果样本中心完全对称，则平均值和中值相同。如果两者不同，就有一个偏斜的现象。如果 $Q_2<y$，则数据向右倾斜；如果 $Q_2>y$，则数据向左倾斜。失效数据和用于对其建模的分布常常向右倾斜，这通常是因为存在少数长寿组件的结果。

例 5-1：汽车发动机维修成本表。

表 5-3 中给出了 $n=32$ 个汽车发动机故障的维修成本。

第 5 章 维护数据的收集和分析

表 5-3 维修成本数据

维修费用（已排序）							
7.75	11.70	24.60	26.35	27.58	27.78	29.91	34.68
42.71	42.96	48.05	60.35	77.22	77.24	77.57	78.42
98.90	127.20	149.36	253.50	388.30	432.89	556.93	658.36
831.61	918.53	1007.27	1101.90	1546.75	1638.73	1712.47	5037.28

计算四分位数。对于第一个四分位数，得到 $k=[0.25\times32]=8$，$d=0.25$，所以 $Q_1=34.68+0.25\times$（42.71-34.68）=36.69。同样，$Q_2=88.66$，$Q_3=788.30$。

样本平均值为 536.09。注意平均值和中位数之间有非常大的差异，可看出向右倾斜。事实上，这在数据中很明显，有几个大值和一个非常大的值。剔除最大和最小的观测值（即约 5%），平均值为 371 元。这仍然比中位数大得多，表明实际的偏度较大。

方差为 941463，标准差为该值的平方根（即 970.30）。这些大值反映了数据中的大量可变性。两者都受到大异常值的影响，在这种情况下，上述解释是无效的。事实上，28 个观察值（88%）在平均值的一个标准差范围内，31 个观测值（97%）在均值的两个和三个标准差范围内。获得的结果如表 5-4 所示。

表 5-4 统计变量

变量	数量	均值	中值	截尾平均数	标准差	最小值	最大值	Q_1	Q_3
修理费	32	536	89	371	970	8	5037	37	788

当数据包含两个或多个变量时，有关变量之间关系的度量值得关注。两个变量之间关系强度的度量使用样本相关系数 r。r 位于区间[-1, 1]，值-1 和+1 表示变量是共线的，线分别向下和向上倾斜。一般的解释是，接近两个极端的值表示一个很强的关系，接近零的值表示变量之间的关系很小。

例 5-2：汽车发动机修理费用。

从图 5-2 中看到，维修成本（y）和里程数（x）之间的相关性为 $r=0.254$，这是相对较小的，表明两个变量之间的关系不大。图 5-2 是（x_i，y_j），$i=1,2,\cdots,32$ 的绘图，由相关系数衡量的里程数与维修成本之间的微弱关系反映在平面中。注意：图 5-2 中的异常值非常明显。

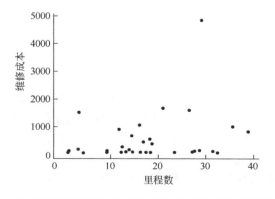

图 5-2 维修成本与里程数的关系图

5.4.2 图形柱

在数据分析中,有时会遇到极端观测值,即相对较大或相对较小的值,这些值似乎与大部分数据相差甚远,异常的观测值可能以令人不安的频率出现。极端观测值称为异常值,可能由多种原因产生,例如测量误差,记录、抄写等方面的错误,长尾分布的有效测量,不同人的有效测量。

例 5-3:汽车发动机维修费用。

图 5-3 显示了前例发动机维修中数据的使用和维修成本的箱线图。对于里程数,箱线图看起来相当合理,尽管中间值低于箱中心。然而,维修成本的箱线图显示了一个非常偏斜的分布,中间值靠近箱的下边缘,下线很小以至于不出现在图中,并且极端异常值用"*"表示。为了更好地了解数据,可以删除极端观测值。剩余数据的方框图如图 5-4 所示。在这里,分布的偏斜仍然很明显,并且识别出另外两个可能的异常值。

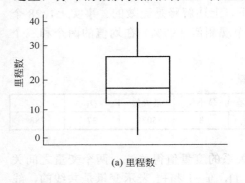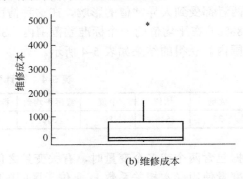

(a) 里程数 (b) 维修成本

图 5-3 箱线图

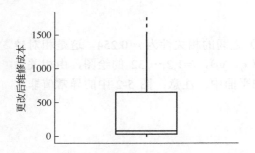

图 5-4 去除异常值后的维修成本箱线图

不管原因是什么,异常值都会显著影响测试结果和其他统计过程。用于识别外围观测的常用图形工具是箱线图(最初称为盒须图),中间 50%的数据,即四分位 Q_1 和 Q_3 之间的所有观测值,由一个矩形(框)表示,其余数据由框外的线(须)或线外的点(离群点)表示。线的长度计算为 IQR 的 1.5 倍,其中 $IQR=Q_3-Q_1$。介于 1.5~3 倍 IQR 之间的观测值被指定为"轻度"异常值;大于 3 倍 IQR 的观测值被指定为"极端"异常值。框中还显示了中间值 Q_2 的水平线。

事件图用于描述某项目随时间的变化,它是该项目的时间历史记录。

例 5-4：柴油发动机的气门座更换数据。

图 5-5 是使用数据创建的事件图（时间历史记录），数据来自 46 个项目的阀门更换实例。该图显示了每个系统发生故障的时间。每条线延伸到对其观察的最后一天。服务时间从不到 400 天（系统 409）到将近 700 天（系统 251）不等。

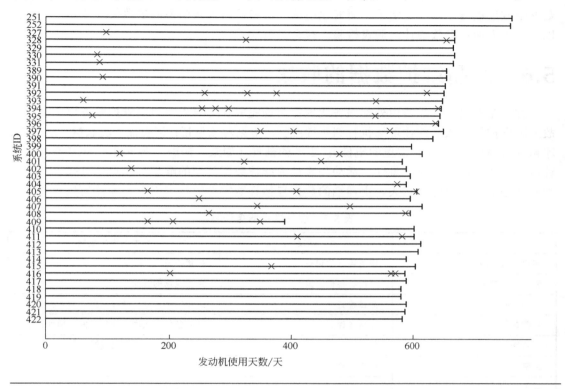

图 5-5 柴油机阀座更换数据的事件图

用来显示定量和定性数据的图形还包括 Q-Q 图、散点图、st 图、控制图等。在第一次失效的情况下，许多图形有助于模型构建，包括非参数的（如经验分布函数图）和参数的（如韦伯分布图）图形。

5.5 推断统计

在统计学中，推断统计是从受随机变化影响的数据中得出结论的过程。推断统计通常区别于描述性统计。简单地说，描述性统计可以被认为是一个简单的事实陈述。任何推断统计都需要一些假设，统计模型是关于观测数据和类似数据生成的一组假设。描述性统计通常被用作在得出更正式的推论之前的一个步骤。

建模假设的三个层次如下。

① 完全参数化。假设生成数据的过程由一系列公式（概率分布、随机公式等）完全描述，这些公式只涉及有限数量的未知参数。

② 非参数化。对生成数据的过程所作的假设远远少于参数统计，可能是最小的。

③ 半参数化。该术语通常指完全参数化和非参数化之间的假设。例如，可以假设总体分布具有有限平均值，并且还以线性方式依赖于某个协变量（参数假设），但不做出任何描述该平均值周围方差的参数假设。

无论做出何种程度的假设，正确校准推理通常都要求这些假设是正确的。换句话说，数据生成过程被正确地指定了。研究建模第一次和后续失效模型的参数化方法，通常包括以下三个方面：参数估计；假设检验；拟合优度检验。

5.6 产品维护数据的收集

维护是外包的，需要由外部服务代理在现场完成。这要求客户向维护服务提供商报告故障和维护技术人员前往现场执行纠正性维护。常见对象包括：消费品（洗衣机、洗碗机、冰箱等）；商业产品（大楼里的电梯）；工厂的部件（如泵、锅炉、涡轮机）。表5-5列出了针对非消费品可以收集的事件、活动和典型的维护数据类型的顺序。注意：有些事件和活动在某些情况下可能不相关。更详细的数据包括订购零件的技术细节、零件的供应商等。

表5-5 现场维护服务流程

事件	活动	典型的维护数据
客户报告故障	服务需求的记录	症状描述
派遣服务技术员	手册、备件工具	到达现场的时间
开始诊断	测试检查	逐步诊断记录、故障原因、失效件详情
订购备件	订购备件	订购备件的成本、交货时间、购件详情
开始修复	修复	到达现场的时间、修复时间
发票	检查与合同一致性	进一步的故障处理及零部件成本计算
与用户的后续行动		客户满意度、要求的进一步行动

针对消费品，客户需要将故障物品带到服务中心进行修复。这适用于所有者不具备修复故障的专业知识并可以将故障物品带到服务中心的消费品。维护过程与前面的情况非常相似。

5.7 收集工厂维护数据

对工厂有效维护需要各种类型的数据支持，大致分为以下几类。

技术数据：这些数据与工厂有关，分解到组件级，如故障模式等。

运行数据：这些数据与过程数据有关，如生产率（取决于需求）、效率、资源（如水、电）消耗等。

维护服务数据：这些数据与执行的检查、维修作业有关，当某些维护操作由外部代理执行时，这些数据由服务代理收集。

成本数据：与材料、劳动力、管理等相关。

其他数据：这些数据涉及安全、环境保护等方面的监管要求。

数据收集需确保每个维护作业都记录在数据库中，并具有以下信息：工作编号；职位名称；工作被提出的日期；工作开始时间；工作结束时间；作业经过的时间；机器的使用时间；工厂根据其设备特征划分的部件组；执行的操作（例如，检查、修理、更换）；工作指令；评价工作。

维护工作是在部件级别进行的，但记录维护操作的级别通常较高。不同的子系统被记录在不同的层次上。维护系统的部件或系统代码不会下降到执行工作的级别。维护人员的意见有时需要包含必要的信息。此外，在较低的水平上，不同部件之间没有区别，例如：电动机和发电机的电刷；齿轮箱上的密封件；齿轮箱或摆架上的螺栓；左或右推进润滑部件。

数据仅记录在数据库中，以便在执行维护工作时进行预防性维护。各种工作代码用于记录，见表5-6。

表5-6 各种工作的代码含义

代码	含义	代码	含义
BB	弯曲/破碎/伤害/裂纹	NF	无误
CL	校准	NP	无物理原因（预防）
CN	污染	OC	过电流
CR	腐蚀/空化	OR	开路/短路
FB	融合/燃烧/过热	OV	电压不足
FO	闪光	RP	断裂
LS	松动滑动/跟踪	SZ	查获/受阻/阻塞
ML	错位/振动/噪声	WN	磨损

作业结果的代码含义见表5-7。

表5-7 作业结果的代码含义

代码	含义	代码	含义
AD	调整/校准/指控	RE	搬迁
AR	重新布线电缆	RO	旋转
CA	取消	RP	修理
FM	制造/加工	RT	重置
IN	检查/测试	SB	服务—维修和润滑
IS	断开/重新连接	SL	服务—润滑
MD	修改/新设备	SM	服务—维护
RC	更换		

操作（过程）数据储存在另一个数据库中，包括：循环时间；回转角度；净负荷量和总负荷量；作业模式；事件代码；停机时间及原因；循环的开始和结束时间；运行模式的开始和结束时间。

数据分析取决于管理决策问题的类型。在业务级别，分析将涉及定期计算可用性（每日、每周、每月和每年）、生产量等。此外，总成本将是最高管理层感兴趣的一个变量。在

设备运维导论

较低的层次上，分析将用于评估维护计划的性能、所涉及的外部服务代理的性能等。这些数据还可用于设计修改（设计外维护）和改进维护操作。

(1) 选矿厂维护数据收集案例

从矿山开采的矿石、矿物或煤炭需要加工。例如，在一个典型的铁矿中，矿石经过破碎后被运送到选矿厂，选矿厂由筛网、二级破碎机、三级破碎机、分级机、旋风分离器、过滤器、浓缩机等组成。矿石经过加工，将其与废物分离，并按要求的尺寸和质量进行分类，以满足客户通过适当的矿石浓度成为不同材料的要求。典型铁矿选矿厂的维护数据收集如下。

工艺数据：组件物理状态的任何变化都会影响工艺参数，如流量、能耗、耗水量、生产率等。所有这些参数都是连续监测的。

故障/停机报告：每当因故障而导致停机时，都会在系统级（破碎机）、子系统级（破碎机罩）或部件级（变速箱等）进行报告。

潜在故障报告：通常，操作人员及机械、维护或安全检查人员报告此类故障。这些工程师在换班结束时开会，并在设备日志中记录他们对组件状态的看法，以便下一班的工程师跟进。这些报告是按组件的状况详细说明的。如果可能的话，操作人员会报告估计的劣化率，甚至剩余使用寿命的估计小时数。

状态监测数据：现代选矿厂配备了许多传感器和测量装置，以连续监测部件的性能和评估其健康状况。

维护人员的定期检查报告：定期检查报告是定期进行（每周一次或两次，取决于过去的经验或供应商建议）目视检查和/或手持仪器检查的结果。将这些数据与状态监测数据进行比较（特别是在涉及安全相关问题时），并向维护计划部门发出指示，将维护任务安排为此类设备的优先事项。

安全工程师的定期安全检查报告：有关安全仪表系统或安全关键设备维护的检查报告也构成对维护计划员的重要反馈。

除储存在维修管理系统中的状态监测数据外，维修部门还持续监测备件和消耗品的消耗。消耗品模式可触发警报，并指示需要额外关注大量消耗的物品。

维修/服务历史报告：此类报告详细说明了所执行的维修、所使用的资源与计划的资源、建议更换的组件的真实状态，或由于检测到额外故障而执行的额外工作/服务/维修。

设备的使用年限、运行时数、维护历史和使用的承包商也构成维护数据的一部分。为单个组件收集的故障数据通常为监控项目的可靠性和可用性提供依据。

(2) 基础设施维护数据收集案例

道路基础设施是由人行道（分布式元素）和其他几个集中的（离散的）元素（如桥梁、交通信号、路标等）组成的网格。可以定义三个层次的数据。

网络级数据：这是一般规划、总体规划和政策决策所需要的。这些数据与交通量的增长有关，而这又取决于人口的增长、城市的发展、货物的运输等。

项目级数据：这些数据有助于为选定路段做出维护决策。在收集数据时，可以存储这些数据，以便随着时间的推移创建一个更完整的数据库。但必须保持数据是最新的。

研究级数据：这些数据与要素的特定属性有关，例如混凝土桥梁的退化、除冰对道路特性的影响等。

世界银行的一份报告提出了具有不同信息质量水平（IQL）的五个道路管理水平。

- IQL-1 代表了基础、研究、实验室、理论或电子数据类型，在这些数据类型中，可以测量或识别许多属性。
- IQL-2 代表了项目级决策的许多工程分析的典型细节级别。
- IQL-3 是一个更简单的细节层次，通常是两个或三个属性，可用于大型生产，如网络级调查或更简单的数据收集方法是合适的。
- IQL-4 是一个总结或关键属性，可用于规划、高级管理报告或低成本数据收集。
- IQL-5 代表顶级数据，如关键绩效指标，通常可以组合来自多个信息片段的关键属性。如果必要，更高的水平仍然可以定义。

在 IQL-1 中，路面状况由 20 个或更多属性描述。在 IQL-2 中，这些属性将减少到 6~10 个属性，每种失效模式有一个或两个属性。在 IQL-3 中，属性的数量减少到 2~3 个，即粗糙度、表面破损、纹理或防滑性。在 IQL-4 中，所有较低级别的属性都可以浓缩为一个属性——"路面状况"（或"状态"或"质量"），可以通过类值（良好、一般、差的）或指数（例如 0~10）描述。IQL-5 指标将路面质量与其他措施（如结构充分性、安全方面和交通拥挤）结合起来，代表更高阶的信息，如"道路状况"。

铁路基础设施是一个复杂的系统，由轨道、轨枕、道床、次级、紧固件、转轮等部件组成。通常，铁路轨道养护数据包括轨道几何形状、交通类型、交通密度、轴载、钢轨使用年限、缺陷历史、钢轨材料、曲率、年月和累计百万毛吨总量等测量数据。根据功能和关键性，收集的数据可以是组件级（钢轨、轨枕）、子系统级（道岔）或系统级（轨道）项目的重要性。在瑞典，收集的数据和信息存储在中央数据库 BIS、BESSY 和 Ofelia 中。

BIS 是 Trafikverket 的铁路系统基础设施登记册（计算机数据库），包含有关基础设施和设施的信息，并按照 Trafikverket 的设施结构进行地理布局。例如，在列车按时刻表工作之前和检查有关的工作之前收集信息。除此之外，还可以获得协议书、事故报告、填塞和磨损历史及曲率信息。

BESSY 是一个检查系统，在检查完成后，对每个设施进行意见登记。在检查过程中，还可以借助掌上电脑直接登记数据。

Ofelia 是一个数据库，其中包含有关已为特定组件注册的基础结构中所有失效信息。根据 BIS 中使用的结构对失效进行分类，分为三种类型：A 类与安全有关，需要立即纠正，所采取的行动在 BESSY 系统中记录；B 类应在两周内纠正并记录在 BESSY 系统中；C 类是非安全和非功能性问题，通常会影响轨道的使用寿命，应在近期内由基础设施管理人员进行纠正。

除对上述数据库中的数据收集和核实外，还可以通过与外部专家讨论和协商收集信息。所有从不同系统记录的数据由专家进一步分析。存储在数据库中的历史数据和信息也用于关联失效模式。最后，决定优先处理哪些缺陷。缺陷的优先级基于多个因素，但主要受功能、性能和安全问题影响。还要考虑与特定缺陷相关的间接成本和风险，同时考虑由于此类缺陷而导致的脱轨情况。

第6章
维护计划和安排

有一项调查是有关维护的问题（图 6-1），超过 40% 的受访者表示，维护计划是他们最大的问题。维护计划与调度是当今被忽视的方向之一，需要深入探讨缺乏良好维护规划和调度的原因以及解决问题的一些办法。

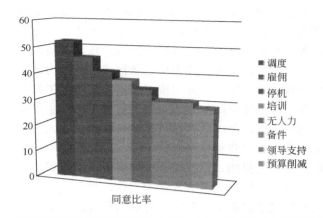

图 6-1　维护问题

6.1　维护计划员和主管

维护计划和调度的主要障碍之一是管理层不愿认可维护计划对项目至关重要。然而，图 6-2 显示了一个隐藏的问题：组织设有维护计划员，他们要为太多的维护技术人员负责，应负责 15 名（最佳）至 35 名（最多）维护技术人员；而主管平均只负责监督 10 名维护技术人员的工作。为什么这两组数据之间有区别？可以通过检查主管和计划员的工作描述来回答这个问题。

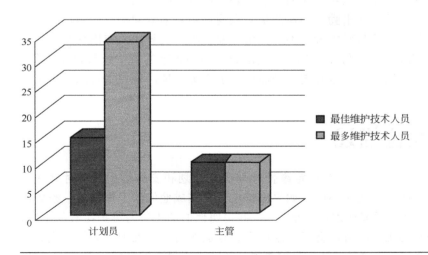

图 6-2　计划员和主管负责维护技术人员人数

6.2 主管岗位描述

主管的职责之一是确保指派给他们监督的维护技术人员有充分的积极性，并准备好每天执行的工作。这并不意味着主管必须使用命令和控制的风格，而是要承担教练的角色。最有效的激励方式是以身作则，主管应准备好并应在整个工作日内协助维护技术人员。

当主管确定工作所需的工艺、技能和技术员时，实际上并不确定所需的工艺人力。这个决定已经由计划员做出了。相反，主管会查看单个工作，并将维护技术人员与该工作相匹配，或者，如果该工作是一个较难的工作，则将多个维护技术人员派往该工作。主管负责确定每项工作的负责人，每项工作的协调和跟进。要求主管尽可能地与维护技术人员在现场，可以直接看到维护工作具体内容是否符合安全和质量要求。

如果主管负责雇佣、解雇和审查分配给雇员的报酬，那他们必须接受适当的培训。很多时候，维护经理都想进行评价、批评、表扬等。但谁最了解人员的工作习惯和技能呢？是主管，而不是上一级管理层，所以适当的管理培训将使主管能够有效地行驶这一职责。

如果主管要提出改进和降低成本的建议，他们必须在技术上有能力，了解他们的工作人员和被要求执行的工作，了解他们被要求维护的过程，并基本了解被维护设备设计中涉及的工程原理。

识别故障原因突出了主管的故障排除技能。如果主管在这方面不起作用，技术人员中的维修技术人员只会成为零件更换员。主管对故障原因相关的工单系统的反馈有助于调整预防性和预测性维护计划，并对设计缺陷提供有工程价值的反馈。为维护技术人员推荐必要的技能和培训计划，强化了主管与下属员工之间的互动。通过了解员工能做什么和不能做什么，主管可以建议需要哪些新的培训来提高他们的工作知识和技能。这一步骤改善了维护技术人员的态度，同时提高了主管的管理能力。

在上述讨论主管的工作时，有几点很清楚。首先，主管必须对他们将要监督的维护技能有深入的工作知识。这些知识很重要，因为他们需要知道维修技师在做什么。其次，主管必须与指定的维护技术人员一起出勤。不幸的是，在现今的大多数维护机构中，主管的工作已经成为一个文书职位。这是对主管的不当使用。前线维护监督职位应确保监督人员在文书工作上的时间不超过25%，另外75%的时间应该和他们管理的员工一起处理工作。这个问题随着时间的推移而发展。削减开支，进而取消了文员助理，迫使主管承担了不在工作职责范围内的工作。

6.3 计划员职位描述

另外一个严重的错误是一个组织在指定维护计划员来计划和安排维护活动时犹豫不决。计划员的工作与主管的工作明显不同。如果维护主管要完成他们的工作任务，维护部门必须配备适当的人员。为了强调计划员的重要性，并说明他们的工作与维护主管的不同，有必要更详细审视计划员的工作职责，更仔细地研究计划员如何影响维护活动的调度。当收到工作请求时，计划员的工作开始。计划员检查所有请求，确保它们当前不是活动工单。计划员还必须清楚地了解请求者的要求，以使制订的工作计划能够产生预期的结果。如果计划员不清楚要求的是什么，则需要访问工作现场，有两个目的：首先，确保计划员能够清楚理解所要求的内容；其次，让他们有时间寻找任何安全隐患或其他可能需要记录的潜在问题。如果在访问维护计划和调度工作现场后，计划员仍然不清楚所请求的内容，则需要访问请求者。这将确保在计划开始前，计划员能够准确理解需求。

接下来，计划员会估计这项工作需要哪些维护工艺小组，以及他们需要花费多长时间。这一步非常重要，因为这些估计为保障调度精度提供了基础。计划者接下来决定需要什么材料，准确的存储信息对这个决定至关重要。如果没有关于现有数量的可靠信息，维护计划将不准确，从而导致维护计划不可靠。计划员要确保在完成这一步之前，所有的材料都是可用的并且数量充足。可能在库房里找不到必要的零件，需要直接向制造商订购，这些零件称为非库存品。交货日期成为进一步处理工作单的关键。计划员要确保所有所需的资源，包括劳动力、材料、工具、租赁设备和承包商，在工作安排之前准备就绪。这样可消除生产力的损失。

基于先前的完工和工程研究，计划员将编写一个重复性工作的文件。这些工作以相同的方式执行，每次使用相同的劳动力和材料，但不是定期进行的，有不同的频率。计划员建立一个文件，统计平均每一次工作的实际工时和相关成本，此次记录的数据在下次计划作业时成为估计值，从而提高估计值的准确性。计划员也可以根据设备保存工单的历史文件，当出现以前完成的工作时，他们可以转而利用历史文件。通过从以前的工单中复制作业步骤、材料和其他相关信息，作业计划变得更容易。计划员应收集已完成工作人员的建议，以确保之前的工作计划没有忽略任何事情。

因为计划员控制工单文件，所以他们负责准备好计划工作所需要的所有资源。这些信息使计划员能够提醒管理层增加或减少手工劳动的必要性。计划员可绘制一个连续六个月的累积趋势图，以便跟踪趋势。计划员还将跟踪每个星期的工作量，以便他们可以从存量的工作中拿出足够的工作来准备每周的日程安排。这一工作考虑了休假、疾病和加班等因素，以确保制订准确的时间表。

通过将存量的工作与可用劳力相匹配，计划员可以制订一个暂定的周计划。他们将其提交给管理层，由管理层做出任何必要的更改并批准这周日程安排。然后在周末把时间表交给维护主管，以便他们为下周做准备。计划员不决定谁在什么时候做哪项工作，这些决定是主管的责任。计划员负责周计划，主管负责日计划。工单完成后，计划员会收到工单，记录所有问题，并将其归档到设备档案中。工单文件按设备顺序保存，以便访问设备维修历史记录。每个工单包含维修日期、工单号、累计停机时间、原因代码、工作优先级、实际劳动力、实际材料、总成本、最新成本、设备生命周期成本。

管理层可以将这些信息编成报告，以备日后决策之用。虽然这是一项繁重的任务，但计算机系统可以相对容易地汇编信息。计划员还负责维护设备信息，如图纸、备件清单和设备手册。此信息可供整个维护组织使用，对计划维护工作特别有帮助，可以访问工单文件，可以与工程部合作，以发现预防性和预测性维护系统中的任何过度或缺陷。

计划员比主管更注重计算机和文书工作。预计计划员75%的时间花在计算机和文书工作上，只有25%的时间在现场检查设备零件或备件。任何人都不能既是计划员又是主管，两者承担着同等重要而耗时的工作，不能兼任。

6.4 计划员的工作技能

计划员应该具备的工作技能包括熟练的工艺知识与技能、维修工作经验、材料控制经验、较强的管理和组织能力。其工资等级相当于维护主管。

首先，计划员必须具备良好的维修知识与工艺技能。如果他们想有效地计划工作，必须知道自己如何做这项工作。如果工作计划不现实和不准确，则维护技术人员将不接受该计划，计划不当会增加他们的工作量和挫折感。

计划员还必须具备良好的沟通技巧，需要与管理、操作、设施以及工程的多个级别人员进行交互。沟通能力差会显著影响与任何或所有这些群体的关系维持。计划员还必须具备良好的计算机和文书工作能力，因为他们75%的时间都花在这类工作上。一些维护技术人员无法完成到维护计划员的角色转换。在他们成为计划员之前，应该向他们说明这些要求，如有必要，还应加以培训。此外，计划员还必须有能力清楚理解上级指示，以便向工人清楚地传达；还必须接受有关组织优先事项和管理理念的教育。如果没有一个明确的认识，就很难以令人满意的方式工作。计划员良好的理解力可以提高整个计划项目的绩效，并有助于项目的整体实施。

另外，良好的绘图能力起初可能看起来是多余的，但计划员经常被问到到底哪些部分需要改变，绘图能力使他们能够很容易画出这部分。因此，这是一种重要的沟通技巧，是计划员的推荐技能。

6.5　计划失败的原因

计划失败的最常见原因如下。

① 职责交叉。区域-工艺-部门混在一起；不止一个人负责，有些事情被忽视了。

② 计划员不合格。计划员工作不认真，太粗心。

③ 计划员没有足够的时间进行适当的计划。计划员试图为太多的维护技术人员做计划；疲于进行被动的工作。

详细审查计划失败原因有助于防止将来再次失败。项目失败的一个原因是工作描述薄弱，工作职责重叠。这意味着第一个计划员认为第二个计划员在做一个特定的任务，同时，第二个计划员认为第一个计划员在处理它，结果没有人计划这项工作。消除这个问题需要严格的责任界限。无论计划是由工艺人员、技术人员、部门还是主管制订的，都必须明确职责，并对计划进行监控。有了良好的管理控制，这个问题很容易消除。

不合格的计划员会草率完成一个计划。不切实际的计划会破坏计划的可信度。首先，必须满足具备适当工作技能的要求，其次是其他资格。计划员应接受适当的培训，当然，培训后仍不合格的计划员必须被替换。计划员也可能会粗心大意，使工作计划受到影响。这需要执行适当的纪律程序。但在审查是否应问责管理层之前，暂不执行这些程序。通常，计划员的粗心大意会与组织内部产生的问题混淆起来。

计划员没有足够的时间进行适当的计划，可能是由于计划员与技术人员比例不正确。如前所述，在最佳情况下，比例应为1∶15。如果工作条件和计划的工作类型是最佳的，那么可以使用1∶20的比例。任何超过1∶35的比例都意味着维护计划一定会混乱。考虑计划工单所需的步骤，没有人能每天做35个工单。估计每个维护技术人员每天提交的维护工单数量，然后乘以每个计划员对应的技术人员数量，以得到计划员的工作量。计划员工作量过载是一个常见的问题。消除这个问题有助于确保计划的成功。

6.6 计划的好处

维护首先可以节省成本。表 6-1 列出了某公司故障或紧急维护与计划维护的成本。对于同种同类的作业,在计划和非计划非模式下分别执行一次相同的作业,成本差异明显,这三个例子中节省的成本相当显著。

表 6-1 计划维护与非计划维护成本　　　　　　　　　　　　单位:元

任务	计划维护	非计划维护
任务 1	30000	500000
任务 2	46000	118000
任务 3	6000	60000

除节约成本外,计划还有助于提高维护效率,这也影响员工的士气。考虑操作时间(或动手时间,指维护技术人员亲自动手操作工具执行分配给他们的任务的时间),全国维护技术人员的平均动手时间不到 30%,在一些被动反应组织中,甚至低于 20%。非计划工作导致的生产力损失原因包括等待指示、等待备件、寻找主管、检查工作分配、多次往返于工作现场和仓库之间以获取备件、没有合适的工具、等待批准以继续进行范围不正确的工作、分配给这项工作的技术人员过多。

这些延误和损失非常普遍,不再做详细说明。从维护技术人员的角度看,他们是一个技术娴熟的工艺小组,像其他工匠一样,希望尽可能做好工作。管理层缺乏合作和协调会影响他们这样做的动力。下面列出了确保维护技术人员以工作活动为荣所需的要素。

① 技术人员有工作指示,了解工作任务的目标。
② 有合适的备件和工具。
③ 技术人员对操作和设施人员有清晰的理解。
④ 从开始连贯地完成工作任务而不被打断。

所有这些要素都是一个好的维护计划和调度程序的一部分。计划是任何成功的维护组织的首要部分,它影响基层维护技术人员的士气。没有好的、准确的工作计划,安排维护工作是不可能的。

6.7 维护计划

从最简单的意义上讲,维护计划将可用的维护人力和材料资源与其他人的需求相匹配。然而,如果维护计划如此简单,就不会被列为维护经理的主要问题之一。计划范围包括从良好的作业计划开始;识别工单的不同阶段或状态;在资源可用时调度工作;在计划时间完成工作。计划工单时,计划员需要跟踪工单的各个阶段,并通过其状态代码进行标识。表 6-2 列出了工单的常用状态代码。

表 6-2 工单的常用状态代码

等待代码	工作代码
授权	准备就绪

续表

等待代码	工作代码
规划	进行中
工程	完成
材料	取消
停机/断供	

计划员希望确保工单在状态被设定为"准备好计划"之前已经清除了所有等待代码。安排工单在准备条件不足的情况下贸然开始,会降低维护工作效率。接下来,计划员确定计划期间的可用劳动力总量。确定维护劳动力总量的公式如下。

$$总量(TGC)=总技术人员\times 计划工时+加班+使用的外部合同劳动力$$
$$每周扣除额(WD)=每周平均临时工作时数+每周平均缺勤时数+$$
$$每周平均例行工作时数+每周平均杂项时数$$
$$净量=TGC-WD$$

劳动力可以比作工资单,有毛额和净额。工资总数是工作时间乘以工资率,扣除税收、社会保障等后的净额。劳动力也有一个总量:员工总数乘以计划工时,加上加班和合同劳动力。然而,不要期望完成的工作总量比花费的工资总量还要多。从劳动力中扣除的工时包括计划外紧急情况、旷工、例行维护工作或日常工作的拨款。

良好的计划还需要知道工作存量、每个工作预期的工作量。只有定量实际作业,才能确定工作存量。

维护人员配置水平应根据工作存量情况,采用以下公式确定。

$$工作存量=待计划工单(总工时)+工作能力(每周)$$

准确的工作存量包括就绪待开工的工单,而不是等待资源的工单。将总小时数除以一周的维护能力,得出工作存量周数。反过来,以周为单位了解工作存量有助于确定工作组的人员配置要求。一般允许工作存量覆盖2~4周,一些公司甚至允许2~8周。针对上面范围之外的情况,申请者倾向于提高优先级并绕过维护计划过程。超过4周的工作存量表明需要增加劳动力,可通过以下方式填补:加班、增加合同工、调动员工、雇佣员工。少于2周的工作存量表明需要减少劳动力,可通过以下方式满足:减少加班、减少承包商、转移员工、裁员。

为了正确地管理员工队伍,有必要在一段时间内对工作存量进行调整。这一步骤有助于识别发展中的问题并评估尝试的解决方案。一个好的图表应该是连续12个月的时间段,示例图如图6-3所示。

有了这些信息,计划员可以开始准备计划。计划员主要关心的是每周的日程安排。此工作为处理意外延迟(如紧急和故障工作、天气延迟和生产高峰订单)提供了最大的灵活性。在开始这个过程时,计划者需要注意:工作优先级、正在进行的工作、应急和故障工作(历史预测)、日常工作、预防性维护工作(到期和逾期)、净工艺能力(每周)、工艺积压量。

维护优先级基于多种因素:紧急或故障,紧急、关键(24h),正常、计划和进度,停机、大修、重建,预防性维护,安全、制造。优先权制度越简单,其使用就越广泛。随着它变得越来越复杂，了解它的人越来越少，而正确使用它的人也越来越少。表6-3 显示了一个更复杂的优先级系统。该优先级系统允许维护和生产部门就设备的重要性和所要求的工作提出意见。当这两个因素相乘时，得到最终的优先级。优先级越高，工作完成得越快。有些系统甚至考虑了老化因素，提高了优先级，防止那些永远无法完成的工作指令。

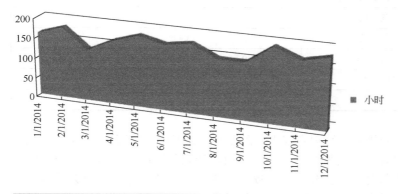

图6-3　工作存量

表6-3　倍增工作优先级和设备关键性

工作优先级代码（WPC）	生产机器代码（PMC）
10.关键的	10.关键的
9.	9.
8.	8.
7.	7.
6.适度	6.适度
5.	5.
4.	4.
3.	3.
2.	2.
1.不重要的	1.不重要的
WPC × PMC=最终优先级	

表6-4是计划员使用的工单列表，应首先消除积压工作中已部分完成的工作，再按优先级排序所有已在进行的工作，然后按优先级排序先前计划但未启动的工单，接着准备好要安排的工作，再次按优先级排序。

计划员从维护工作组的可用劳动力中扣除执行每个工单所需的时间。当没有足够的手工劳动力时，就不能再指望完成任何额外的工作。清单上剩下的工单进入工作存量。工单处理示例见表6-4。

表6-4　工单处理示例

工单号	地位	优先级	需要的日期
101	进行中	10	
102	进行中	9	10/21/03

续表

工单号	地位	优先级	需要的日期
103	进行中	9	10/30/03
104	预定的	10	
105	预定的	8	
106	预定的	5	
107	准备预定	9	
108	准备预定	6	
109	准备预定	3	

接下来，计划员把日程安排带到管理会议上，在会上提出下周的日程安排。维护经理、生产和设施经理以及工程经理可能会要求进行一些更改。计划员顺应做出这些改变，也许能让其他人完成一些工作而推迟一些工作。一旦就时间表达成一致，计划员就会最终确定时间表，并将副本分发给有关各方，通常是在前一周的星期五。这样，他们就可以确保在本周开始前就日程安排达成完全一致。

维护工作和维护计划的主要要求包括：准确的估计；良好的工单系统，如作业指导书、所需工艺、所需数据；熟练掌握的维护技术；准确存储信息；准确的承包商信息。

各有关团体之间的合作将确保这些目标不是愿望，而是将成为现实。通过遵循指导原则，成功地安排维护工作应该相对容易。计划者在成功安排日程后达到的目标包括80%～90%应为预定，应由经验丰富的技术人员规划，应按存量、周计划、日计划的顺序针对单项工单进行处理，必须足够灵活以适应紧急工作，在准备就绪之前不应该安排工作。

6.8　维护计划的数字化

设备维护成本已占开展业务或提供服务成本的很大一部分。随着各种自动化形式的增加，设备维护所代表的成本部分将继续增加，因此应该充分利用维护资源。维护计划是优化使用此资源的方式之一。但通常情况下，问题之一是与此类计划相关的繁杂文书工作或"文件改组"。如果正确构想，数字化可以最大限度减小此问题。

数字化的维护管理系统是用于辅助维护计划的强大工具。数字化本质上就是组织化的重新梳理。维护管理功能的组件包含数据库内各元素，如成本分配、设备标识、员工名单、库存目录、优先事项、原因代码、操作代码等。完善的数字化维护管理系统应提供人力、设备、零件、材料、计划并跟踪成本。

数字化可以为各种类型的工作提供存量信息、材料可用性、按工作等分类的成本，可以将计划和成本跟踪的效率提高50%。另外，还可提供不常见的信息类型，而无需额外费用。

设备维护管理数字化的第一步是程序定义。无论是在市场上购买软件包还是内部开发程序，这都是必要的。想解决什么问题至关重要。

追踪成本是显而易见的功能要求：多少费用？该程序应提供有关材料可用性的信息：什么信息？位置？现有数量？供应商？应在何时生成采购订单？应该生成哪种类型的设备

历史记录？该程序是否面向维护管理？该程序是否应该向公司总部以及公司结构内的其他设施之间提供信息？为了定义程序，必须解决这些以及许多其他问题。

通常，信息技术、工程、管理等部门或任何其他个人都无法定义程序。另外，单个人实施数字化的维护管理程序通常不可行。一个跨学科的团队可提供最可行的方法来定义程序。领导或协调这样的小组应该是负责维护职能的高级人员。项目团队所代表的学科包括维护、数据处理和会计，还可以再加入工程、采购或物料控制、人事和生产。团队应保持可行的规模（5～9个人）。

建立项目团队并明确程序定义之后，进行技术评估，包括硬件评估和考虑自购软件。技术评估过程中有可能反向修改程序定义。

组织实施数字化维护管理程序是项目团队的工作之一。在实施时，应确定以下各项的定义：谁来执行维护计划的相关功能；谁将去前端处理临时的信息，例如员工清单、零件清单、设备清单、原因代码、操作代码、预算或其他日常信息，其中包括加载这些数据所需顺序的定义；谁来每天和每周维护文件。这些可能涉及多个人员，例如计划员来加载工单、人事职员来加载员工工时表、仓库职员来加载物料申请，或其他适当的组合。对于系统的各信息流，建议建立单独的信息流程图。在实施过程中也可召开简短的进度审查会。

就新的数字化维护管理程序对有关的人员开展培训是组织实施后紧接的一步。这也是组织工作的一部分。从最高级别到最低级别的群体，都必须进行培训。当然，适用于各群体的培训内容是不同的。人员培训是实施数字化维护管理程序的关键一步。至少应该训练所有用户编写维护申请、所有用户如何使用优先级、所有数据输入人员均掌握正确数据输入方式、如何检索信息、如何管理和监督、如何阅读和解释报告及其他可用信息。

尽管将维护管理数字化是一项艰巨的任务，但其收益通常是显著的：人工利用率提高5%～25%，设备利用率提高5%～10%，库存减少10%～20%。

第7章
维护库存和采购

维护工作计划的一部分是详细说明执行工作所需的所有材料,以确保在计划工作之前有库存可用的材料。库存和采购能力对设备维护效果的影响比任何其他因素都大。在这方面可能影响维护效率的因素主要包括查找物料、识别材料、等待材料、取得材料、运送材料、寻找替代材料、处理采购订单、其他因材料的延误、计划和交付错误、订购错误、物料缺货。如果库存和采购计划合理,这些延误将被消除。

为了有效地进行维护计划工作,应至少为库存和采购计划提供以下信息:实时零件信息、库存目录、设备物料清单、准确的零件现有数量、预计交货日期。

实时零件信息对于维护计划必不可少。在为工作选择零件时,计划员必须掌握它们是否有库存,有无货源,是否处于运输中状态等最新信息。如果根据数天、数周或数月之前的信息来计划工作,那么技术员去取零件时可能会遇到上面列出的延误。零件信息至少包括零件号、零件说明、现有数量、零件位置、为其他工作预留的数量、订购数量、替代品编号。

库存目录不用于任何计划,因为现有信息或订购信息具有时效性。但是,库存目录会使维护人员知道零件是库存项目还是非库存项目。如果仅需要某一部分,了解这种区别可以帮助加快流程,可以避免维护人员从仓库中查找未进入库存的零件而浪费时间。这种情况特别常见于故障或紧急维修期间。在关键位置提供库存目录可以帮助消除代价高昂的时间延误。

物料清单(Bill of Material,BOM)按设备类型提供了库存中所有备件信息。首先,它允许计划员在计划工作过程中了解某设备上具体有哪些零件。然后,他们可以快速查找零件信息。如未在库存目录中找到该零件,则可能需要将其添加到采购清单中要求进货。其次,BOM 在故障或紧急情况下很重要。需要零件时,扫描 BOM 可节省寻找零件的时间。

计划员必须掌握准确的零件现有数量。如果库存系统指示仓库有足够的零件供应来执行工作,但技术人员取货时发现零件不存在,则库存系统将失去可信度。这种损失将影响库存系统维护的有效性。如果每次计划或需求零件时,计划员或技术员必须亲自前往库房,则组织蒙受明显的生产力损失。

预计交货日期可以使计划员据此有序安排工作,因此,供应商的交付能力也必须可靠。如果将工作计划在某个星期内进行,但零件没有按承诺交付,则维护效率会下降。

7.1　库存系统要求

(1)　追踪资产

在维护库存系统中,返库表示为工作计划了多余的零件并已下达给工单,但这些零件不是必需的,因此退还给库房。该指标成为衡量计划员绩效的指标。如果计划员总是订购太多零件,那么库存水平将高于实际需求,占用了资金。另外,跟踪可再生备件的转移及状态信息也非常重要,这便于做出是否维修或者替换零件的决定。通过库存跟踪是维护此信息的最简单方法。

(2)　收货通知

在许多情况下,计划员为工作订购零件,直到零件入库才算告一段落。他们可能每天计划 20 个或更多的工单,几周后他们可能还要等待数十个工单完成。因此需要有一种方法来通知他们何时接收零件以及保留它们用于哪些工单,这就是收货通知。这个看似很小却很重要的细节实际上可以节省计划员的工作时间。

(3) 监控表现

与组织的其他任何部门一样，应监视库存和采购部门的绩效。库存和采购部门的不良绩效将对维护组织产生巨大影响。维护经理应收到任何库存和购买报告的副件。然后，维护经理可以参考此信息与维护性能进行比较，便于讨论和纠正两者之间的矛盾。

7.2 组织维修库房

维修库房的位置对于维护技术人员的生产力至关重要，主要有两大选项，各有特点。

① 集中式库房。减少簿记工作量、减少库房人工成本、增加维护行程（降低维护生产力）。

② 分布式库房。减少维护行程（增加维护生产力）、增加簿记工作量、增加库房人工成本、增加库存水平。

实际上，大多数拥有区域维护组织的公司都设有分布式库房，通过消除获取备件的行程时间来提高维护生产率。当然，分布式库房也可以位于多个区域维护组织之间，仍然可以有适当的行程时间来获取备件。集中式库房对中央维护组织很有用。如果使用中心库房的方式，则应正确配置人员，避免对从库房中取走物料的人员造成不必要的延误。

(1) 仓存物品

桶装物料是单值很少但使用量大的物料，例如小螺栓、螺母、垫圈和开口销。这些物料通常放置在公共区域，供维护人员免费使用，不会像大型项目那样跟踪到单个工单。维护免费项目的最佳方法是两箱法。物品被保存在一个开放的轮箱中，可以在需要时拿取。当轮箱变空时，将新箱子放入，再订购两箱。到轮箱排空时，箱子已交付，循环再次开始。库存控制的发货项目与免费发货项目类似，也使用两箱法，不同之处在于获取受限，由库房保管员分发这些物品。

关键或保险备件是那些使用量不大但由于订购、制造和交货时间的某些原因而必须保留的物品，以备不时之需。库存决策中会考虑的一个重要因素是因零件没有库存而导致的生产力损失或停机时间。由于这些物品的成本通常很高，因此，在存放时必须妥善保管。这意味着需要一个满足干燥防水等要求的存储区域。

可再生备件包括泵、电动机、齿轮箱等部件，其维修成本（材料和人工）小于采购成本。根据组织的规模，可由维护技术人员进行维修。这些物品通常也是造价昂贵的部件，必须保持在良好的环境条件下。与关键备件类似，它们的使用也必须受到密切监视和跟踪。这种类型的部件丢失会导致大量财务损失。

消耗品是从仓库中取出并在一段时间后用完或丢弃的物品。这些物品包括电池、肥皂、油脂等。跟踪其使用情况并将其计入工单编号或会计代码，可以对历史记录进行研究和绘制图表，从而确定每件物品的正确库存量。如果库存水平出现问题，则可以定期调整库存水平。

工具和设备在发货前被保存在仓库中。工具跟踪系统监视工具的位置、使用者、使用该工具进行的工作以及送回工具的日期。这种类型的系统仅用于跟踪具有特别高价值的工具或者仅有相对较少的工具可用时。该系统不应用于跟踪普通的手工工具。

涉及施工的维护工作或外部承包商在工厂内进行施工作业时，通常会有剩余的物料。

因为没有其他地方可存储，它们最终要被放入维修库房。这些剩余的物料可能在库房中成为问题。如果零件在短期内（1～6个月）不打算再次使用，则应将其退还给供应商。如果将要使用它们或将它们用作重要备件，则应为其分配一个库存编号并正确存储。请注意，存储这些物品的代价并不低，库房很容易变成垃圾场，大多数员工都没有意识到这一点。

在一段时间内，所有库房都会堆积报废和无用的零部件。每年至少应盘点一次库存。如果有废品，应将其清除。一种方法是与主管、计划员和技术员一起去库房，确定每个可识别的物品，然后将剩余不可识别的物品堆放在库房外面，并附上有"如果您识别出这些部件中的任何一个，请在其上贴上识别标签"文字的标志。两周后，只需将剩下的物品妥善丢弃即可。

（2）分类备件

保留备件的成本其实很高，分类备件的一种方法是 ABC 分析。"A"项备件是造价昂贵，必须存放的保险类物品。这些备件应具有严格的库存政策，以规范其使用和转移。因为"A"项相对较少，所以控制它们并不困难。"B"项比"A"项更多，但不那么昂贵。这些备件也应以严格的跟踪方法进行控制。"C"项是开仓发行备件，通常约占项目备件总数的 50%，但仅占成本的 10%。试图将"C"项控制在与"A"项和"B"项相同的水平上是浪费时间和精力。一些公司持有所有维护仓库都应开放的理念。这种理念是不正确的。必须保留准确及时的库存信息；必须对某些维护备件进行控制。开放式仓库无需监视有权访问的个人，因此无法进行任何控制。零件可以在没有人知道去哪里的情况下使用。有人可能将它们任意转移，其他人将不知道它们在哪里。这种类型的全开放式系统成本非常高昂，并且维护部门无法高效地使用库存材料。至少用于"A"项和"B"项的封闭式仓库对于维修库房至关重要。

7.3 存货成本及控制

在库房中维持库存每年的成本可能高达物品价值的 30%～40%。库房只应储存尽可能多的真正需要的备件物资。超过应该数量的任何备件都是浪费，应直接从库存中去掉。库存控制极为重要，其隐藏的库存成本主要包括以下几方面。

- 库存占用的资金成本：约 15%（达物品价值的百分比）。
- 库存自然消耗、陈旧、损坏、盗窃和污染成本：5%～10%。
- 搬运劳动力成本：5%～10%。
- 库房运营成本、能源成本、维护成本、折旧成本：约 5%。

节约库存成本的措施主要有以下几方面：

- 标准化工厂设备；
- 标准化供应商；
- 安排寄售；
- 在关键区域安排库房；
- 指定维护用品和供应商；
- 减少或消除陈旧的备件；
- 减少损坏量；
- 控制"消失的"备件。

设备运维导论

　　设备、耗材和供应商的标准化已被证明可为公司节省大量资金。标准化设备可以帮助减少库存，使零部件的互换性更好。通过整合供应商，可以获得更好的服务并降低供货价格，节省大量总库存成本。这是我们可以向最佳实践公司学习的领域，他们使供应商数量减少，并获得更好的价格和服务。供应商也获得了更多的业务。这些关系的简化有助于所有相关人员。然而，这种节省实际上在许多行业中都是未触及的领域。通过更好的库存控制和封闭式仓库，可以减少陈旧、损坏或"消失"的零部件。这些要点不能过分强调。通过库存控制可以节省大量资金。同时，这些控制改善了维护从库存和购买功能获得的服务。

　　在许多组织中，维护和库存/采购并非合作关系。只有约50%的受访组织表示有意向控制库存。维护工作情况实际上是库存与采购活动的重要先行指标之一。当维护工作被搁置或被忽视时，整个组织都会遭受损失。如果在下面这些领域引起足够的重视，允许维护人员控制好自己的资源，那么维护人员可以创造利润。

- 备件出库数量。
- 未使用物资的退货政策。
- 可再用物资的存放。
- 订购点和数量。
- 存储名录及存储地点。

　　如果维护人员无权采取相关控制措施，则不应承担任何库存控制费用的责任。不幸的是，许多维护部门受到内控原则的牵制。在这种环境中，维护部门通常会无所适从。库存和采购通常会影响高层管理人员，以至于否定维护活动的有效性。高管层应该明白，维护组织是直接服务于企业所有者及股东，而库存与采购应视维护为他们的重点服务对象之一。当维护不被搁置或不被忽视时，那么维护人员可以成为利润中心之一，从而提高公司的盈利能力。

第8章
维护控制

维护系统可以看作是简单的输入/输出系统。系统输入的是人力、设备、材料和备件、工具、信息、策略和程序,输出的是可用、可靠、配置合理、可按计划运行的设备。该系统具有使其正常运行的一系列活动。这些活动包括计划、调度、执行。这些目标通常与组织目标保持一致,包括设备有效性、成本和质量。反馈和控制是该系统中的一项重要功能,参照维护系统的目标,改善系统性能。一个具有关键过程和控制功能的典型维护系统如图 8-1 所示。该图说明了有效反馈和控制的作用和要求。

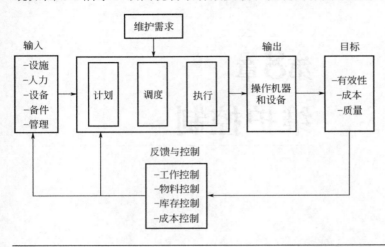

图 8-1 维护系统和过程控制

有效的维护控制系统可提高设备可靠性,并有助于资源的最佳利用。维护控制是指用于协调和分配维护资源以实现维护系统目标的一系列活动、工具和程序,包括维护工作控制、质量和过程控制、成本控制、有效的报告和反馈系统。维护控制的重要部分是工单系统,用于计划、执行和控制维护工作。工单系统包括必要的文件和定义明确的工单流程。这些文件提供了规划和收集必要信息的方法,以便监测和报告维护工作。

8.1 维护控制的功用

维护控制可视为维护管理功能(Maintenance Management Function,MMF)的重要组成部分。MMF 由计划、组织、领导、控制和实施组成。首先计划职能制订了要实现的目标。对于维护来说,目标是提高设备有效性、产品质量和生产效率的措施。然后,管理层组织提供资源并引导维护团队执行任务和达成目标。计划的实施是为了实现预期目标。维护管理的第四项功能是控制,涉及监视、衡量性能、评估是否达到目标以及在必要时采取的纠正措施。图 8-2 描述了管理功能、其子功能及相互作用。

维护负责人必须具有识别绩效问题、做出正确决策并采取适当行动的能力,以使组织在绩效有效性和效率方面取得成功,从而实现高水平的生产率。维护负责人和计划员在工作过程中要保持与人员的积极联系,收集并解释有关绩效/目标达成情况和资源(材料、工时和工作时间)的有效利用的报告,并使用信息来计划需采取的措施。有效的控制对于组织学习很重要。对实践及纠正措施的跟踪、审查、监视和简化使持续改进成为组织文化的真正组成部分。这鼓励维护过程中的每个人对各自的绩效工作和成果负责。

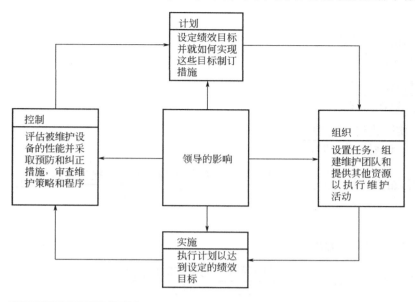

图 8-2　维护控制管理流程

8.2　维护控制的流程

维护活动控制流程涉及四个步骤，如图 8-3 所示。

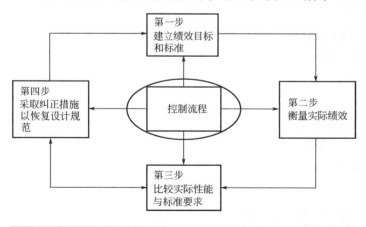

图 8-3　维护活动控制流程的四个步骤

① 建立绩效目标和标准。控制过程从计划开始，然后确定要测量的绩效目标和标准。绩效目标应体现必须完成的关键（必要）结果。

② 衡量实际绩效。目标是准确衡量绩效结果（输出标准）和/或绩效工作（输入标准）。测量必须足够准确，以查明实际获得的结果与最初计划的结果之间的重大差异。在维护性

能评估中，以下指标有助于设定目标并评估是否达到目标。

生产指标：

$$合格率（QR）= \frac{合格的生产单位}{总生产单位}$$

$$处理速度（PR）= \frac{机器运行速度}{设计速度}$$

$$机器利用率（U）= \frac{实际达到的生产时间}{计划的总小时数}$$

$$由于维护以外的原因导致的生产损失百分比 = \frac{由于维护以外的原因导致的生产损失时间}{总生产损失时间} \times 100\%$$

维修指标：

总体设备效率（OEE）= U×PR×QR

$$因故障而导致的生产时间损失百分比 = \frac{因故障而导致的生产时间损失}{总生产时间的损失} \times 100\%$$

$$平均故障间隔时间（MTBF）= \frac{可用的工作小时数}{故障数}$$

$$平均维修时间（MTR）= \frac{所有维修时间的总和}{故障数}$$

$$机器故障严重程度 = \frac{故障维修成本}{故障数}$$

$$计划维修率 = \frac{按计划工作的维修小时数}{工作的总维修小时数}$$

$$维修效率 = \frac{实际维修时间}{总可用维修时间}$$

$$单位时间实际劳动成本 = \frac{劳动总成本（包括工资和加班）}{实际工作小时}$$

$$单位有效维修成本 = \frac{总维修成本}{总工时}$$

$$或\ 单位有效维修成本 = \frac{故障修理的直接成本（包括人工和材料）}{所有维修的直接总成本}$$

③ 将结果与目标和标准进行比较。此步骤可以表示为控制方程式，即需要采取的行动结果=期望绩效−实际绩效。可以在过去表现的基础上对当前表现进行评估，或者将其他人工单位或组织的绩效作为评估基准。在维护比较中，往往通过诸如时间和运动研究之类的方法科学地设定标准。例如，预防性维护例行程序是根据运行小时数或时间间隔在执行的每个例行程序中的预期来衡量的。

④ 采取纠正措施。控制过程的最后一步是采取任何必要的措施来纠正问题、差异或进行改进。例外管理是一种关注那些表现出最大行动需要的情况的做法。通过将注意力集中在关键和高度优先的领域上，可以节省宝贵的时间、能源和其他资源。维护经理应特别注意两种例外情况：实际性能低于标准的问题情况；实际绩效高于标准的机会情况。其原因在于，以生存为目标，企业应该寻求实现高水平的生产力。

8.3 维护控制的功能结构

维护控制实为维护管理功能之一。维护控制的功能结构包含以下几方面。

① 计划和预测维护负荷。计划和预测维护负荷涉及维护的两个重要方面：第一个方面是强调计划维护负荷，这是计划的维护程序的结果；第二方面涉及预测维护负荷。计划和预测维护负荷的功能是有效维护控制的前提条件，预测维护需求的最佳方法是已计划出大部分维护负荷。这需要有效的计划维护计划，以确保计划了至少80%的维护负荷，最好计划90%的维护负荷。计划外的维护工作是缺乏控制的主要因素，而计划的维护工作可以减少所需资源和协调的不确定性，从而有助于有效的维护控制。

② 工单计划和调度。工单计划和调度的功能涉及为所需的维护作业计划资源并分配可用资源。资源包括人力、材料、备件和工具。通常，这需要计划员接受有关生产方法、时间标准、生产资料、计算机的良好培训，并具有良好的沟通能力。调度处理在指定时间点的可用资源的分配。工单计划要求存在设计良好的工单系统，然后根据已建立的优先级系统安排工作。

③ 工单执行和绩效评估。工单执行和绩效评估功能用于处理工单并在整个工作周期中监视工作进度。在此功能中，要收集数据以评估工作质量和资源利用情况。

④ 反馈和纠正措施。反馈和纠正措施与有关工作执行状态、系统可用性、工作存量、所执行工作的质量有关。相关信息将被分析并传达给管理层，以便采取适当的纠正措施，从而有助于实现既定目标。

8.4 工单系统

工单是用于计划和控制的基本文档（表单），在设备运维中，工单系统是成功进行维护管理的关键之一。工单是收集所有必要维护信息的文档，是维护部门获得良好的管理决策信息的来源。如果无法从工单中获得信息，则也不太可能从其他来源获得可靠的信息。可以用许多不同的方式来描述工单，现使用如下定义：工单是由计划员筛选的请求，已决定该工作请求是必需的，并确定了执行该工作所需的资源。

工单不应仅由维护部门执行，而要考虑组织的其他部门。工单至少应供以下部门人员使用：维护、运营/设施、工程、库存/采购、会计、高层管理。

任何工单系统都有几种类型的工单，最常见的有计划工单、常设或一揽子工单、紧急工单、关机工单。

计划工单是为维护工作发出申请的工单，由计划员筛选，匹配计划资源，设定计划工作，然后在完成过程中输入工作信息，并完结工单。

常设或一揽子工单通常用于重复的小型工作（当处理文档的成本超过执行工作的成本

设备运维导论

时）或固定例行作业,无需在每次执行时都编写工单。这些工单通常是为 5~30min 的快速作业而编写的,例如重置断路器。为这些工作中的每一项写一份工单会使维护工作陷入大量细节,而这些细节无法有效地汇编成有意义的报告。常设工单是针对设备费用或会计编号而写的。每当执行一项小工作时,它都会计入工单编号。工单自己并不会关闭,在管理层预设的时间段内保持打开状态。如确定要关闭,会过账到历史记录,并打开新的常规工单。

紧急工单（或称故障工单）通常在执行作业后编写。在大多数情况下,没有足够的时间进行工单的常规安排。将工单过账到设备历史记录后,应将其标记为紧急工单,以便未来分析,可以帮助确定某些趋势。这些趋势在计划维护活动时可能是不可估量的。如条件允许,可设立一个中央呼入点来防止重复请求。当到达工作现场时,维护技术人员可能会意识到该工作比电话指示的要复杂得多。如果所需的工作将超过一定的成本或时间限制,则需要将工作发送回计划员进行分析。如果要通过排班进行协调和计划,则计划员将控制工单,并在有可用的物料和人工资源后立即对其进行排班。这种方法允许进行具有成本效益的维护活动,而不是浪费劳动生产率的等待工作。

关机工单用来中断或关闭某些作业,它们不应出现在常规存量中,但是仍在计划中,以确保在关闭或中断开始之前就知道并准备好维护工作。这样可以防止延误并最大限度地提高所有员工的生产率。在许多情况下,工单信息被输入项目管理软件中以形成完整的项目进度表。

工单系统由两个主要部分组成:建立工作计划,执行和控制所需的文件;工单流程。工单系统的基本文档包括工单,材料和工具的申请表,作业卡,维护计划,维护程序,工厂库存和设备历史记录文件。工单系统有必要确保记录任何申请、失效和补救措施以备将来使用（表 8-1 是典型工单示例）。在不同行业中,工单可以用不同的名称来表示,例如工作请求、工作申请、服务请求等。工单可以由组织中的任何人发起,并且必须由维护计划员或协调员进行筛选。工单中必须清楚地显示要在设备的任何组件进行的任何工作。因此,工单用于以下用途:

① 详细说明该工作所需的资源,包括指派熟练和称职的人员来执行维护任务;
② 确保适当和最佳的利用方法和程序,包括安全程序;
③ 执行、维护、监视和控制维护活动和任务;
④ 提供正确的数据和信息,以进行分析和持续改进。

表 8-1 工单形成

工 单			
工单编号:		设备位置:	
申请部门:		部门:	
日期:	时间:	单位:	
设备描述:		项目:	
设备登记卡号:		轮班: 早班□ 中班□ 晚班□	
故障/所需的工作			

续表

优先级工作计划		紧急□ 急迫□ 常规□ 预防性□ 预测性□							
原因		磨损□ 破裂□ 事故□ 误用□ 未知□							
详细描述									
维修人员					物料				
时间/成本					备件			成本	
工号	预计工时	实际工时	人工单价	人工成本	名称	代码	数量	单价	物料成本
总工时					总材料费				
总人工费					总成本				
技术员签字					接单日期				
批准					批准日期				

计划员负责工单系统的处理。因此，工单应包括促进有效计划和控制实施所需的所有必要信息。计划所需的信息包括以下内容：

- 库存编号、单位描述和地点；
- 申请人员或部门；
- 工作说明和时间标准；
- 工作规格、编号和优先级；
- 所需工艺品；
- 专用工具；
- 安全程序；
- 技术信息（图纸和手册）。

控制所需的信息包括：

- 实际花费的时间；
- 作业的成本代码；
- 停工时间或完成工作的时间；
- 故障的原因和后果。

工单应补充两个需求表：一个用于材料（表 8-2），另一个用于工具（表 8-3）。这些表格对于确保在开始工作之前准备好材料和工具是必要的。这两个表格也可用于提供信息，以促进顺利及时地进行计划和控制。这些信息包括：

- 库存编号、单位描述和地点；
- 工作说明和时间标准；
- 职务说明和代号；
- 所需的备件和材料；

设备运维导论

- 需要的特殊工具；
- 存货控制；
- 存储代码和单价；
- 使用工具所需的时间。

表 8-2　物料需求表

物料需求					
工单编号： 申请部门： 日期：　　　时间： 设备描述： 设备登记卡号：			设备位置： 部门： 单位： 项目： 轮班：早班□　中班□　晚班□		
物料需求				价格	
物料储存代码	类别	零件号	物料列表描述　需求数量	单价	总价
库管员签字：		发往地点：	库存信息记录员：	接收人：	
发出日期：			接受日期：		

表 8-3　工具需求表

工具需求			
工单编号： 申请部门： 日期：　　　时间： 设备描述： 设备登记卡号：		设备位置： 部门： 单位： 项目： 轮班：早班□　中班□　晚班□	
工具需求			
存储代码	工具列表描述	用途描述	需求时间
库管员签字：		发往地点：	接收人：
接收日期：			归还日期：

作业卡（表8-4）描述了特定设备的维护计划，包含维护、检查或预防性维护所花费的时间。

表 8-4 作业卡

作业卡			
设备： 通风机（类型：　　　　　） 设备登记卡号：	设备位置： 部门： 单位：		
活动与说明	频率	计划时间	实际时间
①检查皮带 ②更换 V 带 Tex-rope 281 并检查带轮 ③给通风机的球轴承加润滑油 ④更换球轴承 BAM A651 ⑤清洁叶片 ⑥给通风机电动机球轴承加润滑油 ⑦更换通风机的电动机球轴承	6 个月 1 年 3000h 20000h 2 年 8000h 20000h	5min 25min 15min 2h 30min 15min 15h	（由维修人员填写）
总结			
总维修时间	h		min
技术员签字：		完成日期：	
工作批准：		批准日期：	

设备登记需要列出所有设备组件，并为每个组件分配一个单独的代码。设备清单应在首页上进行补充，其中包含有关设备的技术详细信息，并且可以称为设备登记册或卡。设备历史（记录）包含工厂设备上完成的所有工作的相关信息，包括设备历史记录文件。历史记录文件包括执行的工作、停机时间和故障原因。

维护计划在资产的整个生命周期中进行的维护及发生率（发生频率）的全面清单是帮助制订常规维修的总指南。例如，在汽车中，根据使用情况和驾驶习惯，可以按照设定的里程表读数或时间表协助车辆的日常维修。工厂的综合清单包括需要维修的所有资产，例如建筑物、运输车队、空调系统、视听设备、备用发电机组等，以便确定整个生命周期内所有必需的活动。根据计划确定适当的维护组织、员工队伍、外包策略和定期维护计划，通常以图表形式将特定维护工作分配到特定时间段。

8.5 工单系统流程

工单系统流程指的是调度程序以及从作业开始到完成的顺序（图 8-4）。以下是工单处理的顺序步骤。

① 计划员收到工作请求后（可以通过电话、计算机终端或以纸质形式发起），将对其进行筛选和检查，以确定它是计划中的维护（即预防性或预测性）还是发生了计划外故障。

② 如果工作属于紧急情况，则立即派遣维护人员进行维护，完工后补单。

③ 如不是紧急情况，将其计划为一个工单，其中显示计划、执行和控制所需的信息，例如，检查设备历史记录、工作卡、材料和工具的填写、计划人力等。通常将 3~4 份副本发送给计划员、领班、会计和主管。

④ 相关领班可以分配给该工作的工人一份纸质副本，或者工人通过企业资源计划（Enterprise Resource Planning，ERP）或计算机维修管理系统（Computerized Maintenance

设备运维导论

Management System, CMMS) 直接访问工单。工人完成了工作在工单上填写信息。

⑤ 领班检查工作质量并验证信息,在系统上批准或完成其副本(如果系统是手动的,则将经过验证的信息放在相关副本上,然后将其转发给维护控制)。

⑥ 会计在副本/系统上填写成本信息。

⑦ 系统提取数据并将其放入设备历史记录文件中以进行定期分析、控制和改进维护策略。

⑧ 计划员验证作业是否已完成,是否提取了所有必需的信息,然后关闭工单。

以上步骤可以手动或自动处理。图 8-4 显示了这些步骤的流程。如果使用自动化系统,则这些副本可以存储在系统中,并可以通过网络在线传送。

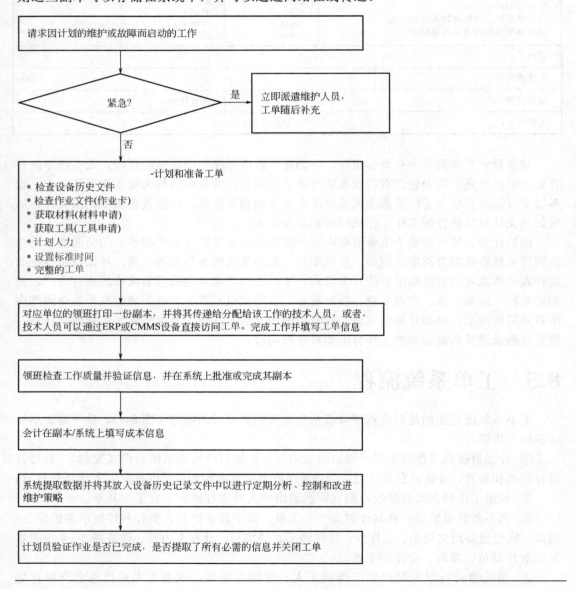

图 8-4 工单流程

工单系统的典型问题包括预防性维护计划不充分或无效、劳动力控制不足、储存控制不足、不良的计划和安排、缺乏绩效评估、设备历史记录不正确或不足。

① 预防性维护计划不充分或无效。这些问题会影响工单系统的效果，导致小麻烦甚至完全无效的结果。预防性和预测性维护程序是操作工单系统的关键。如果组织一直处于故障响应模式，则几乎没有时间来运行工单系统。提供满足工单系统所需的信息需要花费时间。当一个组织忙于应付时，它几乎没有时间记录信息，或者所记录的任何信息通常都是粗略且不准确的。如果按计划去工作，并且故障响应事件处于20%及以下时，组织将处于主动工作模式。

② 劳动力控制不足。缺乏对劳动力资源的控制是妨碍维护工单系统使用的第二个因素。劳动力资源存在以下常见问题：技术人员数量不足、监督不足、培训不足、对工作缺乏责任感。如果对这些问题没有处置，计划员尝试安排工作时可能会出现资源不足的情况。适当控制劳动力资源对于有效的工单系统很重要。

③ 储存控制不足。缺乏储存控制将在需要物料时使工单系统处于完全无效的状态。如果没有库存物料的准确、及时信息，计划人员将无法安排工作。如果维护技术人员的工单要求某些材料，但是在需要时无法使用这些材料，则会浪费时间来获取这些材料，从而降低了维护技术人员的积极性生产率。计划员、主管和维护技术人员必须掌握有关库存水平的最新信息。

④ 不良的计划和安排。由于工单上的大多数信息都不可靠，造成的不良计划会影响工单系统。在这种情况下，工单将被废弃，从而导致工单信息流中断。要使工单系统成功，工作信息必须准确并符合实际。如果公司没有获取准确信息的机制，那么实际上就没有工单系统。

⑤ 缺乏绩效评估。缺乏绩效评估是缺乏管理层的跟进。一旦制订了工作计划，则应始终对其进行审核以确保合规性。该审核可以发现过程薄弱环节，即时予以纠正和补充。如果不使用绩效评估，则缺乏问责制，这又使工单系统流于形式。

⑥ 设备历史记录不正确或不足。设备历史记录不足或不准会妨碍工单系统，造成用于制订决策的信息不可靠。相关人员将无法据此制订预算与预测。原因可能是工单系统使用不正确，或是设备历史记录未根据实际情况而是依照其他历史记录构建的等。

工单系统是良好维护工作的基石。如果不使用工单，组织不能期望获得更多投资回报。除非组织的各个部门合作使用该系统，否则真正的维护资源优化将只是一个梦想。

8.6 有效地维护控制系统所需的工具

为了获得可靠的维护计划和控制过程，应使用以下管理技术和工具。

统计过程控制工具可帮助确定故障的主要原因、过程能力和稳定性，并检查机器和仪表的能力。这些工具包括帕累托图、鱼骨图（因果图）和控制图。

网络分析已成功地应用于供电和石化行业，通过将大型维修工作、大修和工厂停工建模为网络模型来减少停工，从而使用关键路径分析来最大限度地缩短工作完成时间和停工时间。

失效原因和效果分析是分析系统中潜在故障模式的过程，通过严重程度或确定故障对系统的影响进行分类，在产品生命周期的各个阶段广泛应用。失效原因是过程、设计或项目中的任何错误或缺陷，尤其是影响客户的错误或缺陷，可能是潜在的或实际的。效果分析是指研究失效的后果，或者在故障风险评估中应用这种分析，以识别系统或过程中的潜在故障。

功能识别维护系统（Functionally Identified Maintenance System，FIMS）是一种诊断技术，以分层逻辑顺序表示设备或系统。在分层表示中，每个级别都是前一个级别的功能和逻辑发展。FIMS 的目的是轻松及时确定故障位置，已成功应用于复杂系统，例如炼油厂、飞机和机车。

工作评估是工作学习的要素之一。它是一种在制订工作时间标准的同时考虑工人的等级以及针对个人需求、疲劳和其他突发事件的评估技术。时间标准对于准确的计划、控制和激励计划至关重要。

库存控制，即有效的备件和材料订购政策，在减少停机时间方面起着至关重要的作用。良好的维护计划有助于订购备件和消耗品。基于资料使用数据的再订购不仅减少了总库存成本，而且降低了工厂的常规成本和维护人工成本。

预算对于控制成本至关重要。它构成判断实际绩效的基础，并通过成本控制显示是否需要采取补救措施。维护的实际成本不容易评估，如已建立令人满意的控制和会计制度，其直接成本应与部门的间接成本分离。

生命周期成本（Life Cycle Costing，LCC）是机器和设备拥有的总成本，包括购置、操作、维修、转换和/或退役的成本。其分析的目的是从一系列替代方案中选择最适合成本的方法，以在资产寿命期内实现最低的长期成本。通常，运营、维护和处置成本是生命周期成本的主要组成部分。使用生命周期成本有助于降低维护和运营成本，因为它们是设备生命周期成本中的主要成本。

计算机化维护管理系统（CMMS）使维护人员可以访问有关设备、人力和维护策略的信息，有助于提高维护效率和控制。

工作控制负责监视工作状态和已完成的工作，以调查工作是否按照标准（质量和时间）完成。为了实现这种类型的控制，假定维护控制系统包括了在执行实际维护工作之前分配的标准。之后生成一组报告，包括一份显示用于该工作的工艺、工作量以及所依据的标准性能的报告。在此报告中，需要对维护工作进行分类，如定期进行的、长期的，还是外包的。其他对工作控制有用的报告包括未完成订单、紧急维护与计划维护的百分比以及由于例行检查产生的维护工作的百分比。

存量报告对于工作控制非常重要。可按工艺每周整理一次存量报告并指出存量原因。正常的存量应保持在 2~4 周。存量过多或过少都需要采取纠正措施。如果发现存量出现下降趋势，且保持下降趋势，则可能需要采取以下措施之一：减少维护投入；考虑部门之间或工艺之间的转移；减少维护人力。如果存量的趋势出现增加，则需要采取纠正措施，可能包括以下一项：增加维护投入；注意部门或工艺之间的转移；安排具有成本效益的加班时间；增加维护人员。

成本控制关乎维护工作的经济效益。维护成本包括以下几类：直接维护成本（人工、材料、备件和设备的成本）；因故障导致的停机成本；由于机器无法使用导致的产品质量不合格的成本；设备备份导致的冗余成本；由于缺乏适当的维护导致的设备退化成本；过度维护的成本。

关于成本的信息都应在工单上找到，必须每月发布按工作类别分类的维护费用摘要。

这用于控制维护成本和生产成本。

降低维护成本的措施包括：考虑使用替代备件和材料；修改检查程序；修订维护政策和方法，尤其是调整人员规模。

每月维护报告应包括有关设备可靠性的措施。这些措施包括平均故障间隔时间、整体设备效率（Overall Equipment Effectiveness，OEE）以及关键设备和主要设备的停机时间。如果在整体设备效率上观察到下降趋势，如停机时间长和就绪程度低，必须采取纠正措施，以最大限度地减少故障的发生。纠正措施可能需要建立可靠性改进程序或/和计划维护程序。

另外，维护良好的设备可减少废品并提高生产能力；包含返工和报废的月度报告有助于确定哪台机器需要调查，以查明质量问题的原因。

第9章
维护工作改进

第9章 维护工作改进

工作改进最好的途径是运用已建立的个人行为模式，鼓励和加快发现和实施更有效的工作方法。在过去的40年中，源自生物力学的工作改进方法迅速得到普及。许多工业企业都实施过工作改进计划，其中大多数的企业在降低成本和增加利润方面均取得了显著成效。

正如最初设想，这种方法的应用倾向于生产方法领域。但随着经验的积累，其普适性得到了越来越广泛的认可。现在工作改进的概念被用于改善许多其他活动的绩效，包括文书、监督、研究和维护。实际上，"工作改进"一词几乎已经成为"一种有组织的基层方法改进技术"的代名词。这是一种特别适合改进维护工作的方法，事实已经证明在这方面的应用非常有效，值得更频繁、更广泛地推广。传统方法是聘请训练有素的工业工程技术专家全职从事这项工作，其任务是研究整个组织中的一项活动，以期找到改善绩效的方法，评估可行性并协助实施。这种方式确实能够取得很大进步，但是其有效性在两方面被削弱。

① "专家"需花费大量时间和精力来熟悉所研究的每个新活动，与相关活动交互，确保发现并适当评估所有相关方面。

② 这些"专家"开发和建议的改进通常受到潜在用户的反对，执行经常遭到抵制，甚至遭到破坏。

工作改进旨在最大限度减少这些困难。当许多组织各个级别的个人广泛有组织地参与时，工作改进常常最有成效。应为每位员工提供培训，学习有关基本方法的改进工具、技术和专业知识，协助每位员工成为自己领域的专家，鼓励其提出改善工作绩效的建议，通过向员工和管理人员展示其通过团队合作实现结果的价值，对改进建议进行及时的管理审查，以促进认可贡献，并提供足够的奖励。

员工个体的行为本性法则：面对问题时，个人行为的智慧取决于解决问题的愿望、执行任务的能力以及处理人际关系的能力。

个人行为动机的初始本质为收益。因此，雇员寻求雇佣作为获得收入的一种手段。安全性（合理控制自己的未来）、物质奖励（买东西的钱）、提升职位（经济和/或社会）、参与感（属于一个团体并且在活动中有发言权），雇佣是避免失去拥有的这些东西的一种手段。

可以预见，个人对获得收益的态度几乎是自私的，主要兴趣是自己的收益，但是其决定和行动将趋于理性、符合逻辑和基于事实。可以期望其通过客观分析来直接采取行动，以使自己和其他人受益。

但是，人们对于个人已经失去的某些东西的态度可以是完全不同的，决策往往基于情感而非事实。为避免丢失现有收益而采取的行动可能是非理性的，甚至有时看起来完全是不合逻辑的。

当希望改进的工作方法被接受时，这种态度上的差异具有重要作用。对于没有直接参与的个人，引入新设备或新方法来节省成本的建议可能具有"理性自私"的吸引力。但是对直接参与的人而言，意味着失去了适用于旧程序或设备的专有技术。这种损失所引起的恐惧可以完全打消任何互惠互利的想法。因此，工作改进计划必须配套特定的管理政策和实践，以确保个人可因实施工作改进而获益，而不是造成损失。

一个被广泛接受的系统应认可和奖励员工，且管理层必须保证参与者不会因降级或裁员而遭受个人损失。面对某部门冗余，通过人员的流失或将人员转移到其他扩大业务中，这通常是相互接受的方法。此方法通常足以克服工作改进所造成的人员减少。

以前普通员工可以构思、发展和实施有价值的方法只是一个假设。管理层既没有证据也没有信心这会真正产生有意义的结果。然而今天许多成功的工作改进程序充分证明了这一假设。大多数人都有开发改进方法的潜力，并且如果提供适当的动机和培训，就可以有效加以施展。结果表明，仅需对几种简单的基本工业工具进行少量的培训，普通人就可以展现出惊人的能力，以发现改进的机会并实施可行的解决方案。

人性的基本原理已经相当完善，并被证明是基本不变的。人性有两个基本特征，对新事物的抵抗和对批评的愤怒。但是，人的行为可以被调整并在一定程度上得到控制，而且人的行为是相对可预测的，并且只要对人性的基本原理有透彻的了解并愿意采取必要的行动，就可以对其进行可衡量的影响。

寻找更好的方法执行任务的基本思想内含假设，即当找到新的方法时，它将取代旧的方法。从使用旧方法的用户角度来看，变更往往会破坏自信，并担心可能会产生不利的后果。那种"万事如意"的感觉被一种不愉快的感觉所取代，当前用户会感觉自己已经过时，必须接受培训，执行更艰巨的任务，甚至可能被替换，对自己的变更看不到任何好处，并且感到不安全。这是条件反射，每个人都倾向于抵制变化。

一个成功的工作改进计划必须做好心理准备，帮助参与者熟悉这种普遍反应，并学习如何最大限度减少其阻碍作用。参与者必须懂得以下几点。

① 避免混淆事实和观点。实践会养成习惯，并会导致偏见的产生。经验增加对事实的了解，为外推提供了更坚实的基础。

② 避免误会。无法确定所有事实可能导致错误的结论。依赖单个非代表性示例的结果可能导致错误的决策。

③ 避免做出快速判断。成熟的判断需要时间，进行评估时必须考虑相关经验的缺失。

使用新方法使结果变好意味着对旧方法的批评，更是对使用旧方法的用户的批评。无论直接或隐含，还是建设性或破坏性，其反应必是迅速且相同的。没有人喜欢被批评，会被视为对个人的冒犯。要制订成功的改进工作计划，参与者必须学会对待别人对自己的反应，必须学会将对他人的冒犯最小化，防止言辞不当，避免影响既定方针。最大限度减少对变革和批评的抵制是使用工作改进方法的基本前提，必须将"专家式"开发方法转变为"参与式"开发方法。参与者最不可能对自己的想法产生抗拒或不满。

工作改进方法应用了四种能力：求知能力、质疑能力、概括能力、应用能力。

保持开放的心态。虚心的参与者会对所有问题与机会感到兴奋，愿意探索所有替代方案，不受过去的惯例、先例、传统、风俗或对变化后果的恐惧的束缚。

观察当前的方式。很少有人知道如何做好提问的工作，大多数人都过早地停止询问，有时仅是为避免使被询问者感到尴尬。工作改进为提问提供了有组织的计划，称为提问模式。它是一定的问题序列：完成什么了吗？在哪里完成的？什么时候完成？为什么要完成？是谁做的？这个人做吗？是怎么做到的？这是一种训练模式，首先要从字面上遵循，但很快就会变成一种有组织的思维方式。

探索改进机会。从答案中可以得出有益的结论。研究改进的可能性：什么？消除？在哪里？换地方？什么时候？为什么更改顺序？为什么换人？如何改进方法？

需要注意以下几点。

- 这是正在寻找可能的解决方案，而不是确定的结论。
- 如果以前从未做过，那可能是一个更好的方法。
- 不要承认无法完成，尝试找到使新想法可行的方法，而不是证明不可行。

- 不要忽略别人的建议，如果有效，要主动归功于建议者。

实施新方法。询问原因并开发可行的改进方法。一个想法在投入使用之前是没有价值的。应用能力意味着两方面：看到一般规则对特定问题的应用的能力；将对人性的理解转化为一种新方法的能力，并获得相关人员的配合。

9.1 工作改进的五个步骤

只有进行度量，才能明确改进的结果。在涉及人为因素的情况下尤其如此。人的绩效往往弹性较大，除非提供某种形式的度量并将其用作评判绩效的基础。仅客观地进行观察是一种度量形式，可用于分类、标记和比较。现在，有条理的观察方式将大有帮助，建议使用分步计划。

① 选择要研究的任务。一次只研究一项任务，否则可能会导致结果混乱或无效的努力。选择最需要改进的工作，从改善自己的工作开始。如果处理别人的问题，他们可能会把帮助视为隐含的批评。尝试寻找：

a．瓶颈，沿工作程序直到找到难处理的环节；
b．耗时的操作，冗长的工作通常会提供最大的改进机会；
c．赶工，这种活动几乎总是无效的，并且经常可以消除或大大减少；
d．浪费，如已习惯某种形式的浪费，包括材料、时间或能量，会较难识别出。

② 观察当前执行任务的方式。获取所有事实，确保包括任务执行的所有要求，确定与相关任务的互动。制作流程图或活动图，来记录所有细节。

③ 挑战一切。质疑已经做的事项。

a．挑战要调查的整个工作。为什么要这样做？有必要吗？可以其他方式或在其他时间或地点进行吗？
b．挑战每个"执行"操作。
c．将问题清单应用于每个细节：

什么：已经做了什么？这样做的目的是什么？为什么要这样做？按预期执行吗？
哪里：细节在哪里完成？为什么要在那里做？能在其他地方做吗？
什么时候：何时完成细节？为什么要在那时候做呢？可以在其他时间完成吗？
谁：谁来做细节？为什么这个人做细节？别人可以做吗？
怎么样：如何执行细节？为什么这样做呢？还有其他方法吗？

这种质疑态度有助于形成一种观点，考虑对整个行动的好处，而不是任何部门或个人的好处；经常会发现消除无用或不必要的工作的可能性，而这些工作不会给产品增加任何实际价值；有助于确定执行工作所需的操作或设备类型。

不要忽视从其他从事类似业务的人那里获得想法的可能性。当征询这些想法时，会遇到"人为问题"，他们可能不想提供有益的想法，除非他们确信这些想法的结果将对他们有所帮助。

④ 探索改进机会。考虑、详细检查所有可能性。评估、比较并选择最佳方案。使用流程图或多活动图表进行预测并推演新方法的可行性。

a．可以省略这环节吗？为什么要这样做？有必要吗？在大多数情况下，花费大量时间来研究环节以寻求改进的可能性，但没有提出"为什么执行此环节？"等问题。如果发现某环节以相同的方式在工厂中存在了一年或更长时间，则应提出质疑。可能有更好的方法。如果无法省略这个环节，则可能存在不必要的交叉，对每个交叉要提出疑问。

　　b. 活动可以合并吗？顺序、位置或人可以更改吗？每当可以合并两个或多个操作时，它们的执行成本通常接近甚至等于一个的成本，还可以消除环节之间的交叉。如果环节不能合并，则研究是否可以把交叉结合起来，研究通过更改操作顺序是否可以消除回溯和重复工作。当然，执行操作的顺序可能已经从过程原理或设计中给出了，那么可以转而研究更改设计和工艺是否能获得更好的效率。有时，仅更改工作地点或工作人员就会有所帮助，例如其他地方可能会提供更好的照明、更好的通风和更好的工具，也许其他操作员有更好的条件进行操作。

　　c. 可以改进"执行"操作吗？怎么做？为什么这样做？有更好的设备吗？是否有其他材料？可以应用新技术吗？改进通常可以节省较多资金，但是新设备、材料、培训等的费用通常也很高，有时甚至超出了承受能力。通常，相对较小的重排、方法更改和布局修订，几乎可以忽略成本来改进执行。

　　⑤ 实施新方法。确保所有相关人员都了解任务的目标和新方法的可取性，知道并了解其在新方法中的角色，且不会因变更而在经济方面或精神层面蒙受损失。

9.2　图表绘制技术

　　许多图表绘制技术可以帮助我们开发改进方法，按复杂度递增的顺序排列，包括流程图、多重活动图、线条图、关键路径网络。所有这些图表在原理上都是相似的，是记录和研究执行任务的一种方式。流程图用于记录单个活动序列。当多个活动序列同时发生并且它们与时间的关系很重要时，将使用多重活动图。当活动同时发生的序列数变大时，将使用线条图。当某些活动序列与时间相关，而某些活动与时间无关时，则需要使用关键路径网络。方法可能变得非常复杂，必须结合计算机程序使用。

9.2.1　流程图

　　流程图最初是由 Frank B. Gilbreth 开发，是过程或过程中事件序列的详细图形表示，包括分析所需的度量，例如行进距离、所需时间、延迟等，以及这些度量的原因，是一种已被广泛接受的工具，具有一定的价值。流程图的两个最重要的价值是：信息以简明形式显示；尽管简短，但显示了所有所需的细节。许多经理、主管、领班或文员常无法找到或可视化其监督下的整个过程，其决策通常是基于不完全的知识，甚至可能只是猜测而已，并且偶尔会造成严重后果。流程图可以纠正此类问题。

　　制作流程图跟随产品或人时，要坚持跟随一个对象。随意更换跟随对象是制作流程图时最常见的错误。如果一个人正在搬运一个物体，放下它，然后去寻找卡车，而我们在追踪该物体，则应记录下延迟。如果我们跟随该人，则不使用延迟符号，而是继续跟随该人。物体被延迟，但人没有。总而言之，流程图是一个有价值的工具，其优势主要包括：

　　① 作为静止图像，它将正在研究的工作与可能会分散注意力的背景分开；

　　② 它将工作分解为简单、个性化和可靠的细节，以便可以一次研究一个细节；

　　③ 它的压缩形式使我们能够轻松地将整个过程可视化；

　　④ 通过逐项列出，它使我们能够以数字方式表示过程；

⑤ 可以清楚地指示准备就绪、完成和上架之类的信息。

9.2.2 多重活动图

在许多情况下，必须同时研究两个或多个相互关联的任务，目的是减少完成整个系列任务所需的总时间、人数或机器数量。多重活动图可以描述为一种测量和演示两个或多个相互关联的操作或过程之间的时间关系的图形方法。这可以是一台机器与其操作员之间的关系，是两台或多台机器一起工作并且相互依赖，也可以是两个或两个以上在同一工作中的人。

多重活动图技术为探索以下方法提供了一种极好的工具。

① 减少人员规模。使用预先计划好的、车间准备好的、预制的或预组装的、特殊处理的设备或工具等，经常可以减少现场工作人员的工作量。

② 减少服务时间。仔细的预先安排通常可以明显减少完成工作所需的总时间。为此，多重活动图是一个很好的工具。当工作量很大且很复杂时，通常必须求助于更复杂的关键路径技术。

多重活动图制作步骤如下。

① 为正在研究的操作或过程中的每个参与者准备单独的流程图。每个细节所需的时间必须进行测量和记录。在某些情况下，仅凭经验估计时间就足够了。

② 选择一个足够大的时间刻度，以允许绘制一个完整周期的每个细节。

③ 将每个参与者的活动的详细信息针对所选的单个时间范围绘制在单独的列中。确保同时发生的事件在时间刻度上显示在同一位置。

④ 每个参与者的活动分为以下三类之一：工作、待机、停机。

⑤ 将操作按时间进一步细分为准备阶段、进行阶段、收尾阶段。

⑥ 准备摘要。有关运行时间百分比、待机时间百分比和停机时间百分比的数据会提示在哪里寻找可能的改进机会。

使用多重活动图可评估环节的相互关联性，观察待机和停机时间，使现有的效率低下情况容易被发现，使改进的动机变得更容易展示。

待机时间是有偿但浪费的时间。通常，待机时间不是操作员的过错，而是规定的环节流程所固有的。多重活动图将帮助发现这些问题，衡量其重要性并协助分析人员探索消除或最小化这些问题的方法。操作员工资越高，朝这个方向的努力就越重要。另外，往往有一种趋势是考虑购买新设备，而没有彻底研究无需花费过多费用就能将现有设施性能提高的可能性，这可能导致购买高技术含量的新设备，而这实际上是不合理的。多重活动图是解决这两个方面问题的出色工具。图 9-1 所示的条形图代表了许多工厂的典型经验。

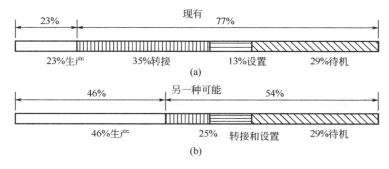

图 9-1 可能的例子

从条形图（a）可以看出，闲置的机器时间为 29%，大多数人会说所涉及的设备 71% 的时间在工作。但是，是否有 71% 的时间具有生产力？显然不是。实际生产时间仅为 23%，真正的非生产时间为 77%，而不是 29%。区别在于转接时间（35%）和设置时间（13%）占用了机器时间，效率不高。如果将这些活动所需的时间减少一半，则可以将设备的生产率提高一倍，如条形图（b）所示。仅当机器实际执行其设计的"执行"功能时，才可以计入工作量。当操作员工资很高且机器或工具简单、便宜时，建议改变目标，购买和使用足够的机器以获得最大的人力劳动效率。无论采用哪种情况，都可以使用多重活动图来分析问题。

假设一个操作员操作一台机器生产某种产品，操作员需要 2min 才能在机器上设置完作业，然后机器运行 4min，操作员在 2min 内完成上架即完成了工作。

这两个相互关联的活动的多重活动图如图 9-2 所示。操作员活动显示在左侧栏中，机器活动显示在右侧栏中。中心用于时间刻度。相关数据如下：

- 总循环周期 8min；
- 总工时 4min；
- 机器总时间 4min；
- 机器利用率为 50%（机器时间除以周期时间）；
- 操作员效率为 50%（人工时间除以周期时间）。

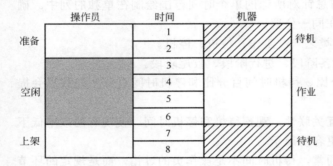

图 9-2 多重活动图

解决此问题的一种方法是添加一个操作工，以牺牲操作员效率为代价提高机器利用率和产量，如图 9-3 所示。相关数据如下：

- 总循环时间 6min；
- 总工时 2min；
- 机器时间 4min；
- 机器利用率 66%；
- 操作员效率 33%。

现在设计一种方法，在使用机器的同时执行准备工作和上架，提高机器利用率和操作员效率，还可以不需要操作助手。新方法如图 9-4 所示。相关数据如下：

- 总循环时间 4min；
- 总工时 4min；
- 机器时间 4min；

- 机器利用率100%；
- 操作员效率100%。

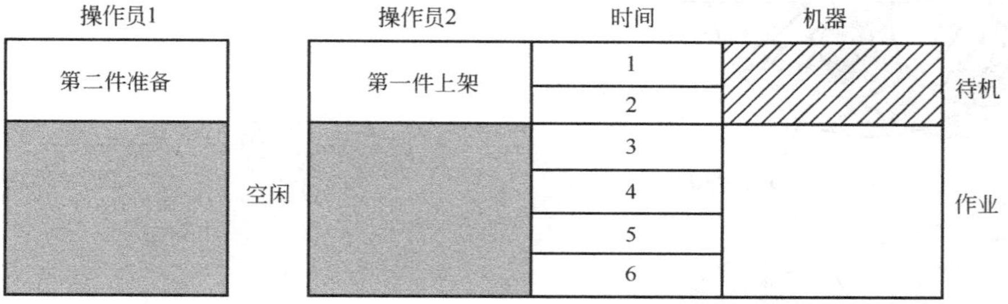

操作员1	操作员2	时间	机器	
第二件准备	第一件上架	1		待机
		2		
空闲		3		作业
		4		
		5		
		6		

图 9-3 增加一个操作员后的多重活动图

操作工	时间	机器
第一件上架	1	作业
	2	
第二件准备	3	
	4	

图 9-4 新方法

当然，这是一种过于简化的理想情况。在实践中，很少会发现一个影响因素很少，无需绘制图表就可以直观地看到的情况。100%利用率是理论上的，实际会出现润滑和调整设备的停机时间以及人员的休息时间。

9.3 操作轨迹的四大原则

充分利用人体运动来达到给定目标的研究已产生出大量成果。这些研究的结果可以归纳为运动经济原理。如果对这些原理进行了彻底的理解和理性的应用，可以对生产效率产生非常有利的影响，而无需增加工作量。操作轨迹原则包括以下几项。

① 身体活动或动作应富有成效。

a．设计方法和设计工作场所时，避免使用人手作为握持装置，而是用手工作。

b．保持工作场所、用品和工具井然有序，最大限度减少搜索。

c．设计适合人体极限范围的工作场所，尽量将人体活动保持在正常工作范围内，避免移出最大工作区域。

如图 9-5 所示，在圆弧形区域内，人可以更好地工作，因此在布置工作场所时应将人体极限范围纳入考虑因素。

以肘部为枢轴点用手臂横扫工作区域而绘制的弧线确定每只手的正常工作区域，可以在该区域内进行疲劳程序最小的工作。左右手的摆动重叠的区域是可以用最少的力进行双手工作的区域。

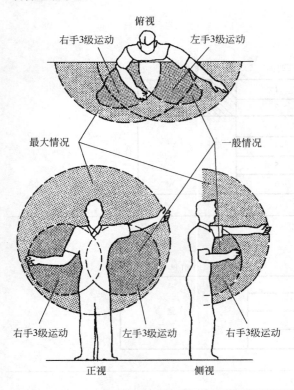

图 9-5　手臂工作的正常和最大区域

以肩膀为枢轴点用手臂横扫工作区域而绘制的弧线确定每只手的最大工作区域。在该区域内进行工作时不会感到过度疲劳。重叠区域也是双手工作的区域，疲劳程度适中。

② 所有动作路径应有节奏且流畅。

a．使用双手时，动作应有节奏，相等且方向相反。在相反方向上同时进行的运动是自然的，并有助于流畅地移动。当两只手可以同时沿相反的方向移动时，在工作场所的每一侧安排相似的工作，操作员可以用更少的精力来进行更多的操作，用双手进行富有成效的工作。

b．运动应遵循弯曲的路径，并且是连续的，不需要突然停止。连续弯曲运动比直线运动具有更好的节奏。突然停止或方向改变会中断流畅的流动和破坏节奏。使用运动本身的动量来帮助完成工作的运动比控制性运动更有效，更有节奏感。提供止动装置可以消除动量，从而消除主动进行肌肉控制的需要。例如，打字机上的回车挡块。

c．工作场所的设置也有技巧。例如工具的预定位，落下的成品以及使用脚踏式握持装置，可以在很大程度上保持手部动作的节奏性和平稳性。与将材料或工具运送到目的地所节省的时间相比，更重要的是腾出双手以不间断的节奏同时进行工作。

③ 操作设计方案应尽可能简单，但应与先前的原则保持一致。一般有五级方案：Ⅰ级仅指手指；Ⅱ级指手指和手腕；Ⅲ级指手指、手腕和前臂；Ⅳ级指手指、手腕、前臂和肩膀；Ⅴ级指整个人体。通常由身体运动引起的疲劳程度随着级数的增加而增加。这种关系并不总是严格正确的，但通常足够精确，以允许对替代方法进行有意义的比较。

④ 对工作人员应该做到的。工作台应保持适当高度，以尽量减少疲劳。照明和通风

应充足。工具和材料应明确标识。在进行工作时，应提供必要的站姿和坐姿。

根据上述原则可以检查是否能够改进工作方法以减轻疲劳并改善劳动效率。运动经济原理的最大价值在于能够以动作的形式可视化操作，识别好与坏的动作习惯，从运动学的角度改良具体操作。

9.4 工作改进在维护中的应用

自动化的广泛使用正在稳步减少生产领域中使用的劳动力规模。电子数据处理的使用继续减少文职人员人数。但与此同时，这种趋势正在增加维护需求的数量和复杂性，改善维护性能的需求在迅速增长。维护工作仍需要持续改进。维护工作与生产工作的差异主要表现在两个基本方面。

① 大多数维护工作输入是按工作分配和控制的，而不是时间单位或产品数量。因此，工作内容通常在本质上是非重复的。

② 维护工作与产品或服务输出之间的直接关联很少。这往往使验收变得困难。

这些差异并不限制工作方法改进的有效性，但是确实会改变改进的侧重点。在将智能管理应用于维护时遇到的问题非常复杂，有效的管理通常需要大量数据，这会产生大量的书面工作和记录。工作改进可简化这些活动。

① 工作控制程序。逐项工作的有效分配和控制需要大量计划和文书工作。这项工作本质上是重复的，并且是工作改进的重要主题。随着信息技术的发展，出现了大量的技术手段来减少这些文档的数量和复杂性，并减少处理所需的工作量和时间，而不会破坏其有效性。

② 历史记录。维护历史记录对于有效的维护工作至关重要。但是，这些记录在准备和使用中通常非常庞大且耗时。用于从这些记录中收集和检索信息的方法是工作改进的绝佳方向。

随着设备变得越来越复杂，以下是可以从工作改进中受益的工作领域。

① 预先检测初期故障。有效的维护需要预测何时、何地以及如何发生故障。这将涉及开发更好的检查技术，引入更多诊断仪器，以及使用连续监测技术。

② 故障后的补救措施决策。随着设施种类和复杂性的增加，确定设备故障和采取补救措施变得越来越困难。标准诊断程序为开发更好的方法提供很好的基础。

③ 重复性工作标准化。对类似的工作使用标准化的预选程序将减少人工，在此基础上可以研究详细的改进方法。

9.5 维护工作启动

生产和维护这两个团体一个属于生产线，另一个属于其他类别，它们的共同目标是通过各种工业管理技术来提高生产率和降低运营成本。

生产团队负责人是制订管理方法和管理策略的一线管理员。假设一家公司配备了高技能的工程师（包括机械、电气等），这些技术人员在其职能范围内不断进行合理的改进。除非投入运行，否则这些改进没有任何价值。能使其投入运行的人就是团队负责人。在工作现场，人工、材料和间接成本是实际发生的，有许多以前搞维护的技术人员担任一线成本管理员,这些人中的许多人对变革会有各种抵触情绪。管理层有责任采取以下行动。

① 如果团队负责人有能力管控成本,则应接受有关管理控制的理论和实践的各个阶段的培训。其目的不是让他执行管控职能,而是体会、理解管控,接受、支持在降低成本领域的管理挑战。

② 如果团队负责人无力管控成本,那么就无法适应这项对于每个公司的未来都很重要的工作。管理层必须为其寻找另一个岗位。

维护工程师是一线团队负责人的技术资源,通常倾向于与该地区的工人讨论工作方法、设备和标准。如果维护工程师计划直接与工人一起工作,这就不是明智的选择。团队负责人除代表管理人员处理行政事务外,还是工人的负责人。任何绕过生产团队负责人与工人打交道的员工,都将冒犯团队负责人的领导力。生产团队负责人只有在不被排除在员工活动之外的情况下才能成为领导者。维护工程师与工人的沟通路径应通过团队负责人。

维护工程师可以有创新,但不可以让这些创新随意扰乱既定的生产。在许多情况下,维护工程师忽略了在创新初始阶段征求团队负责人的意见,直接提出完整的方案,期望他们的工作立即被接受。这种做法不能让团队负责人提供自己的实践经验和专业知识来推进项目。最佳方法是尽早召集团队负责人,征求和使用其建议以及其他员工的建议,力图使他们对项目感兴趣,鼓舞他们成为自愿参与者。可以组建一个由参与启动特定项目的人员组成的小型委员会,然后让团队负责人领导相关工作,不能退出。对于团队负责人来说,安排他的项目,而不是其他人的,会令其感到满意和轻松。

在比较团队负责人和维护工程师的改进工作时,团队负责人在完成改进项目方面比较困难。维护工程师让团队负责人参与该项目后,他会使用自己能找到的所有方法,如自己的、生产团队以及其他员工组的方法来安排工作。通过时间研究、估算或其他方式收集大量数据,概述流程,制订标准,并将结果提供给团队负责人。这之后才是工作需要艰难推进的地方。最初,团队负责人必须针对工人在其部门中的活动进行定向,协调并安排工作的任何变更,并用新方法培训工人,还要使自己管理的区域在工作量要求上保持不掉队。维护工程师处理逻辑和程序,团队负责人安排逻辑和程序的结果,难点在于人的执行。成功的改进项目取决于大多数工人的认可,这比从事实中获得结果要重要得多。

当要了解某些陌生改进措施时,团队负责人必须直接与员工打交道。每个新的标准都应由团队负责人介绍。他必须以积极的态度而不是犹豫、落后的方式详细介绍新标准的情况。在介绍的过程中,团队负责人必须以自己的发言为基础,建立信心,并在工人中树立对标准进行公正审查的期望。这些是在引入新标准时与工人讨论中必须产生的印象。作为团队负责人:

① 可以肯定的是,工作改进是在正常工作条件下进行的;
② 确定该标准是围绕这些条件制订的;
③ 保证改进措施将在相同条件下继续执行,或者将对标准进行调整;
④ 确保该标准将得到公正的审查,并坚信它是公正和可实现的;
⑤ 真诚地希望工人按照标准执行;
⑥ 如果某人对标准有任何疑问,希望其与自己联系讨论,而不是向另一位工人质疑

或抱怨。

没有团队负责人的积极参与，工作改进项目将不会成功，最高管理者必须认识到这一事实。他们必须提供思想和方向，以使团队负责人深刻认识他们的责任是作为第一线践行者。管理层必须在管控的每个阶段对他们的部门和员工团队进行培训，使员工形成积极参与所有改进项目的习惯。对于生产线上的团队，培训计划的目标不应是让工长执行所有管控，而要让其：

① 了解并认识管控细节；
② 认识到需要工作人员集体的帮助；
③ 需要采取措施时，立即调用适当人员的职能；
④ 具备使用管控手段来评估工作绩效的能力。

在维护方面最重要的是工作的标准化。在开展工作度量之前，必须确定一种标准方法来完成这项工作，并且必须对工人进行这种方法的培训。从工作度量中获得的数据也基于这种标准方法，用来确定工人应对各种工作的效率。如果工作方法发生变化，则必须对标准进行审查，以确定在新方法下完成任务所需的工作量。工作改进方法通常需要管理层的接受、额外的设备、培训和专职人员的定向以及与安排工作方法变更有关的其他问题，这些问题可能会减慢工作进度。

9.6 维护工作度量

各种工作度量的最终目的是提供标准信息，以确定完成特定工作部分所需的工作量。无论是将所得标准信息直接用于劳动管控，还是同时用于劳动管控和工资奖励，其方法都是相同的。

任何过程控制系统的必要组成部分是生成的定量标准信息，据此对工作执行的绩效进行评估，确定需要采取的纠正措施，衡量实现目标的进度，并协助决策过程。工作度量的目的是生成此标准信息。

如果没有计划好工作的方式、地点和时间，就不可能进行生产劳动度量，也无法进行维护作业的工作度量。需要提前计划工作，以消除或减少非生产时间或因等待指令的工作分配导致的工作效率低下；消除或减少工艺错误，工作人员人数错误，材料不足，材料错误；消除或减少由于更换地点工作而产生的额外转运时间；防止无法平衡人力需求。因此，计划与工作度量相关。没有计划，就无法估算时间，没有工作的时间，就没有调度工作、设备和人员的基础。

实际的劳动力估算是维护计划的重要组成部分。没有有效的方法，就无法将工作负荷与可用的人力进行匹配，并且在将设备停产时很难做出后续安排，无法为每个级别的劳动活动确定正确的人员配备，不能建立对个人和机组人员绩效的期望。工作度量和分析产生维护人工和资源的需求估计，这对于整个计划和控制过程至关重要。

尽管维护工作几乎总是包含不可预测的元素，但是这些元素并不构成整个工作，并且通常仅占总工作量的一小部分。当然，对长期复杂的工作是难以进行整体评估的。

进行工作度量有几个关键要点。

- 熟悉维护工作程序和设备。熟悉维护工作程序和设备的途径：平时储备充足的工艺知识；与熟悉该作业的维护技术人员交谈，拓展设备知识，可以与维护技术人员建立起基于工作的信任。

- 维护工作时间估算。要维持可接受的效率和维护水平，绝对精度既不可能也不是必需的，至关重要的是一致性。一致估计的基础是访问和使用相同的工作估计库或目录。
- 维护工作度量的应用。应将维护估算值用于多处同工况条件下以平整各作业所测时间的波动现象。个别工作的准确性并不可靠，但是在给定的一周内，团队人员完成的几项工作的准确性是可以接受的，尤其是对于绩效趋势而言。可以定期计算个人（而不是团队人员）的绩效，对关键需求进行必要的指导和培训。

总而言之，需要考虑三个因素，进行更有效的估算。

- 熟悉已完成的工作和工厂设备。
- 确保每个人都使用相同的"已知"。
- 不尝试以"精确"的准确性进行估算。

关于维护工作的效率，常见的抱怨之一是"工作中的人太多"。这可能是由于古老的"技工和助手"传统，也可能是由于不良的工作计划。在这两种情况下，维护效率都会有所降低。必须先对材料、设备和工作方法进行标准化，然后才能计划、调度或度量维护工作。确定机组人数时通常考虑以下因素：个体在处理设备和材料方面的物理限制；个体在特定工作上的安全考虑（在不允许工人独自工作的区域可能需要备用人员）；工作的紧迫性。团队的人数必须根据上述考虑，通过工作研究确定。如果基于已有类似工作并参考经常使用的设备的操作方法，能够有利于团队人数的研究。

为了促进对计划和工作度量的管控，设备记录必须包含机器和零件规格编号、故障记录、维护历史、最大和最小的备件记录。

机器和零件规格编号对于计划功能和工作度量功能必不可少。有了这些信息，可以在工作开始之前就将适当的零件准备就绪，最大限度地减少安排维护工作的时间和非生产时间。

必须分析故障历史记录以确定重复性工作，进而对重复性工作进行分析，以确定是否由于设计不当或安装不当造成故障。如果这两者都不是原因，则必须从使用的角度分析每种故障，以查看是否有可能消除或减少每种故障的再次发生。如果无法做到这一点，则可能需要安排一定的时间实施维护措施，并制订工作度量标准。计划和安排维护时可将工作度量的工作标准应用其中。

当需要维修设备零件时，最经济的方法是按工作批次处理，而不是一次处理一个或两个零件。可以计划长时间进行这项工作，通常是两个人一天的工作。批次处理可以摊薄工作准备和设置成本，可以安排最高效的工作人员，从而不会出现处理一两个零件时遇到的延迟和干扰问题。

在分析零件需求之后，需要安排零件的保障分布。例如，一部分零件必须正常使用；一部分在备件库存中，随时可用；一部分可能正在工厂中被加工，或者在工厂方便时预定被加工。这种为零件维修建立的重复性工作的方法将有效降低设备维护成本。

9.7 关键绩效指标

最佳实践是做某事将会达到最优的结果或性能的方法。因此，关键绩效指标（Key Performance Indicators，KPI）的最佳实践必须适用于组织机构制订的持续有效的绩效衡量的过程。如果将这个过程作为一个系统集成到整个组织中，则该过程对组织而言是有益的。因此，有效的 KPI 必须来自形式正规的绩效衡量系统（Performance Measurement System，PMS）。

绩效衡量是评价组织和个人如何实现目标的过程。它涵盖了各个级别，包括个人、团队、流程、部门和整个组织，以期针对组织目标持续改进绩效。绩效衡量是实现此目标的系统性方法。这是一个集成了组织内各个级别的绩效评估，并针对组织目标持续改进绩效的系统。其核心就是要建立绩效衡量标准，即表明组织目标实现情况的量化指标。关键绩效指标就是业务中至关重要的绩效指标。

将绩效考核的使用与知识型组织联系起来是一个好主意。在竞争激烈的商业环境中，企业必须在管理中拥有丰富的信息，并以知识为导向。绩效衡量成为高级管理人员是否有效工作的关键因素。高级管理人员通常掌管业务的多个方面并且始终处于工作状态，因此每天仅有时间监控基本指标，那么一套好的关键绩效指标是非常必要的。

图 9-6 说明了知识型组织的关键组成部分。如果涉及如何实现最佳管理实践，那么组织需要一个模型——组织卓越模型。在这个模型中有关键绩效指标的绩效记分卡。一系列关键绩效指标必须考虑企业的三个重要方面：生产率、全面质量和竞争力，至少应该以三个指标为一组来监控这三个方面。

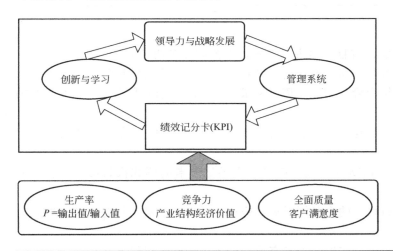

图 9-6　组织模型

生产率用于监视企业在资源利用方面的绩效以创造价值。竞争环境要求企业专注于有效利用其输入资源，同时不断为其输出创造新的附加值。在质量方面，企业必须不断提高自身产品质量才能满足客户不断变化的需求，生产率和质量方面的努力都可以补充企业的竞争能力，竞争力是企业长期保持对客户和股东的吸引力的能力。

一个竞争激烈的市场，意味着企业必须表现出色并保持这种表现。监控绩效的关键指标必须建立在组织卓越模型的基础上。图 9-7 说明了组织卓越模型。即使拥有 ISO9001 模式之类的质量管理体系（QMS），仍不足以开发最佳实践 KPI，因为质量管理体系仅限于获得客户满意度——质量方面。组织卓越模型是用于开发一组最佳实践 KPI 的整体模型，因为该模型着眼于这三个方面的全部内容。

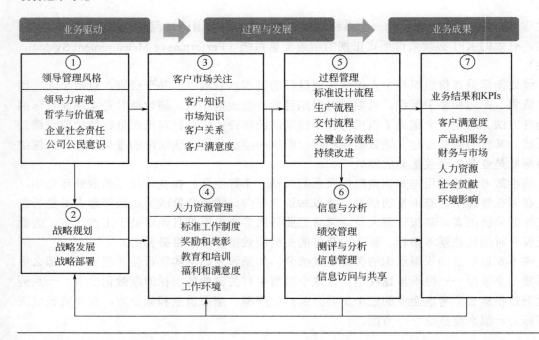

图 9-7　组织卓越模型

创建 KPI 不是问题，关键是有目的地进行考核。考核需要包括以下几项。

- 计划、控制和评估。有效、高效的计划、控制或评估对于系统的运行至关重要。
- 管理转变。考核必须符合管理初衷，可以要求垂直（跨级别）和水平（跨职能）的集成措施。
- 沟通。减少情绪化，增加建设性问题的解决方法，增加影响力，加快监控进度并提供反馈和强化执行。
- 改进。进行考核的原因是支持改进，最终以提供记分卡的形式报告改进工作的效果。
- 资源分配。帮助组织将稀缺的资源用于最具吸引力的改进活动，这是直接采取行动的动力。
- 动机。如果为个人提供可以实现的和具有挑战性的目标，则可以提高绩效。
- 长期关注。适当的绩效考核可以确保管理者采取长远的观点。

最佳实践 KPI 已经走了很长一段路。近年来，绩效评估的重点已经改变。图 9-8 总结了最佳实践 KPI 中发生的主要变化。在竞争激烈、复杂的业务环境中，这些都是管理思想的重要转变。

三种不同的模型可用于创建最适合实践的 KPI。第一种模型是严格分层的（垂直的），其特征在于不同级别上的成本和非成本绩效，最终成为财务指标，从而将生产率与 ROI（投资回报率）联系起来。第二种模型是平衡计分卡，其中几个独立的绩效被单独考虑，这些绩效对应于不同的分析角度（财务、内部业务流程、客户以及学习和成长）。这些分析角度基本上保持独立，并且仅以初级的方式进行了连接——从运营指标到财务指标，见图 9-9 和图 9-10。

图 9-8　改变绩效考核重点

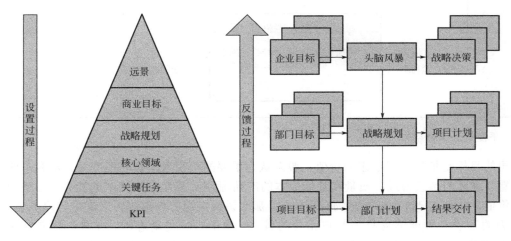

图 9-9　层次模型

任何业务运营都必须产生经济结果，这是组织卓越模型中的组成部分。结果必须能够反映业务目标的达成情况，并使组织持续接近其愿景。即必须有一套与任务、目标、愿景和战略相关的整体综合措施。平衡记分卡（Balanced Score Card，BSC）是实现此目的的有用构架。BSC 考察了业务的四个方面：财务、客户、内部业务流程、学习与成长。通过将这四个方面与愿景、目标和战略相结合，可创建行进路标，使其朝着卓越的道路迈进。这也意味着 BSC 能够将非财务指标与财务指标相结合，并能够将落后指标和领先指标都纳入其中。BSC 还显示出以下显而易见特征：简单易懂；有视觉冲击力，着力于改善；所有人都看得到；提供及时准确的反馈；与具体的、可扩展但可实现的目标有关；以用户独自或与他人合作影响或控制的数量为基础；封闭管理循环的一部分；以明确定义的公式和数据源为基础；尽可能使用在过程中自动收集的数据。

BSC 不仅是绩效指标，而且具有将绩效指标与企业战略意图联系起来的能力。在图 9-10 中，阐明了四个方面的关系，箭头代表战略联系，每个方面将至少需要一项关键绩效指标来监控和控制业务。适当执行策略的过程将把结果传递到 KPI，KPI 将为业务的战略和管理审查提供有用和关键的支持。这对业务的战略监控和管理控制有益。

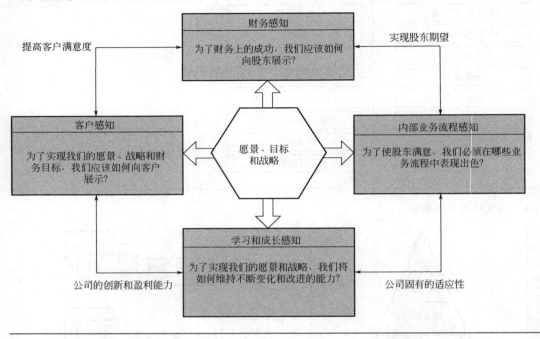

图 9-10　平衡记分卡模型

　　公司的目标是增加公司股东的价值，股东认为重要的是收入增长和生产力。从客户的角度来看，重要的是获得最高质量和最低成本的产品/服务，满足客户需求的能力，会增加股东的价值。如果客户认为结果是物有所值的，那么说明组织有内部能力来满足客户要求，内部能力的发展必须能够支持与客户相关的策略。由于市场是动态的，公司必须能够保持其应对未来挑战和增长的能力。开发新的内部能力的策略对于企业的持续生存是必要的。

　　第三种模型与价值链相关，考虑客户与供应商的内部和外部关系。如图 9-11 所示，许多在竞争激烈的环境中生存的企业，例如消费类企业，必须在整个价值链上开展工作，以确保其产品始终在正确的时间和正确的地点以正确的价格提供给消费者。质量是标准，但不再是竞争因素。

　　价值链模型包括以下实施级别：战略制订和目标部署（高级管理）；关键结果区域，将确保组织获得成功的竞争绩效；关键绩效指标，用于根据关键成功因素定量评估绩效；过程管控，包括输入、过程和输出的衡量，供应商的输出构成了下一个客户的输入，仅需要定义过程和输出，另外还要监控过程的活动并激励流程中的人员；输出测量，报告过程的结果，并用于控制资源；绩效管理，面向数据的方法，用于持续管理工作人员；绩效考核，组织建立考核单个员工的行为和成就的过程。

　　设计 KPI 的关键是将其与组织环境相匹配，应考虑：
- 从策略发展而来的，并与特定的目标相关；
- 是明确定义的并且易于理解；
- 及时准确的反馈；

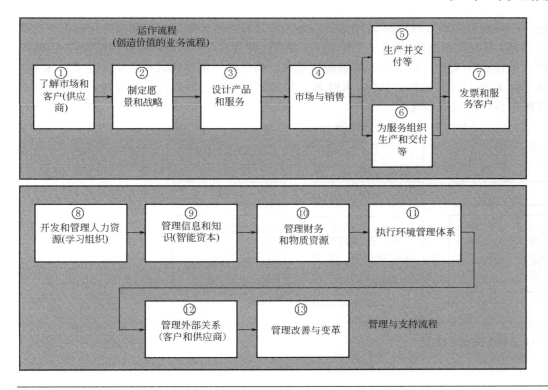

图 9-11 价值链模型

- 提供快速反馈,并且是封闭管理循环的一部分;
- 可以由用户单独或与他人合作来影响或控制;
- 有相关性并有明确的目的;
- 有明确定义的公式和数据源。

KPI 应提供准确的信息,即要考核的内容是准确的。

- 标题。好的标题能使考核内容及重要性一目了然。
- 目的。必须制订该考核的基本原则。
- 相关性。应该制订与考核相关的业务目标。
- 目标。评估绩效水平所必需的。
- 方式。考核绩效的方式会影响员工行为方式。
- 考核频率。这取决于考核的重要性和可用数据量。
- 考核统计员。应确定收集和报告数据的人员。
- 数据来源。如果需要按时间回溯,那么一致的数据源至关重要。
- 考核负责人。单点责任制至关重要,一个人应该拥有每个 KPI 的所有权。
- 考核操作员。应确定操作员或职能。
- 考核结果运用。除非管理循环是封闭的,否则考核是毫无意义的。
- 注释和评论。为确保清晰,需要使用限定词或说明。

KPI 的最佳实践应规范到组织模型中,这涉及三个关键特性——规范化、整合和应用(图 9-12)。规范化处理考核什么和如何考核的问题。同时,由于绩效考核不是一个孤立的系统，因此最佳实践 KPI 必须通过业务各个领域之间的整合来开发，并在整个组织中部署业务目标。最佳实践 KPI 必须与会计系统、运营（计划和控制）系统以及战略规划相集成。因此，最佳实践 KPI 在特定组织的情况下是唯一的。虽不能复制其他组织最佳实践 KPI，但可了解 KPI 的开发过程。另外，KPI 的应用基本上有两个原因：与竞争对手进行比较；检查组织目标的实现情况。

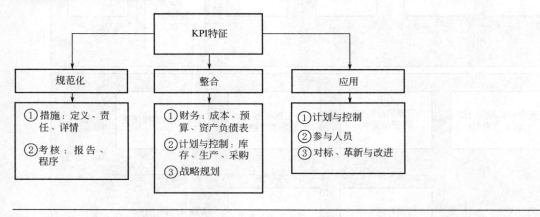

图 9-12 最佳实践 KPI

第10章
维护工程师的工具

维护工程师的主要职责是识别和分析设备的故障、设备的运行状态与最佳性能的偏差。这种职责要求工程师能够使用一些工具或方法来有效地确定设备的潜在失效模式，以确定问题的根本原因。

10.1　简化的失效模式和影响分析

失效模式和影响分析是一种工程技术，在产品和服务到达客户之前，用于定义、识别和消除已知和潜在的问题和错误。多年来，失效模式和影响分析（Failure Mode and Effects Analysis，FMEA）已在设备资产管理得到广泛应用。例如，FMEA成为航空航天和国防工业中飞行载具系统设计的一种正式技术，最早被用于NASA的阿波罗任务，也出现在美军军用设备系列标准 MIL_STD_1629 中。随后在20世纪70年代后期外延到汽车行业，被汽车制造商在产品开发设计中用以应对低可靠性问题。1985年被国际电化学学会采用，并于1991年被发布在英标 BS 5760 中。FMEA现已应用于多种行业，如核电、环境、软件、半导体加工、分布式设计、医疗保健等。

FMEA虽始于航空航天和汽车行业，但现已在医疗保健等各个领域得到应用。由于患者安全是医疗保健的重中之重，因此该技术在医疗保健中得到尤其广泛的应用。医疗设备和医疗服务（例如药物输送）增加FMEA，以了解设计与服务中未考虑的风险。FMEA允许一组专业人员在产品设计或医疗服务的关键点进行审查，并在失效之前就对产品或过程的设计开发进行评估和整改。某些发达国家已将FMEA确定为药品和医疗器械设计的验证方法。医院还使用FMEA来防止治疗操作过程错误和手术或药物管理错误的可能性，现在已成为某些发达国家医院持续改进计划不可或缺的一部分。

FMEA 的基本思想隐含在旨在最小化风险的工作过程中。例如，在产品设计或过程开发中，常提出以下问题："可能出现什么问题？""这些问题发生的可能性和严重程度如何？""如何预防这些问题？"由此可见，FMEA 主要是在使用新的产品或过程之前，为预防失效而对潜在失效模式进行系统性分析所执行的一种预防性措施。工程师们需要在产品设计和过程分析中确定是否存在潜在失效模式，而 FMEA 使其沟通标准化并建立了一种可在公司内部和公司之间使用的通用范式。

使用 FMEA 产生的优势包括：
- 通过提高安全性和可靠性，在问题到达客户之前，减轻问题负面影响，提高客户满意度；
- 通过在设计阶段而不是在开发阶段解决可靠性和制造问题，节省时间和提高成本效率；
- 使相关人员明确潜在风险点，及早确定各项预案和处理优先级；
- 减少可能导致人员伤害和环境不利影响的事故概率；
- 优化设置维护任务，提高运营维护效果。

FMEA 是一种包含下述活动的系统性方法：
① 识别潜在失效，包括其原因和影响；
② 评估已识别的失效模式，并确定风险等级；
③ 建议可降低潜在故障发生可能性的措施。

理想情况下，FMEA 在产品或工艺的设计或开发阶段进行。此外，对现有产品和工艺，

FMEA 也会带来益处，有利于制订有效的维护工作任务。风险等级标识或描述组件或功能的相对复杂性的级别。级别既可用于较复杂的系统，也可用于较简单的部分。利用产品或工艺的数据和知识，可用以下三个因素对各类失效的风险等级进行评估：

① 严重性，失效发生的后果；
② 可能性，失效发生的概率；
③ 检出率，在失效造成影响之前，失效的检出概率。

将以上三个因素相乘，即得到风险等级，反映出特定失效模式的处理优先级。

简化的失效模式及影响分析（Simplified Failure Modes and Effects Analysis，SFMEA）是一种简化版的常用 FMEA 方法，已广泛应用于工业中。主动识别和消除造成不合格的根本原因，是应对质量性能问题的一种常见做法。然而，更高明的做法是领先于那些潜在问题成型之前，通过设计开发降低乃至消除其发生的可能性。

典型的 SFMEA 流程遵循以下主要步骤。

① 选择一个潜在风险点。
② 组建 FMEA 团队，包括具有各种工作职责和相关经验水平的人员，从而带来各种观点和经验。
③ 集体讨论潜在的失效模式。
④ 确定失效模式的根本原因。
⑤ 列出每种失效模式的可能影响。
⑥ 为每种失效确定严重性、可能性和检出率。
⑦ 计算每种失效所对应的风险等级。
⑧ 采取措施消除或减少重要失效模式的风险等级。
⑨ 重新计算风险等级，以监视重新改进的设计开发产品或过程。

使用此方法时，首先要查看系统中的每个组件，然后分析它们如何发生失效。接下来，确定每种失效模式的影响以及对系统功能破坏的严重性。然后，确定发生失效的可能性、检出故障的可能性。使用下式计算风险优先级数字（Risk Priority Number，RPN）：

$$RPN=严重度×发生率×检出率$$

下一阶段是考虑采取纠正措施，这些措施可以降低失效破坏的严重度及发生率，也可提高检出率。通常，从分析较高的 RPN 值（表示最严重的问题）开始，然后继续深入研究。确定纠正措施后，将重新计算 RPN，目的是使 RPN 达到最低值。SFMEA（表 10-1）是工厂的认证人员（例如维护工程师、工艺师和操作员）识别出制造、系统运行、相关组件中常见失效模式的过程。其中一列是定义当前用于监控特定故障状态的特定维护或系统监视的方法。对于每个非正常运行模式，应在相应的列中定义特定的操作方法。

SFMEA 评估的三个标准：①失效的严重程度或对设备运行能力的影响，设备的运行能力应达到满足交付要求所需的容量或吞吐量；②根据设备的运行历史或行业统计数据，评估特定失效模式发生的可能性；③当前维护方法在特定失效模式发生之前将其检测到的可能性。对于每种潜在的失效模式，应确定其预期产生的影响，特别是对设备完成任务能力影响的严重程度。通常，严重性取决于失效对生产能力、产品质量或总运营成本的影响，但也可能包括安全或环境影响。相对严重性或影响按照表 10-2 的 1~10 个等级进行排名。在确定所有潜在失效模式之后，对每种失效模式进行评估，以尽量确定可能引发特定失效模式的原因。例如，全部功能丧失可能是由于动力丧失、机械约束力丧失或其他原因引起的。

表 10-1 SFMEA 表格

简化失效模式及影响分析					严重度	失效原因	发生率	电流控制	检出率	RPN	改善措施	新 RPN
过程	资产	组成	失效模式	失效影响								
香烟生产	S-3	封隔器	完全失效	完全丧失生产能力	10	丧失AC动力	10	无	10	100	无	

表 10-2 严重度

影响	影响的严重性	排行
危险-无警告	影响安全操作和/或涉及违反法规而没有警告时，严重性等级很高	10
危险-有警告	影响安全操作和/或涉及违反法规而带有警告时，严重性等级很高	9
很高	产品/过程无法操作，失去了主要功能	8
高	产品/过程可操作，但性能降低	7
中等	产品/过程可操作，但可能导致返工/维修和/或设备损坏	6
低	产品/过程可操作，但可能会对相关操作造成一些不便	5
非常低	产品/过程可操作，但具有可注意到的缺陷	4
次要	产品/过程可操作，但存在明显的缺陷	3
很小	产品/过程可操作，但不符合公司政策	2
没有	没有影响	1

下一步是确定每种失效发生的可能性。确定方法是根据行业或设备特定历史记录中的已知失效进行对比分析。每个失效发生的概率按照表 10-3 的 1～10 个等级进行排名。

再一步是用监控系统及组件，在可能发生失效或严重损坏之前，确定是否能检测到相关失效。每个失效的检出概率按照表 10-4 的 1～10 个等级进行排名。

在计算得出 RPN 后，最后一步是通过改进维护或监控方法来评估降低 RPN 计算值的潜在可能性。例如，可以使用维护技术进行失效模式的早期检测，如失调、异常负载等。

SFMEA 除了作为根本原因分析的一部分，还可用于建立或增强预防性和预测性维护程序。由经验丰富并可靠的工程师、操作员和维护技术人员组成的运维小组，可使用 SFMEA 确定大多数可能发生的失效模式和故障状态，然后使用此信息来制订特定的预防性或预测性维护作业，将消除或减少这些问题出现的可能性。

表 10-3 发生率

影响	失效可能性	可能的失效率	排行
很高	几乎是不可避免的	≥1/2	10
		≥1/3	9
高	反复	≥1/8	8
		≥1/20	7
中度	偶发	≥1/80	6
		≥1/400	5
		≥1/2000	4
低	相对较少	≥1/15000	3
		≥1/150000	2
很小	可能性不大	≤1/1500000	1

表 10-4 检出率

检测	通过检测发现的可能性	排行
极不确定	不会和/或无法检测到潜在的原因/机制以及随后的失效模式	10
极小	极少发现潜在的原因/机制以及随后的失效模式	9
很小	很少有机会检测到潜在的原因/机制以及随后的失效模式	8
很低	很难发现潜在的原因/机制以及随后的失效模式	7
低	不太可能检测到潜在的原因/机制以及随后的失效模式	6
中等	有机会发现潜在的原因/机制以及随后的失效模式	5
中等偏高	较有可能检测到潜在的原因/机制以及随后的失效模式	4
高	很有可能检测到潜在的原因/机制以及随后的失效模式	3
很高	极有可能检测到潜在的原因/机制以及随后的失效模式	2
几乎确定	几乎可以肯定检测出潜在的原因/机制以及随后的失效模式	1

记录 FMEA 过程的一种典型方法是使用类似于表 10-5 所示的表。值得注意的是，使用风险等级确定失效模式的优先级有其局限性：尽管风险影响可能完全不同，但不同的严重度、发生率和检出率可能会产生相同的风险等级；在风险等级计算中，严重度、发生率和检出率占有相同的权重。

表 10-5 FMEA 文件

风险影响	项目 1	项目 2	...	项目 n
潜在失效模式				
失效原因				
失效模式的潜在影响				

续表

风险影响		项目1	项目2	…	项目n
严重度					
发生率					
当前的检测系统					
检出率					
风险等级					
改进	推荐办法				
	严重度				
	发生率				
	检出率				
	风险等级				

  简化的失效模式、影响和严重性分析（Simplified Failure Modes, Effects and Criticality Analysis, SFMECA）与SFMEA类似，广泛用于军事、航空航天和医疗设备领域，用于设计分析和过程可靠性分析。

  可靠性框图（Reliability Block Diagram, RBD）可以准确地对复杂系统进行建模。使用RBD可以轻松地对冗余系统或过程进行建模。各个块可用于表示单个组件、子系统或任何可能导致失效的事件。这些模块以图形方式连接在一起以表示系统，然后使用特殊算法进行分析，如系统仿真。

  可靠性预测为可靠性分析奠定了基础，用于预测故障率或平均故障间隔时间（Mean Time Between Failures, MTBF）。MTBF通常用小时表示。例如，如果系统的平均MTBF预计为1000h，则这意味着平均而言，系统在1000h的运行中会遇到一次故障。

  使用公认的标准对组件的故障率建模，可以分析系统并预测故障率或MTBF，确保系统预测的平均故障间隔时间在可接受的范围内。如果预测分析显示较低的MTBF，则意味着系统会更频繁地发生故障，并且可能需要采取措施进行改进。通过对设计进行更改（例如降低温度或应力水平），预测的MTBF可能会改善，并且产品的可靠性可能会更高。

  可靠性预测可以在设计的任何阶段进行。在早期设计阶段，可靠性预测可能更多的是粗略的估计，但是随着设计变得更加稳定，可以对其进行完善。即使产品投入现场使用，可靠性预测也可以参考实际的现场数据，以进行更准确的预测。

  生命周期成本分析涉及评估产品或系统在整个生命周期内的总成本。生命周期成本将考虑开发或收购设备的成本、运行、运营和维护的成本以及处置成本。由于生命周期成本通常会受到可靠性问题（例如故障频率和维护时间）的显著影响，因此通常将其包含在可靠性工程功能分析中。

  可靠性、可用性、可维护性分析是一种全面的方法，可以从系统或最高角度识别失效模式，预测MTBF。所有机电系统都需要进行维护，以保持有效的工作状态。维护可防止突发的停机及使用中断。但实际上不可能防止所有可能突发的运行中断。系统或生产快速恢复工作状态及所需的时间间隔是可靠性工程的主要考虑因素。

10.2　故障树分析

故障树分析是一种可靠和安全的系统分析方法，为分析系统设计、证明系统变更合理性、进行权衡研究、分析常见故障模式、证明符合安全和环境要求提供了客观基础。与简化失效模式和影响分析的不同之处在于，它识别出的系统元素和事件，最多只能导致一个特定不良事件。图 10-1 显示了执行故障树分析所涉及的步骤。

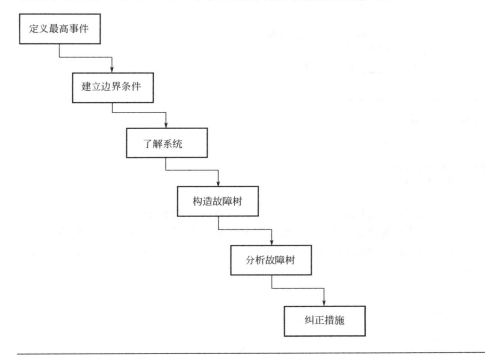

图 10-1　典型故障树进程

故障树分析是一种详细的演绎分析，通常需要关于系统的大量信息，识别和控制系统的所有关键方面。此方法以图形方式表示与特定系统故障（称为最高事件）和基本故障或原因（称为主要事件）相关的布尔逻辑。最高事件可能是广泛的、全面的系统故障，也可能是特定的组件失效。

故障树分析提供了进行定性和定量可靠性分析的选项，可以深入了解系统行为，通过演绎来理解系统故障，并注明系统中与相关故障有关的重要内容。故障树模型以图形和逻辑方式表示系统中可能发生事件的各种组合，这些组合导致了最高事件的发生。术语"事件"表示在系统元素中发生状态的动态变化，其中包括硬件、软件、人为因素和环境因素。故障事件是系统的异常状态，期望系统发生的是正常事件。树的结构如图 10-2 所示。不希望的事件显示为"最高事件"，通过事件语句和逻辑门与更多基本故障事件相连接。

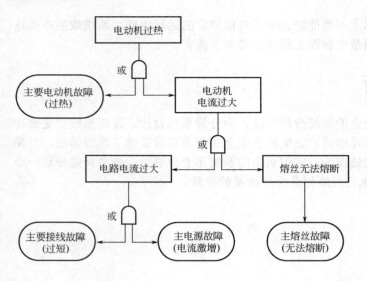

图 10-2 故障树逻辑图示例

10.3 因果分析

因果分析（Ishikawa 图）是故障分析的图形方法，也称鱼骨分析，这是从鱼形图案衍生而来的名称，用于绘制促进特定事件发生的各种因素之间的关系。通常，鱼骨分析绘制四类潜在起因（即人、机器、材料和方法），但也包括其他类别的组合。图 10-3 所示为一个典型因果分析。

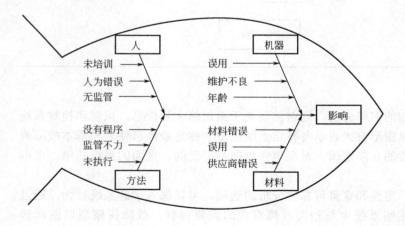

图 10-3 典型因果分析

像大多数故障分析方法一样，此方法依赖于对导致特定事件（例如机器故障）的操作或更改进行逻辑评估。这种方法与其他方法之间的唯一区别是，使用鱼骨分析来绘制特定操作、更改、最终结果或事件之间的因果关系。

这种方法有一个严重的局限性：鱼骨分析没有提供清晰的导致故障的事件序列，而是显示所有可能导致故障的原因。尽管这也有用，但它不会单独列出导致故障的特殊因素。其他方法提供单独列出特定更改、遗漏或操作的方法，这些特定更改、遗漏或操作会导致故障、泄漏、事故或其他需要被调查的问题。

10.4 事件顺序分析

事件顺序分析可能是评估问题或故障的最有效方法，并且可以及时解决问题。它从观察到问题或故障的确切时间开始分析，并系统性地识别在该时间之前和之后发生的所有更改。这种分析方法是假设一个或多个更改导致了观察到的问题或故障。事件顺序图应该是动态的记录，在报告问题后立即生成该记录，并不断对其进行修改，直到事件被完全解决为止。图 10-4 所示为典型事件顺序分析。

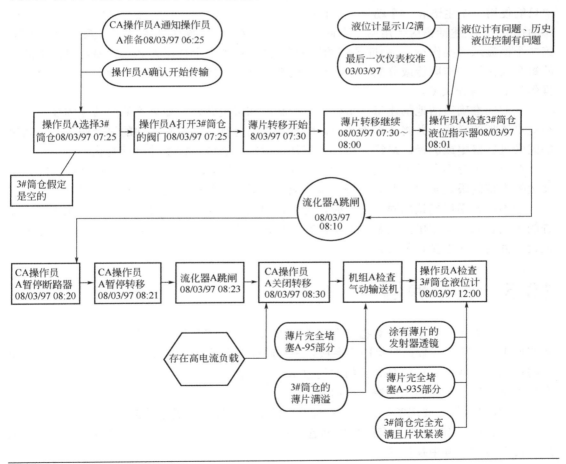

图 10-4　典型事件顺序分析

正确使用此图形工具可以大幅提高解决问题的效率和评估的准确性。为了从该技术中获得最大收益，在绘制图表时要保持一致性和彻底性。生成事件顺序图时，应考虑以下准则：使用逻辑顺序、以主动术语而非被动术语描述事件、要精确、定义或限定每个事件。

在图10-4所示的示例中，流化器的反复跳闸导致薄片从CA部门转移到准备区域并触发了调查。该图显示了导致首次和第二次流化器跳闸的每个事件。最后一个事件（筒仓检查）表明问题的根本原因是液位监控系统故障。由于此故障，筒仓被操作员A填满了。发生这种情况时，薄片会在筒仓中压实，并在气动输送系统中进一步压缩，形成阻塞，堵塞了气动输送机管道，这导致延长了在拆除堵塞时的生产中断时间。

从序列的开始到结束，需要以逻辑顺序显示事件。最初，事件顺序图应包括所有相关事件，也包括那些无法确认的事件。随着调查的进行，应该对其进行完善，仅显示那些与该事件有关的事件。

事件顺序图中的事件框内应包含具体操作步骤，而不只是被动地描述问题。例如，事件应显示为"操作员A按下泵启动按钮"而不是"启动了错误的泵"。通常，每个事件框中只能使用一个主语和一个动词。事件框的错误格式："操作员A按下泵停止按钮并验证阀的排列"。上述话语应使用两个事件框，第一个框显示"操作员A按下了泵停止按钮"，第二个框显示"操作员A验证了阀的排列"。禁止在图表上使用人名，需要对事件中涉及的每个人使用工作职能或分配一个代码来代替。例如，应将三个操作员指定为操作员A、操作员B和操作员C。

我们应准确简洁地描述每个事件、运行状态和限定条件。如果不能简洁地描述，则必须提供清晰的说明，并将其作为注释。随着调查的进行，必须对事件的每个假设和未确定的因素进行确定或解释。最终，将每个事件、运行状态或限定条件进行简化。

在事件顺序分析图中应包括准确提供确定事件或强制运行模式所需的已确认的背景及数据支持的限定条件。例如，每个事件应包括固定时间框架的日期和时间限定。

当不能使用已确认的限定条件时，可以使用假设来定义可能对事件或运行状态有所促进的未确认或未识别出的因素。但是，在调查过程中应尽量消除与事件顺序分析图相关的假设，并用已知事实代替假设。

10.5 五个原因

五个原因是一种不涉及数据细分、假设检验、回归或其他高级统计工具的技术，在许多情况下，无需进行数据收集即可完成任务。通过至少反复问五次"为什么"，可以梳理出一些征兆，这些征兆可能是导致问题的根本原因。例如，假设收到了大量客户针对特定产品的退货，用五个原因来解决这个问题。

① 客户为什么要退货？回答：90%的反馈是针对控制面板中的凹痕。
② 为什么控制面板上有凹痕？回答：在运输过程中会打开包装，检查控制面板。因此，是在运输过程中损坏的。
③ 为什么它们在运输中损坏？回答：因为它们的包装不符合包装规格要求。
④ 为什么没有按照包装规格要求进行包装？回答：因为运输过程中不检查包装规格。
⑤ 为什么运输过程不检查包装规格？回答：因为这不是正常产品发布流程的一部分，

所以运输过程不检查包装规格。

在本案例中使用五个原因说明了产品发布过程中的缺陷导致了客户退货。

10.6 统计分析工具

维护工程师需要依靠一系列统计分析工具,将大量原始数据转换为关于提高性能和防止故障的知识,并学习这些知识来提升自身的能力。这些工具主要包括以下几种。

10.6.1 帕累托分析

众所周知,我们不可能总能应对所有的问题,不可能总按时完成所有资金项目,不可能总按时完成所有必要任务,不可能总能获得所有可解决问题的资源。因为这就是现实,所以利用帕累托原理来应对这些挑战变得更加重要。面临的挑战不是解决尽可能多的问题,而是如何利用有限的资源(时间)及在解决问题上花费的任何资源(时间)都能获得最大的回报。用帕累托分析问题,可以得到关于如何优先考虑时间和资源以获得最大回报的明确方向。帕累托分析可以用于三个不同的目的。

① 确定问题所花费时间和资源的合理性。

② 问题澄清,即进一步确定问题的性质,以指引解决问题的操作。

③ 客观地记录或测试以查看改进工作是否有效。

质量控制的七个基本工具包括直方图、帕累托图、检查表、控制图、因果图、流程图和散点图。帕累托图以意大利经济学家 Vilfredo Pareto 命名。他指出,意大利80%的收入流向了20%的人口。帕累托原理说明了一个事实,即80%的问题源于20%的原因。帕累托图是由一系列条形组成的柱状图,其高度反映了问题或原因的发生频率,如图10-5所示。柱以高度从左到右降序排列。这意味着左边的柱代表的因素比右边的重要,有助于将重要事务从琐碎事物中挑选出来,以便把资源和精力集中在可以获取最大回报的地方。帕累托图对于各类各级改进工作都是极为有用的工具,可在早期先用它来梳理存在问题,进而缩小范围,从而找出导致该问题的主要原因。构建帕累托图的步骤如下。

① 记录原始数据。列出每个类别及关联的频率。

② 数据排序。将频率最高的类别放在第一位,以此类推。

③ 标记左侧的垂直轴。确保标签以相等的间隔从 0 到等于或稍大于各类计数总数的整数。

④ 标记水平轴。使所有条的宽度相同,并从最大到最小标记类别。

⑤ 将每个类别纳入柱状图绘制。柱高应等于相应类别的频率,并且其宽度应相同。

⑥ 计算累积数。各类别的累积计数是该类别的计数加上该类别之前的所有较大类别的计数。

⑦ 添加累积线。将右轴标记为0~100%,然后将100%与总计在左轴上对齐。用虚线连接所有累积点。

⑧ 分析图表。可借助图形斜率的明显变化,在图上查找并确定将重要的少数事务与琐碎的多数事务分开的断点。

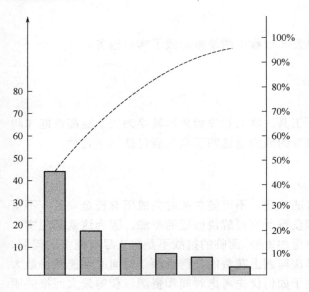

图 10-5　帕累托图

例 10-1：表 10-6 中给出的数据表示由于 17 个不同部件的故障而导致的复印机故障，列出了部件及故障频率。如果生成帕累托图，绘出累积失效比例的曲线会发现没有一种主要的失效模式，甚至也没有几个占了大多数故障的原因。前五名只占失效总数的 49%。结论是需要对许多项目进行重大改进，降低服务成本。

表 10-6　复印机元件故障的频率分布

失效部件	清洁网络	过滤器	前辊	滚筒叶片	导头	清洁叶片	滤尘器	鼓爪	存储器	臭氧过滤	定影辊	上辊	时间块	充电线	低辊	光学镜头	驱动齿轮
频率/%	15	6	11	2	8	7	6	5	6	8	5	2	6	2	3	3

10.6.2　80/20 规则

80/20 规则：分析一个问题后发现，少数关键原因通常占问题起因的大部分（或 80%），而大量其他原因仅占问题起因的很小一部分（或 20%）。例如，80% 的废品是由 20% 的潜在原因造成的，80% 的仪器故障是由 20% 的潜在原因引起的。

例 10-2：机器停车后，可用帕累托分析方法检查设备性能。首先，查看有关机器的停车次数（图 10-6）。然后，检查 86# 机器相关参数（图 10-7）。

10.6.3　因果图

因果图用于识别、分类和显示特定问题或质量特征的可能原因，以图形方式说明给定结果与影响结果的所有因素之间的关系。这种图类似于鱼的骨架，也称鱼骨图。因果图有助于识别和整理出诸如设备故障之类的问题原因。该图的结构提供了一种非常系统的思考特定问题原因的方法，其优势包括：

第 10 章　维护工程师的工具

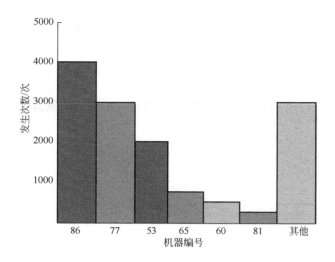

图 10-6　机器故障统计

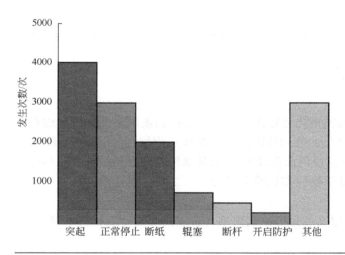

图 10-7　故障类型统计

- 使用结构化方法确定问题的根本原因；
- 使用有序且易于阅读的格式来绘制因果关系；
- 促进更多地了解工作中的因素以及它们与问题的关系，来增加对过程的了解；
- 确定需要收集数据以供进一步研究的领域；
- 以图形显示方式将原因分类为不同类别，显示其与特定问题或影响的关系。

图 10-8 显示了因果图的基本布局，该图具有原因和结果方面。其构建和分析步骤如下。

① 识别并明确定义要分析的问题或影响。确保所有成员都清楚了解问题或影响。

② 画一个指向右边的水平箭头。在箭头的右边，对要分析的影响或问题进行简短描述。

③ 确定导致问题的主要原因。这是图表主要分支的标签，构成多种类别，在其下列出与这些类别相关的许多原因。一些常用的类别包括方法、材料、机器和人员，政策、程序、人员和工厂，系统外部环境。

④ 对于每个主要分支，确定可能是该类别下影响的特定因素。找出尽可能多的原因或因素，并将其作为主要分支的子分支。

⑤ 梳理更详细的原因级别，并继续在相关原因或类别下再组织。

⑥ 分析图表，确定需要进一步调查的原因。

由于因果图仅识别可能的原因，因此可借助帕累托图来帮助确定首先要关注的原因。

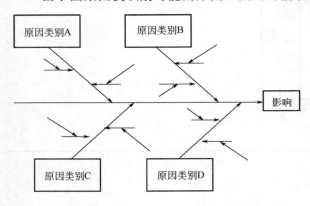

图 10-8　因果图

10.6.4　控制图

控制图（图 10-9）是测量过程的图形化运行图，可以通过控制限制条件来区分由系统元素引起的偶然原因和过程中重大变化的特殊原因。随着统计过程控制（Statistic Process Control，SPC）系统的运行，人员可以使用此在线 SPC 工具来持续监控过程，在适当时采取措施并进行记录。这些操作将有助于确保实施演示过程。

控制图工具的使用方法如下。

① 根据给定的一组当前条件，定义度量的控制限制（可以是实验变量、有效测量值、离线参数等）。

② 遵循"策划—实施—检查—改进"（plan-do-check-act，PDCA）步骤，对过程或产品进行更改。

③ 根据先前设定的控制限制测试过程的输出。

④ 查看更改是否会产生显著影响。

注意要点如下。

① 始终确保收集第一组数据的条件与第二组尽可能接近，除非故意更改了自变量。

② 如果其他"不受控制的"变量可能发生更改，建议在两个时段都对它们进行绘制，以确保"等效"条件。这些有时称为"噪声"变量，这些变量不是实验变量的一部分，但如果不保持不变，则可能会影响因变量。

③ 如果有多个需关注的自变量，并且它们之间可能存在关联，其"相互作用"会对因变量产生影响，则不要使用此技术。

④ 结论的确定性与数据收集的质量（使噪声变量保持恒定）和数量有关。但是，收集数量超过 20 个的数据点将使收益递减。

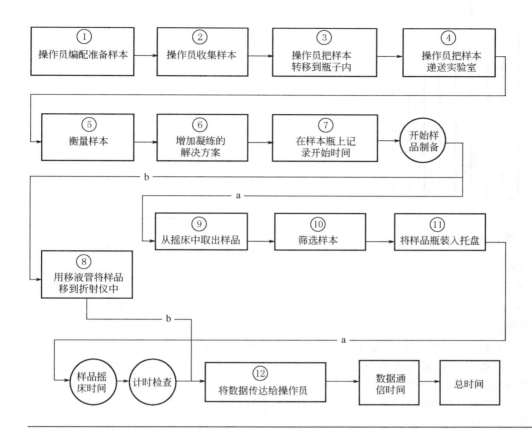

图 10-9　过程控制图示例

10.6.5　直方图

直方图（图 10-10）是最早用来分析数据的工具之一，是以变化量、中心点和柱状的形式汇总有关一组数据信息的图形方法，不仅可以提供有关当前变化和性能水平的良好反应，而且在许多情况下可以揭示导致变化的根本原因。例如，显示多个总体的直方图、偏斜的直方图。为了正确解释直方图，必须正确构造它，需要遵循以下步骤。

① 让水平刻度代表观察到的测量值。
② 垂直标度表示发生频率。
③ 将数据划分为"类"。
④ 浏览数据，将每个数据都合理分类。
⑤ 从频率统计中构建柱形，其宽度应相等且相邻。

读图通常包括以下关注点。

① 最常见的值是什么？
② 分散度有多大？
③ 分布对称吗？

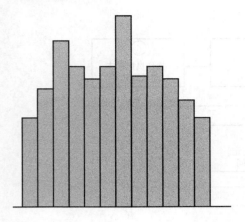

图 10-10　直方图示例

④ 分布是偏斜的，像悬崖一样，像梳子一样，双峰还是平坦？
⑤ 有无数值的区域？为什么？
⑥ 是否应该对数据进行分层（由某些限定符分隔，如按列、按周、按班次等）？

注意要点如下。

① 所有分布都具有三个重要特征，即中心、宽度、高度。

② 在 PDCA 中，使用直方图描述当前情况，了解问题内涵，如直方图未在所需位置居中，分布太宽，图案不规则。

③ 作为说明有效性度量的一种方法：比较"之前"和"之后"数据，说明图案/形状、中心、展开的任何变化。需使用可比较的时间段和样本量。

④ 作为进一步确定可能原因的诊断工具。如图 10-11 所示，这表明问题不是单纯地由中心向外扩散，而是具有多种群特点，以供进一步调查是什么导致了这一特点。

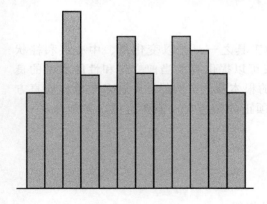

图 10-11　贫化

直方图解释如图 10-12 所示。

直方图可用于评估大量有关生产、过程和可靠性问题，帮助查找原因。图 10-13、图 10-14 是两个示例。

第 10 章 维护工程师的工具

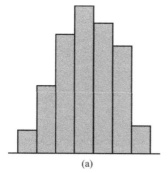

(a)

常态：一种对称的形状，其峰值在数据范围的中间。这是最自然、最常见的形状

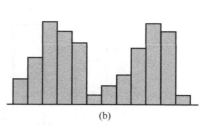

(b)

双模型：中间是一个明显的低谷，两侧各有峰值，这通常表示两个正态分布的组合，并表明两个不同的过程同时在起作用

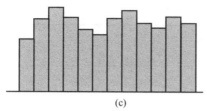

(c)

托盘：一个平顶，两边没有明显的峰和轻微的尾。这表明许多正态分布相结合，中心在整个数据范围内均匀分布

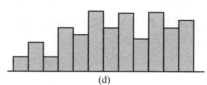

(d)

梳子：高低值通常交替出现。这表明存在分组测量或四舍五入误差

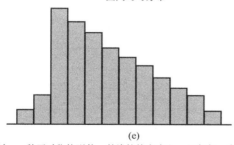

(e)

偏斜：一种不对称的形状，其峰值偏离中心，分布在一边急剧下降，另一边缓慢下降。这种模式通常发生在一侧存在特定的人为约束的情况下。通过计数类数据可以看到此模式

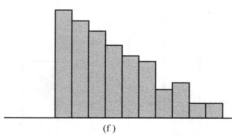

(f)

截断：一种非对称形状，其峰值位于或靠近数据边缘。通常是由于外力(例如筛选)去除了某些数据的结果

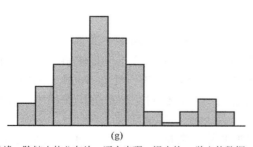

(g)

单峰：除较大的分布外，还会出现一组小的、独立的数据。这通常是由于处理或测量异常产生的

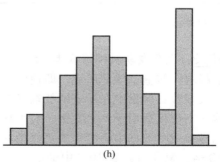

(h)

边缘尖峰：一个较大的峰值被附加到一个正态分布中。当一条正态曲线的延伸尾部被切断并集中到一个单一的类别中时，这种情况经常发生(即超出公差的值刚好出现在范围内)

图 10-12　直方图解释

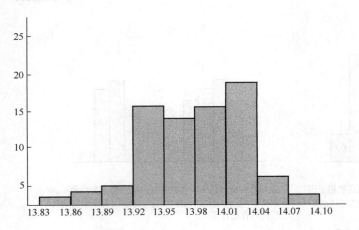

图 10-13　配重带 4~6 处的输出阀流量统计

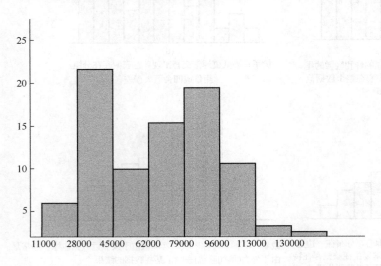

图 10-14　封隔器报废数统计

例10-3：汽车发动机维修成本。维修成本直方图如图 10-15 所示。注意：直方图中存在明显的极端异常值。如前所述，即使没有异常值，维修成本的分布也是倾斜的。直方图还表明，大多数案例集中在量表的低端（低于 500 元），然而，有一个以 5000 元为中心的案例。这一高值仅适用于单个案例，对平均值有显著影响，但对中位数的影响很小，使中位数成为维修成本数据中心趋势的更好指标。

例10-4：复印机。表 10-7 中给出一台复印机的故障数据——清理的 14 次故障间隔。故障间隔时间可以通过服务天数（表第 1 列，时间）和副本数量（表第 2 列，副本）来衡量。图 10-16 给出了清理开始到结束的天数直方图。

图 10-17 给出了复印机系统全部 39 次故障（服务呼叫）的直方图。有一些早期的失效，在 20 天左右出现高点。在大约 40 天的时间里，频率几乎一样高，然后失效的时间越来越少。这种向左倾斜的分布是许多项目的典型故障模式。复印机清理故障 14 次，样本平均故

障间隔时间均值为 115.1 天，中值 97.0 天，平均值远远超过中位数，呈左偏态。清洁网失效的天数范围为 269-26=243，样本标准偏差为 79.2，系统平均值为 41.5，因此预计约 95% 的故障发生在 0 和 95.7（41.5+2×27.1=95.7）之间。事实上，39 次故障中有 36 次（92.3%）在这个范围内。范围之外的是样本中的第一、第三和第四次观察，表明故障率可能正在增加。考虑到相对较小的样本量和频率分布的不均匀性，这相当接近预期的 95%。

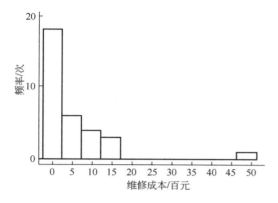

图 10-15　修理成本直方图

表 10-7　故障间隔时间和处理副本数量

时间/天	99	269	166	159	194	100	95	245	56	36	66	69	26	31
副本/个	71927	232996	61981	74494	96189	78102	40795	183726	33423	4315	56497	51296	22231	9413

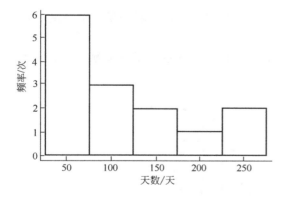

图 10-16　清理开始到结束的天数直方图

10.6.6　散点图

散点图是 X 轴和 Y 轴上的数据对比图，以图形方式说明了两个变量之间的关系，是分析两个变量之间关系的关键工具。使用这种图形技术，可以确定一个变量大概"跟随"另一个变量的程度。但这并不意味着因果关系：两个变量相互关联或彼此跟随，并不一定意味着一个变量正在引起另一个变量的改变。为了确定答案，需要假设检验，并进行实验设计研究，然后进行统计计算并以数字方式确定两个变量之间的相关性。

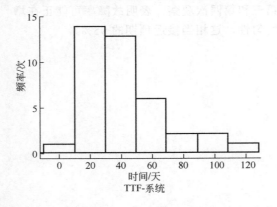

图 10-17　复印机故障天数直方图

在 PDCA 循环中，可以在"执行"和"检查"段中使用散点图。

① 检查几个可疑原因变量，查看它们是否相关或度量相同。

② 检查可疑原因变量（独立变量）与受影响的参数或度量（因变量）之间的关系。如果它们之间没有很强的相关性，则很可能不会更改或影响目标变量。

③ 知道两个变量是否与其他变量的"噪声"相关。

查看散点图时，重点查看点的模式，确定属于哪一种模式。

① 正相关性。如果一个变量上升，另一个变量上升，或者一个变量下降，另一个变量下降，则为正相关（图 10-18）。

② 负（逆）相关性。如果一个变量上升，另一个变量下降，或者如果一个变量下降，另一个变量上升，则为负（逆）相关（图 10-19）。

③ 没有相关性。如果一个变量朝某个方向移动，而另一变量将无法预测会发生什么，则为没有相关性（图 10-20）。

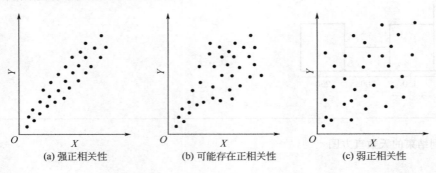

图 10-18　正相关性

第 10 章 维护工程师的工具

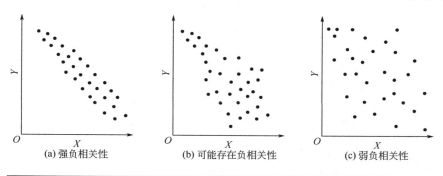

图 10-19 负相关性

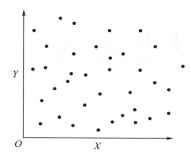

图 10-20 无相关性

第11章
维护工人的等级评估

公平有效地评估维护工人是对工资和薪酬管理人员最具挑战性的工作。维护工人传统上是以工艺为主导，比生产工人有更多的行动自由，需要广泛的培训和经验才能完全合格。维护工人通常寻求保持明显高于大多数生产工作的报酬。如果雇主单位不制订及维持公平的薪资计划，将会在生产、维护或工厂其他特殊部门遭遇激烈的分歧。

11.1 有效薪资计划的好处

企业所获得的长期经济和无形利益来自公平公正的薪资概念、行业内有竞争力的薪资、企业责任的合理深化、适应不断变化组织的能力。

为了实现公平，单位需要制订一项适用于所有工作的评估计划。对生产小组和维护小组进行单独工作评估，这种做法很复杂，易产生混乱和不公平待遇的怀疑。一种基础广泛的薪资方法和有效的工作评估会确保对维护、生产和其他类型工作的相对一致、有效和可靠的衡量。需要一个精心设计的工作评估计划始终持续地衡量每项工作所需的内容、责任和特殊技能。

维护工作具有不同的特性，在一定程度上反映了维护员工的性质：维护工人通常在没有密切监督的情况下工作；他们会对紧急情况做出良好反应而感到自豪；他们寻求制订维护要求，以消除日常维护；个人能力取决于学习新技能的强烈动机；书面交流能力可能是有限的；他们从解决问题中得到个人的满足；在一些维护工作中，人际关系技巧可能很重要。

工作评估计划需要处理这些性质，为以下方面提供有用的信息：制订业绩标准、明确具体目标、制订自我发展计划、提高与雇员和工会人员的沟通、促进工作设计的改变和责任的改变。

11.2 工作评估的一般原则

首先必须确定能成功完成维护工作的基本因素。因素的相对重要性是根据其对工作成果的重要性来确定的。这些因素必须足够具体有效地衡量差异，也要足够广泛去涵盖单位的工作范围。当相对重要性的有效措施被确定时，薪酬也可以被确定。薪酬水平通常来自对公司政策、合同和个人绩效的通盘考虑。

对维护工人实行适当的方案需要：制订和修改现有计划，以确保有效的度量；确保计划与单位中其他工作的度量兼容；对类似工作的单位和行业薪资水平进行调查；根据公司政策、竞争性等制订薪酬曲线；评估所有工作，并确定与规范的差异；分析差异以确定根本原因；制订解决每个差异的具体计划。

11.3 传统因素

工作评估方法包括非量化计划，如"等级排序"或"可比性"类型。非量化计划经不起时间、客观审查以及阐明工作之间的差异的考验。定量计划是客观的，并将主观判断影响降到最低。定量计划结合了点系统和因素比较。在评估工作时所使用的因素是尽可能多，但所有传统因素通常可以在其中找到技能、责任、努力、工作条件。这些因素必须足够完整,以确定各种工作的差异。

多年来实施的一个例子包括知识、经验、判断、手工技能、材料和产品的责任、工具和设备的责任、脑力劳动、体力劳动、周边地区、危害。这项计划的范围很广,足以涵盖一家大型制造厂的所有工作。然而,一些最近确认的因素或专门适用于维护的子因素可能有助于实现对维护工作的更准确的评估。例如:多技术能力、专业生产或加工知识、故障排除的知识和技能、与维护服务用户的联系、施工或制造技能、规划维护工作、采购维护部件和材料、指导或协调承包商的工作、预防性维护建议。

11.4 因素的相对权重

因素的相对权重应与公司经营文化一致。下面对四个被广泛接受的计划所分配的因素权重进行比较,见表11-1。

表 11-1 占总分的百分比 单位:%

因素	A 计划	B 计划	C 计划	D 计划
经验	32.2	52.2	46.3	43.3
责任	14.8	18.1	22.3	23.2
努力	35.1	15.5	12.4	21.2
条件	17.9	14.2	19.0	12.3

分析表明,每个计划都有不同之处,但对"经验"的重视都占主导地位,"责任"紧随其后。这两个因素占了大约70%的权重。最终选定的计划应近似于这些准则,以确保与普遍接受的做法相一致。

11.5 工作评估分析

设计和实施工作评估计划所需的初步工作应留给专业人员。工作需要收集数据、设计系统以满足单位的具体需要。准确评估每一项工作是一项全职任务。外部顾问将提供更加客观的观点,并且避免在内部开发的项目中出现的一些陷阱,尽管工作人员中也有高素质的人。

当一项计划得到充分实施和普遍接受后,经过单位培训的管理人员可以实施定期调整和更改。维护管理人员应具备工作评估知识,并准备对维护工人的工作性质和特点进行适当的分析。对维护工作进行准确分析的方法如下:直接了解和观察正在进行的工作;与在职人员、领班、经理和选定的工作人员进行访谈(表11-2);分析维护程序,以确定保持质量和效率所需的技能、知识或注意力的程度;分析生产过程控制或维护程序,以减少产生昂贵代价的可能性。

一个简短、彻底和准确的职务描述是至关重要的。这是行政管理、人力规划、组织发展、培训和其他人力资源职员的一个有用工具。这项工作很费时,应由一名训练有素的分析人员在初步实施过程中完成。在计划被接受后,按照最初实施中设定的模式,调整和更改职务描述将容易得多。

第 11 章 维护工人的等级评估

表 11-2　维护工作规范及面试指引

（1）职务和部门 注明正式术语
（2）工具 ①表明主要手工和手工操作工具的使用，可添加"和类似或同等工具" ②表明使用的测量工具（如果有的话） ③描述处理、操作或调整的过程设备
（3）监督 ①具体按职称说明谁监督这项工作 ②国家定期安排的指导他人工作的责任，并指明员工指导的人数
（4）教育要求 ①在适用的情况下，学历： a. 要求只执行特定的口头命令 b. 必须会读会写 c. 必须能加减整数 d. 必须能进行小数和分数的加减运算 e. 必须会乘除小数和分数 f. 必须能够转换测量单位，例如，重量、直线脚、公制与英制转换等 g. 必须能够使用百分比和简单的公式 h. 必须能够使用高级数学应用和手册公式 ②在适用的情况下，学历： a. 需要在相当于 2 年高中或专科学校的专业领域或过程中的知识 b. 需要在相当于 4 年高中或专科学校的专业领域或过程中的知识 c. 处理复杂和涉及的工程问题所需的基本技术知识的能力
（5）所需经验 对于没有经验（但具备教育要求）的普通合格员工，在几周内说明必要的经验，以达到工作的最低资格
（6）操作的复杂性 ①阐明业务复杂性如下： a. 遵循规定惯例 b. 执行各种简单的工作或遵循一定的标准 c. 使用标准操作方法执行一系列半常规工作 d. 使用一般操作方法计划并执行不常见的工作 e. 需要设计和使用新的或改进的方法计划和执行非常复杂的工作 ②在适用的情况下，学历： a. 几乎没有必要做出决定 b. 小的决定需要涉及一些判断 c. 一般决定要求和判断要求适度 d. 需要相当的主动性、独创性和判断力 e. 高度的主动性、独创性和判断力
（7）物理需求 ①按以下重量表示轻度、中度或重度：（将总重除以所涉及员工人数） 程度　人工　　　　　机械 轻度　近似 10kg　　　100kg 以下 中度　约 30kg　　　　100～300kg 重度　约 50kg　　　　300kg 以上 ②偶尔、经常或连续性劳动的频率 ③执行方式是人工还是机械 ④工作姿势是爬、坐、站、走、弯腰，还是其他特殊姿势
（8）心理或视觉要求 ①指出所需强度是分散的、中等的，还是集中的 ②表示时间的连续程度，是间歇的、半连续的，还是连续的
（9）材料或产品的责任 ①指出因浪费或损坏而造成损失的概率为可忽略不计、轻微、中度或轻微大量 ②表示每次发生的平均经济损失为轻微、中度或重大 ③指出使用了什么主要材料或产品

（10）设备或程序的责任 ①说明因下列任何一种原因造成损失的可能性： a. 可忽略的概率 b. 可能性很小 c. 中等概率 d. 很有可能 ②说明对操作或流程的影响： a. 对工作流程或其他操作几乎没有影响 b. 对工作流程有一些影响，但在错误的情况下，可以用额外的费用进行调整 c. 对工作流程有重大影响，不能在没有重大费用的情况下做出调整
（11）其他人的责任 责任程度应界定如下： a. 很少或没有责任，对自己的工作进行合理地监管将防止对他人的伤害 b. 合理监管自己的工作，可防止时间浪费和受伤 c. 经常需要注意，以防止严重伤害或致命事故
（12）工作条件 ①任何特殊工况，如热、冷、噪声过大、烟雾、气流、有害气体、油、酸、灰尘、切削液、污垢、振动、潮湿等，以及考虑各种组合情况 ②如果存在，指示暴露的频率，包括一些、频繁、几乎连续或连续
（13）危害 列出主要的特定原因危害和可能造成的伤害
（14）自带费用 注明所需个人准备的工具成本

职务描述应简明地概述该职务的基本目标和主要责任。工作被仔细定义从而来反映单位的人力和技能要求。每一个具体的评价因素都应包括在描述中的事实参考。明确单位的具体要求，每项工作都应与其他工作相关，以便涵盖所有责任或任务。在职人员必须明白，他们可能会给单位带来一些超出工作要求的人才或技能。如果负责的经理能够以实用和经济的方式利用不寻常的或未被认可的人才，那么在工作评价过程中将有利于反映这一事实和阐释工作的独特性质。

职务描述是工作评估时使用的基本文件。对工作内容与每个评价因素联系的重要性怎样强调都不为过，事实描述减少了评估所需的时间，并建立了单位对评估计划公平和公正的信心（表11-3）。

表11-3 职务描述

编号： 部门：维护部 日期：××××年××月××日
（1）维护技工 主要目的：对实验项目进行成型、制作、组装，对机器、设备、设施进行维修和改造，确保可靠。按照规定和规范操作，以备监理审批
（2）工作程序 ①根据图形、书面或口头指示和规格，为实验项目或修理机器、设备或设施而形成和制造部件 ②使用机床和手工工具与各种金属和其他材料在规定的公差范围内按指示工作 ③分析故障机器和系统（电气、液压、气动等），建议采取纠正措施，并经批准后，进行经监理批准的修理或修改 ④使用历史做法、基本数据库、手册和技术参考来确定规模、容量、尺寸和其他工作数据，以供监理批准 ⑤保持对工厂生产过程、设备、系统和设施的工作了解，以便在总体指导下有效地进行维护 ⑥与工程、技术、生产监理或公司外人员合作、指导 ⑦获得所需的工具、设备和仪器，按要求清理和储存 ⑧交办的其他工作

续表

| （3）材料
各种金属、塑料和其他工具：
①部门提供的基本手册
②公司提供的专用工
（本职务描述反映了描述该职务特点所必需的基本信息，不得解释为所有职务要求的详细清单，也不得以任何方式限制管理层分配工作或指导工作人员的权利） |
| --- |

11.6　评估工作

常见的做法是选择一些经验丰富的人组成委员会，为每一项工作的每一个要素分配适当的分值。如果委员会成员对所考虑的工作都很熟悉，这是一种迅速而有效的方法。对所有工作的每个要素都进行审查，并为该要素分配一个分值。然后对下一个要素进行审查。当所有要素都被赋值后，每项工作的总积分被确定。总积分将建立相应的工作价值率。委员会将一次审议一个因素。在考虑每项工作的总体评价之前，将确定该要素对每项工作的影响。这种方法将有助于确保个别要素的相对加权是一致的。

在更复杂的情况下，委员会要审查的工作不属于委员会成员以前的经验范围。在这种情况下，需要将熟悉工作的个人带到委员会，澄清描述中没有完全涵盖的细节。在某些情况下，将要求一位知识渊博的工作评估专家对工作进行评估，以供委员会批准。然后，委员会将批准专家提出的计划，或根据需要进行小的修改。

11.7　常见要素定义

工作需求和要素的定义是为确定每项工作的相对价值提供依据。随着定义的需求增加，每个要素显示一个增加的分值。分值的增加速度可以根据算术或几何级数计算。随着工作需求的每一次递增，分值的几何级数通常会产生一个更有用的评估系统。实际考虑表明，在将个别要素应用于具体工作时，一次方程是可取的。通过确保对每个要素进行适当的加权，就有可能实现总分的最终几何级数进展。应注意确保建立一个易于理解并有助于解决有关工作价值的相互矛盾意见的评估制度（表11-4）。

表11-4　常见要素

要素1　教育知识			
这一要素衡量了工作要求的心理发展，需要思考和理解正在进行的工作。这种心理发展或技术知识可以通过正规教育或同等经验获得。职业培训也是一种教育形式，也应在这一要素下进行评估。			
等级		要求	点数
第一	1-	具有识别材料和产品变化的能力，执行特定的口头命令、读写能力，在简单工作中能操作一台简单的机器	10（-）
	1		14
	1+		18（+）
第二	2-	能够识别材料和产品的变化，会基本的计算	22（-）
	2		26
	2+		31（+）

续表

等级		要求	点数
第三	3-	能够阅读简单的图纸,使用相对简单的工具,如刀、尺、螺纹、塞规、测厚仪和温度计。能够遵循书面指示进行计算,包括分数、小数和百分比等。需要对工艺和机械或电气原理有一般的了解	36(-)
	3		40
	3+		44(+)
第四	4-	具有加工的能力,能识读复杂图纸,会运用先进的数学应用和公式。具有复杂测量的能力,需要对机械和/或电子原理有全面的了解	49(-)
	4		53
	4+		57(+)
第五	5-	能够使用所有类型的处理指令、具体方法或工具。需要基本的技术知识后备从事最高技能的工作,包括机械和/或电气或其他技术知识	61(-)
	5		65
	5+		70(+)

要素 2 经验

这一要素衡量了受过所需教育或同等学力但没有工作经验的普通雇员所需时间,以获得所涉工作职责所需的实际知识,并能够以可接受的方式履行这些职责,在相关工作方面获得部分必要的经验。只考虑学习时间而不是工作时间。排除仅凭教育背景进行衡量的理论或心态。以行业或职业培训形式获得的基本知识应按教育经历进行评估。

等级		工作日数要求	点数
第一	1-	0~10	8(-)
	1	11~20	15
	1+	21~60	22(+)
第二	2-	61~120	30(-)
	2	121~180	37
	2+	181~240	44(+)
第三	3-	241~360	52(-)
	3	361~480	59
	3+	481~600	66(+)
第四	4-	601~720	74(-)
	4	721~840	81
	4+	841~960	88(+)
第五	5-	961~1120	96(-)
	5	1121~1280	103
	5+	1281 及以上	110(+)

要素 3 主动性和创造性

这一要素以独立行动和判断来衡量工作要求。如设计和开发方法或程序;分析工作和调整方法、设备等,以执行工作;看到需要并适时采取独立行动。它还包括就产品与标准的比较等事项做出决定。应考虑工作的例行或非例行性质;为执行工作而确立的规则、程序或先例;工作性质变化的频率和意义;所涉条件或事实的复杂性以及所提供的方向的类型。通常,操作越常规或提供的监督越多,就越不需要主动性。

等级		要求	点数
第一	1-	能够理解和遵循简单的指示,使用简单的设备,或者遵循一个既定的惯例	10(-)
	1		14
	1+		18(+)

续表

等级		要求	点数
第二	2-	能够根据详细的指示做出决定,包括使用一些判断方法做各种简单的工作,这些指示通常易于理解	22(-)
	2		26
	2+		31(+)
第三	3-	能够计划和执行一系列的标准或公认的操作,并做出关于质量的一般决定;公差、操作和设置顺序可能涉及各种任务,需要适度判断	36(-)
	3		40
	3+		44(+)
第四	4-	能够计划和执行困难的工作,这些工作只能使用一般操作方法,并且具有创造力、主动性、判断力,对于非常烦琐的工作,能够努力达到要求的公差和规格	49(-)
	4		53
	4+		57(+)
第五	5-	具有杰出的独立工作能力,以实现总体目标,能够设计新方法满足新的条件,具有高度的独创性、主动性和对复杂工作的正确判断,工作中可能涉及不同的细节和过程	61(-)
	5		65
	5+		70(+)

11.8 确定工作类别

在确定每个工作的分值之后,定义工作分类。对工作和分值数组的检查通常会为每个分类显示适当的分值范围。一些工作评估计划根据分值计算工资,但没有界定工资分类。工资分类可根据指定的分值范围简化薪资计划的管理,帮助适应工作内容的定期变化和由此产生的对分值的整体性重新评估,并使计划易于与参与者沟通(表 11-5)。

表 11-5 工资分类

分类	分值	基本工资/元
1	100~114	4210
2	115~128	4380
3	129~144	4550
4	145~159	4720
5	160~174	4890
6	175~180	5060
7	181~204	5230
8	205~219	5400
9	220~234	5570
10	235~244	5740
11	245~264	5740
12	265~279	5910
13	280~294	6080

续表

分类	分值	基本工资/元
14	295～309	6250
15	310～324	6590
16	325～339	6760
17	340～354	6930

11.9 不同类别薪资水平的确定

为每个工资分类确定适当薪资水平取决于许多因素，例如：公司规模和是否有专门的薪酬人员支持；公司的薪酬政策，即满足有竞争力的工资或支付低于有竞争力的工资；有竞争力的工资信息。如果有足够的关于竞争性工资率的数据，或者可以通过特别调查获得，通常的做法是根据这些数据计算工资。调查数据通常将为几个关键或基准工作提供准确的工资信息，这些工作与通过工作评估程序进行评估的关键工作直接可比。利用工资分类中点值和调查的工资率信息，计算出一条趋势线。趋势线可以使用最小二乘法或其他适当的曲线法来计算（表11-6和表11-7）。

表 11-6 计算示例（最小二乘法）

合同付款行数据：直线			
多元回归：级别与工资			
20 等级：常数=7.0277631 系数=1.1109398 费率=0.997528			
级别	计算值	实际值	近似差（×10^{-2}）
1	7.14	7.215	+7
2	7.25	7.305	+5
3	7.36	7.395	+3
4	7.472	7.490	+2
5	7.583	7.575	−1
6	7.694	7.685	−1
7	7.805	7.785	−2
8	7.916	7.885	−3
9	8.0276	7.985	−3
10	8.138	8.090	−4
11	8.2497	8.180	−7
12	8.3609	8.315	−5
13	8.47198	8.425	−5
14	8.5831	8.560	−2
15	8.6942	8.680	−1
16	8.8052	8.800	0

第 11 章 维护工人的等级评估

续表

级别	计算值	实际值	近似差（×10^{-2}）
17	8.9464	8.925	−2
18	9.027	9.045	+2
19	9.1385	9.185	+5
20	9.2485	9.360	+11

表 11-7 计算示例（曲线法）

合同付款行数据：曲线				
曲线分析				
$Y = AB^{CX}$				
$\lg Y = \lg A + CX \lg B$				
S.E. EST. = 0.009901046				
$\lg A$ = 0.4895078				
$\lg B$ = 0.3690950				
C = 1.014032				
编号	等级	实际工资	近似工资	差额
0	1	7.215	7.221	−0.006
1	2	7.305	7.308	−0.003
2	3	7.395	7.397	−0.002
3	4	7.490	7.488	+0.002
4	5	7.575	7.582	−0.007
5	6	7.685	7.678	+0.007
6	7	7.785	7.776	+0.009
7	8	7.885	7.878	+0.007
8	9	7.985	7.982	+0.003
9	10	8.090	8.089	+0.001
10	11	8.180	8.199	−0.019
11	12	8.315	8.313	+0.002
12	13	8.425	8.429	−0.004
13	14	8.560	8.549	+0.011
14	15	8.680	8.672	+0.008
15	16	8.800	8.798	+0.002
16	17	8.925	8.929	−0.004
17	18	9.045	9.063	−0.018
18	19	9.185	9.201	−0.016
19	20	9.360	9.343	+0.017
20	21	9.500	9.489	+0.011

一旦确定了工资等级的点值和初始调研工资的方程，就可以将其作为调整以满足公司或部门政策的依据。例如，如果公司寻求支付超过 5%的竞争性工资，那么趋势线方程可以乘以 1.05。如果新员工给出令人满意的业绩，就需要在职务分类（表 11-8）内取得提升。提供这种上升的一个方便办法是确定最低工资和提高工资的步骤，最终达到合适的薪资水平。工资中点提供了一种确保渐进步骤和整个工资结构一致和公平的方法。每个最低工资是按中点的百分比确定的，例如 75%～80%。可以用同样的方式对工资中点进行定期调整，以涵盖竞争性薪酬、一般经济条件和公司政策的变化。这确保了工作之间保持适当的关系，并且可以照顾到职责和工作任务的定期变化。理想情况下，工资将每年至少审查一次，并与有竞争力的工资、公司政策和一般经济状况进行比较。

表 11-8 职务分类

部门：维护　　　　职务：维护技工　　　　　　　　日期：××××年××月××日

因素	分类原因	评价（等级）	分值
教育	能运用规范、图纸、车间数学、测量仪器以及机械、电气原理的一般知识	4	53
经验	拥有各种维修施工、机修、制作等类似工作的 4 年工作经验	5	96
要求	使用公认的方法计划和执行工作	3	40
心理与视力	高度集中时期可能需要协调高度集中的手动能力与密切的视觉关注	4	20
设备责任	使用中等复杂的机器，机器会受到一些损坏	3	19
材料责任	一些在制造或维修时材料的浪费，但一般情况下无	1+	10
安全责任	平时监视以及注意的事项，防止意外	2	4
其他责任	对其他人工作或根本无责任	1	0
工作条件	经常接触油污、油脂、噪声等	3	18
危害	有可能损失时间，但不会丧失能力	3	15
自带费用	需要个人工具，提供工作服	3	6
工作分类		共计	281

第12章
维护模型和建模过程

模型在理解和解决现实问题中起着重要作用，许多模型可用于解决与维护相关的问题。在决策问题中，可用于确定决策变量的更改对目标的影响（例如不同预防性维护措施对系统故障的影响）以及确定最佳决策变量，实现某些特定目标（例如最佳预防性维护以最大限度地降低总维护成本）。数学建模是建立足以解决给定问题的数学模型的过程。建模既是一门艺术，也是一门科学。科学方面涉及建模的方法论和技术，而艺术方面则涉及基于直观判断做出决策。

12.1 模型介绍

模型是现实世界的简化表示，大致可分为两个类别和若干子类别，如表 12-1 所示。

表 12-1 模型类型

类别	子类别	举例
物理模型	缩放模型	用于风洞试验的飞机缩放机翼
	模拟模型	水管网的电气网络展示
抽象模型	描述模型	用自然语言或特殊符号和图标描述世界
	数学模型	涉及数学公式的模型
	仿真模型	在计算机上模拟与问题相关的真实世界

物理模型是物理实体，可分为缩放模型和模拟模型两类。缩放模型使用缩放方法进行研究，模拟模型使用模型和现实世界之间的类比概念。物理模型用于训练飞行员、复杂工厂（如加工厂）的操作员等。工程师在设计和分析中也使用它们来研究操作和环境条件对新目标性能的影响。与物理模型不同，抽象模型是非物理实体和心智构想。

描述模型是用某种自然语言或图表来描述重要变量和参数以及它们之间的相互作用，例如使用系统理论中的术语和概念。

与解决问题相关的现实世界可以看作是由几个相互关联的元素组成的系统。系统边界将元素与外部世界分离，系统通过输入和输出变量与外部世界交互。参数是元素固有的属性，变量是描述元素之间相互作用的属性。变量和参数用于解释系统的状态和行为。如果参数或变量不随时间变化，则称其为时不变的（静态）。如果不是，则是时变的（动态的）。在连续的时间描述中，动态变量被表征为时间的连续函数（即沿时间轴的所有点）。在离散时间描述中，动态变量的特征在于离散时间瞬间的变化（沿时间轴可以是等距或不等距的点）。关系用来描述系统元素之间的相互作用，其中，因果关系尤其重要，通常使用图论（网络）或矩阵表示。其次是两个或多个变量之间的相关性。例如，变量 Z 与变量 X 和 Y 相关，则 Z 的变化会引发 X 和 Y 发生改变。

例 12-1：汽车悬架总成。

安装汽车的悬架总成是为了确保在崎岖的道路上获得令人满意的车辆行驶特性。从可靠性和维护角度来看，悬架总成的性能随着时间的推移变得非常重要。当汽车遇到凹坑（或凸起）时，轮胎（和轮毂）会沿着道路的轮廓移动，这会导致垂直运动，并可能沿行驶方向侧倾，从而导致乘客不适。悬架总成起到弹簧的作用，吸收冲击力和阻尼能量，并在此过程中减少垂直和侧倾运动。设计不当的总成将导致更频繁的维护操作。悬架总成可以用两个参数来表征：弹簧刚度（k）和阻尼系数（q）。如果只关注垂直运动，那么重要的因素包括汽车质量（m）、重力效应（g）、沿行驶方向的道路轮廓（决定车轮垂直位移）、行驶速度。

假设 $X(t)$ 表示汽车底盘的垂直位移。如果汽车在平坦的道路上行驶，则 $X(t)=0$。汽车遇到颠簸（或坑洞）就开始偏离轨迹。一些关键参数和变量如图12-1（a）所示。车轮的垂直位移（图中用圆圈表示）取决于道路轮廓和汽车的行驶速度 $v(t)$（图中未显示）。这作为系统的输入（汽车被视为系统，道路被视为系统的外部），车轮和汽车之间的相互作用通过道路轮廓来定义。如果侧倾运动是显著的，则附加参数是转动惯量（对于沿行驶方向的侧倾运动），并且需要附加变量 $\varphi(t)$ 来表征通过汽车重心的垂直线的旋转角度。在这种情况下，描述模型如图 12-1（b）所示，其中假设前后悬架的弹簧特性相同，否则，弹簧刚度和阻尼系数将不同，从而产生额外的参数。

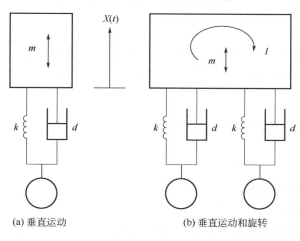

(a) 垂直运动　　　　　　(b) 垂直运动和旋转

图 12-1　汽车悬架总成的描述模型

当汽车遇到凸起时，弹簧处于压缩状态；遇到坑洼时，弹簧处于拉伸状态。结果是悬架组件承受周期性载荷，从而导致弹簧疲劳失效。如果以较短的时间间隔（数月）观察，则弹簧刚度是随时间变化的。在较长的时间间隔内（数年），弹簧刚度和阻尼特性将发生改变。

一个数学模型包括一个描述模型和一个数学公式的联系，如图 12-2 所示。有许多不同类型的公式，涉及变量、参数、关系等，描述模型和公式之间的一一对应关系。

图 12-2　数学模型

仿真模型是在计算机中模仿系统中发生更改的事件。在维护方面，它涉及模拟事件（例如故障、维护操作）的时间历史记录，并评估其对系统性能的影响（如成本、可用性、所需备件数量等）。

仿真分两步生成事件的时间历史记录。首先产生一个事件。当事件以不确定的方式发生时，使用随机数生成器完成此操作。然后更新时钟和其他计数（例如维护作业的数量等）。当不确定性是重要因素时，每次模拟运行都会提供随机过程的样本结果。当重复模拟时，结果会发生变化。在这种情况下，对于感兴趣的变量、性能指标等，需要多次执行仿真，以获得适当的估计值和置信度。

12.2 模型构建

建模是为解决现实世界的问题而建立数学模型。它涉及将描述模型与抽象数学公式相关联。对于给定的问题（源自对世界的多元看法），可以有多种描述模型，并且可以使用多种类型的数学公式。因此，可能有多种不同的数学模型，但并非所有模型都适用，这就引出了一个适当的数学模型的概念。

12.2.1 数学公式和分类

数学公式是一种抽象的结构。它涉及变量、参数、关系和使用具有精确数学意义的符号运算。符号运算是由逻辑和数学规则决定的。数学公式在建模中起着非常重要的作用。

数学公式的变量可以分为两类。
- 自变量：当公式用于建模时，通常表示时间和/或空间坐标。
- 因变量：它是自变量的函数。

每一类可以分为两个子类。
- 离散变量：变量值可以按一定顺序一一列举。
- 连续变量：在一段区间内可以任意取值。

其他类别可以根据公式的性质（确定性或非确定性）和自变量（静态或动态）定义。

(1) 确定性公式

静态公式：变量和参数不随时间变化，因此公式是 $y=g(x,\theta)$ 形式的代数方程。式中，x 为自变量；y 为因变量；θ 为公式的参数。根据函数 g 的形式有几个子类，例如线性、多项式、指数等。

动态公式：在只有一个表示时间 t 自变量的情况下，因变量是 $g(t)$ 形式的函数。如果有两个或多个自变量，一个表示时间 t，另一个表示空间坐标（x,y,z），因变量是 $f(t,x)$ 或 $g(t,x,y)$ 等形式的函数。

根据表 12-2，确定性公式可分为四种主要类型和若干子类型。例如，类型 D 的两个子类型如下。

表 12-2 数学公式的分类

项目		因变量	
		离散变量	连续变量
自变量	离散变量	A	B
	连续变量	C	D

- 常微分方程：公式有一个自变量（t）和因变量 [$X(t)$、$Y(t)$ 等] 的导数（一阶或更高

阶）。具有一个因变量的一阶微分方程是 $dX(t)/dt=g[X(t)]$，初始条件由 $X(t_0)=X_0$ 给出。
- 偏微分方程：公式有两个或多个自变量（t,x 等）和因变量 [$Q(t,x)$等] 的各种偏导数（一阶或更高阶）。

微分方程可分为线性与非线性、时变与时不变等。

（2）不确定性公式

如果一个事件的结果在事件发生之前不能被确定地预测，那么这个事件就是不确定的。然而，一旦事件发生，不确定性就消失了，结果也就一目了然。不确定性意味着不可重复性。换句话说，就是不会得到相同的结果，具有可变性。下面给出几个典型的例子。

例 12-2：新产品研发过程。

新产品研发以实现某些可靠性为目标，其结果是不确定的，可能导致成功（目标已实现）或失败（目标未实现）。一个用于建模的公式将涉及一个二进制变量 X，可以接受一个值 1（表示成功）或 0（表示失败），并且它的值在事件发生之前是未知的。

例 12-3：产品寿命。

新产品在投入使用前寿命是不确定的。一旦投入使用，不确定性就会消失。这时产品失效前的时间可以用一个连续变量表示，该变量可以取零到无穷大区间内的任何正值。为了避免该产品在超出使用年限的情况下还能正常工作的尴尬，用变量而不用确定的数（常量）来表现使用寿命。

例 12-4：轮胎磨损。

当两个物体相互摩擦时，磨损机制就会起作用。组件（例如汽车轮胎）的磨损取决于使用情况，而使用情况又取决于寿命。所以，新轮胎的磨损随寿命 $X(t)$ 的变化以不确定的方式发生改变，因此不可能预测其精确值。

注意：在例 12-2 中，变量 X 是离散的，不是时间的函数，因为忽略了开发所需的时间，并且只关注结果，建模涉及概率公式；而例 12-4 中的变量 $X(t)$ 是连续的时间函数，建模涉及随机公式。

（3）概率公式

概率表述涉及随机变量，结果在事件发生之前是不确定的，从某种意义上说，它是不确定的静态公式。在标定变量的情况下，变量假设值由定义在一个区间上的概率分布函数 $F(x)$ 表征，其端点表示变量假设最小值和最大值。

如果变量采用离散集的值，则概率分布是离散的。离散概率分布是一个阶梯函数，分布是非递减的，从值 0 开始（变量不能小于最小值）并达到值 1（变量始终小于最大值）。跳跃值表示变量在区间内取不同值的概率。

如果变量可以在一个区间内假设为任何值，则概率分布是连续的。连续概率分布是一个平滑函数，一端为 0，另一端为 1，非递减。

（4）随机公式

随机公式涉及随机过程。随机过程 $X(t)$ 可以看作是随机变量 X 的一个扩展，t 表示一个时间自变量。因此，随机过程可以看作是一个因变量，其值在任何时刻都是不确定的，就像事件发生前的一个随机变量，并且是事件发生后的一个确定性函数。

随机过程有几种类型，根据 t 和 $X(t)$ 假设的值是离散的还是连续的，可以分为四类。表 12-3 列出了四个类型，并举例说明了在维护方面的相关应用。

表 12-3　随机过程的分类

时间（t）	$X(t)$的值	类型	举例
离散	离散	A	每周的机器故障数
离散	连续	B	每周测量的项目磨损
连续	离散	C	持续使用的部件失效时间
连续	连续	D	持续监测物品磨损

12.2.2　数学模型的分类

数学模型有几种不同的分类方法，按学科可分为物理学、生物学、工程学、经济学、可靠性、维修学等；按问题可分为部件故障、维护成本、可靠性增长等；按使用的公式可分为确定性、不确定性等；按使用的目的和/或技术可分为优化、分析、计算等。

12.3　建模方法

与问题相关的现实世界是一个复杂的系统。每个元素都可以分解为多个级别，详细程度随级别的数量而增加。产品同样可以分解为几个不同的层次。建模可以在任何级别上进行，从最低到最高或介于两者之间均可。在选择数学公式对系统建模时，可使用两种方法：经验方法和理论方法（基于物理学）。

在经验方法中，仅基于可用的数据选择模型公式。这种方法也称基于数据的建模或黑箱建模，当对基础知识了解不足时，将使用此方法。公式的参数解释并不一定完全适用。在维护建模的背景下，能够将获得的估计参数值与潜在故障原因、环境条件等联系起来的人很少。

在理论方法中，基于一些相关物理理论（如腐蚀理论、疲劳理论等）选择模型公式。这种方法也称白箱建模。理论分析的一个关键结果是公式的参数与描述模型的重要参数有关。这为寻找问题的解决方案和实施这些方案提供了额外的信息。例如，利用理论知识预测管道的材料特性和泵送流体的化学成分如何影响因腐蚀而导致的失效，从而在构建管道网络时做出更好的决策。

（1）　部件级建模

假设一个部件由于裂纹超过某一规定极限而导致失效，令 $X(t)$ 表示时间 t 时的状态（裂纹长度），$t=0$ 表示部件投入运行的时间。四个模型可用于模拟裂纹的扩展和失效，如图 12-3 所示。

模型 1：失效［图 12-3（a）］是在失效时间（Z）内完成的，没有明确表征 $X(t)$ 的演变。由于失效时间是不确定的，Z 是一个随机变量，使用概率分布函数建模。

模型 2：特征描述［图 12-3（b）］涉及将 t 和 $X(t)$ 都视为连续变量，因此建模涉及 D 类（表 12-2）公式。

模型 3：状态被描述为一个离散变量［图 12-3（c），其中使用了五个级别］，转换时间（T_i，$i=1,2,\cdots$）是随机变量。建模涉及 C 类（表 12-2）公式。

模型 4：状态被描述为时间变量离散值的连续变量［图 12-3（d）］，模型涉及 B 类

(表12-2）公式。

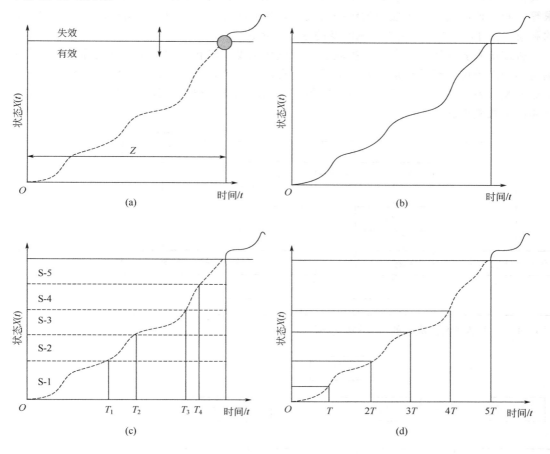

图12-3 四个不同模型的组件故障建模

建模中使用的公式取决于具体问题。考虑一个基于年限策略维护的不可修复组件，为了确定最佳更换时间和最佳备件管理，可以使用模型1。对于基于状态的维护，可以使用模型2（具有连续时间监控）或模型4（具有离散时间监控）。

（2）系统级建模

系统级建模通常用于由多个元素组成的工厂和基础设施，可以使用不同类型的公式对每个元素进行建模。

图12-4是维护成本对制造厂利润影响的一个非常简单的描述模型。它有两种类型的维护操作：预防性维护和矫正性维护。生产率取决于市场需求和对系统状态的影响。

对于基础设施，分布式元素的建模需要二维公式，一个表示时间，另一个表示空间。通过对空间坐标离散化，可以得到一个具有多个部分、每个部分被视为单独的集的总单元，因此只需要列出一维公式即可。

（3）业务级建模

在业务层面，工程对象（产品、工厂或基础设施）只是业务的一个要素，它还具有许多其他要素，如商业（经济、营销等）、技术（新收购、新技术等）、法律（合同、监管要求等）和其他问题。业务层面的维护决策（如内部和外部）需要考虑这些因素和相关各方的利益。图 12-5 显示了铁路系统涉及的各方面示例。

轨道所有者和运营商负责维护轨道。轨道状况受车辆状况的影响，反之亦然。机车车辆由不同的单位（经营客运或货运服务）拥有，它们可能将部分或全部维护工作外包。为了保证铁路系统的顺利运行，各方之间签订合同。为协助维护外包合同的决策，适合构建博弈论公式模型。

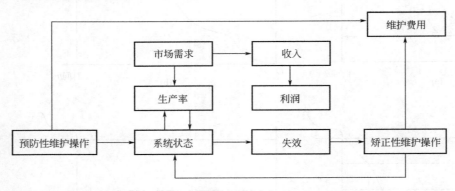

图 12-4　用于描述维护成本的简单描述模型

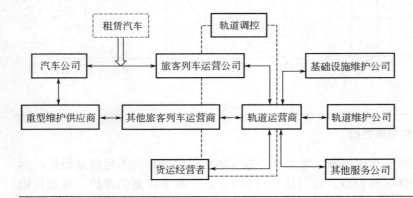

图 12-5　铁路系统中的各方面示例

12.4　数学建模过程

使用模型来解决实际问题主要涉及 8 个步骤，如图 12-6 所示。

步骤 1：问题定义。

首先要对问题进行充分理解，这对于正确地建模和最终对结果进行有用的解释至关重要。

步骤 2：系统描述。

系统描述详细说明了与所考虑的问题有关的系统显著特征，使用的变量及它们之间的关系取决于问题的复杂程度。

第 12 章 维护模型和建模过程

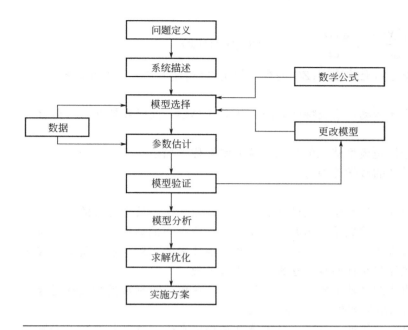

图 12-6 数学建模过程

步骤 3：模型选择。

数学公式类型的选择取决于系统特征和使用的方法。在理论方法中，所采用的理论为模型选择提供了依据。

例 12-5：汽车悬架总成弹簧建模。

悬架总成的弹簧特性建模所需的模型公式取决于弹簧的类型。对于硬弹簧和软弹簧，力和位移之间的关系（由胡克定律给出）如图 12-7 所示。在这两种情况下，关系是非线性的，公式是非线性和静态的。如果力很小（凸起不太高或坑洞不太深），那么视为具有线性关系的弹簧。

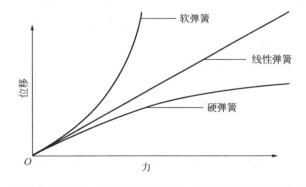

图 12-7 弹簧的数学建模

牛顿定律适用于模拟垂直运动和侧倾运动。如果仅限于垂直运动，则系统特征（描述模型）如图 12-1（a）所示，模型公式为二阶常微分方程。换言之，垂直运动可由以下微分方程建模：

$$m\frac{d^2X(t)}{dt^2} + k\frac{dX(t)}{dt} + qX(t) = \psi(v(t), Z(t), g)$$

式中，$v(t)$ 为车辆在行驶方向上的速度；$Z(t)$ 为车轮的垂直位移[取决于道路轮廓和 $v(t)$]；g 为重力常数。

如果涉及垂直运动和旋转运动，系统特性如图12-1（b）所示，此时需要两组常微分方程公式来模拟汽车的运动。

在经验方法中，数据分析是模型建立的起点。这通常被称为描述性统计，需要从数据中提取信息，以帮助选择适当的数学建模方法。

步骤4：参数估计。

模型的参数就是建模中使用的数学公式的参数。在理论方法中，数学公式的参数和描述模型的参数之间通常是一对一的关系。例如，参数 m 对应于汽车的质量，可以通过对汽车进行称重来估计。在经验方法中，需要根据可用的数据估计参数。对于包含概率公式和随机公式的模型，可用非统计和统计两种方法来估计模型参数。

- 非统计方法：使用曲线图（基于数据）来估计参数。这包括绘制数据和选择适合数据的公式（例如分布函数），从拟合图中获得估计值。
- 统计方法：使用来自推断统计的技术。这为评估估计值和确定置信限提供了严格的基础。

这两种方法都可用于在建模第一次失效和随后失效的背景下估计模型参数。

步骤5：模型验证。

验证是指测试所选的模型（以及指定的参数值）是否合理地模拟了系统行为。它为模型问题提供有意义的解决方案。验证需要用与步骤4中用于参数估计的数据不同的数据。当数据集较大时，可以将数据分为两部分：一部分用于估计；另一部分用于验证。对于小数据集，这是不可能的。需要查看数据和模型之间的匹配度，然后决定模型是否有效。

在概率和随机模型的情况下，模型验证方法可分为非统计和统计两种方法。

- 非统计方法：先比较从数据和选择的模型获得的图形化图表，以直观地评估两者之间的拟合是否合理。再使用定量（如误差平方和）测量。度量值低于某个特定限制的任何模型都被认为是适当的，并且产生最小值的模型被认为是最佳拟合。
- 统计方法：使用统计检验来判断拟合是否合适。这为分析和比较拟合提供了严格的框架。涉及假设检验和拟合优度检验。

一般来说，获得一个适当的模型需要迭代的方法，采用系统的方式对系统特性和/或数学公式进行更改，直到获得适当的模型为止。

步骤6：模型分析。

一旦开发出合适的模型，就可以使用各种技术进行分析并获得解决方案。这些技术大致如下。

解析解：解析解是数学表达式，涉及模型公式的变量和参数。允许以明确的方式研究模型参数的影响。通常只适用于一些特殊的公式，如线性常微分方程、基于指数分布的失效等。

数值解：当无法获得解析解时，需要使用基于数值方法或蒙特卡罗模拟的计算机分析来生成近似解。对于常微分方程，数值解涉及通过有限差分近似求导，并获得自变量离散值的解。要研究模型参数的影响,需要使用新的参数值重新求解方程。蒙特卡罗模拟类似于模型分析的数值方法。对该过程进行了多次模拟,得到了不同的时间历程,并对模拟结果进行了统计分析。模拟的复制次数决定了解决方案的置信区间。

步骤7:求解优化。

解决问题通常需要优化理论中的数学技巧。在步骤6和步骤7中,分析和优化对描述模型来说没有任何意义。正是这一点使得模型的使用变得更加有效。获得解决方案后,将其重新用于描述模型,根据现实世界的物理变量进行校核。

步骤8:实施方案。

解决方案在实施前需要进行仔细评估。这一点很重要,因为建模是现实世界的简化表示,必须视为辅助决策的工具。因此,直觉判断与模型分析的结果相结合构成了实施的基础。

(1) 模型复杂性与选择

模型的复杂性取决于建模中使用的数学公式。例如,二维分布函数比一维分布函数复杂,非马尔可夫过程公式比马尔可夫过程公式复杂。

在建模中,一般采取多元化的观点,因为一个人可以拥有多个描述模型,并且可以选择多个公式。最终的选择取决于可用的数据(在使用经验方法时)或适当的理论(在使用理论方法时)。此外,还涉及模型复杂性和模型分析的可处理性之间的权衡。

一位统计学家曾言:所有的模型都是错误的,但有些是有用的。可见,不必执着于模型的正确性,有用即可。

(2) 建模中的陷阱

陷阱是一种概念错误,由于其似是而非的合理性,很容易使人误入其中。模型构建者应意识到陷阱的存在,常见的陷阱如下。

① 不能正确理解问题。基于理解不足的模型具有有限的价值或没有价值。
② 忘记建模本身不是目的,只是解决现实世界问题的一种手段。
③ 忘记该模型只是与所审议问题有关的现实世界的简化。
④ 不能检查假设的有效性和/或数学技巧的错误使用。
⑤ 不能以问题的物理术语正确解释数学分析结果。

12.5 统计与概率观点

数据在建模过程中起着至关重要的作用。在经验方法中,执行建模过程的步骤3~5需要数据,而在理论方法中,步骤4和5才需要。必须提供适当且足够的数据和其他信息,以便可以构建、评估和比较各种候选模型。

当不确定性是现实世界的重要特征时,就需要使用概率论(以及随机过程理论)的概念和公式,以及建模过程中来自现实世界的数据。概率和统计数据是联系在一起的,它们之间的关系如图12-8所示。试图理性理解和处理不确定性或随机性是概率论和统计学的基本目标。这两个相关领域的出现,部分是由于两个完全不同的背景——机会博弈分析和实验数据分析,而这两个领域是从本质上相反的角度看待随机性。

在概率论中,目标是建立随机性的数学模型,在给定模型的情况下,可以对导致随机现象的数据的性质进行说明。在统计学上,目标是使用观察到的数据对概率模型的性质做出有意义的陈述。可见，概率和统计在某种意义上是彼此相反的。

图 12-8　概率与统计数据

12.6　维护决策问题建模

在维护系统（产品、工厂或基础设施）的背景下，决策涉及对系统不同元素的建模。从系统各要素的劣化和失效的角度对系统的退化和失效进行建模是一项具有挑战性的任务。基于黑箱方法的模型比基于白箱方法的模型简单得多。

对于产品和工厂，基于黑箱方法的建模使用概率分布函数对第一个故障进行建模，并使用随机点过程对后续故障进行建模。后续故障取决于维护措施，结果用于模拟随后的故障。视情维护（CBM）模型使用各种随机过程公式来建模。对于基础构架，将分布式单元离散为若干个分段，每个分段的状态由离散状态、离散时间的随机过程公式建模。确定最佳预防性维护措施的建模是重点，与优化技术结合使用，以获得最优解。进一步，需要更复杂的模型来解决与备件管理、维护计划和调度、资本更换、维护外包等相关的问题。

第13章
维护策略优化方法

维护工作涉及公司最重要的资产，并且可以直接影响公司的竞争力——从产品质量到准时交货的整个生产过程。不良的维护程序可能会花费数百万元的费用，并可能导致产品质量问题和生产损失，而良好的维护程序会极大降低生产成本。因此，维护工作不应再被视为成本来源，而应被视为企业竞争力的关键杠杆。

维护经理处理易于老化和故障的制造系统，通常不得不重新考虑应对维护策略和维护组织问题的方式，主要关注的问题之一是在考虑设备可用性以及维护工作的经济性的基础上做出复杂决策。他们一直在寻找一种提高生产设备可用性的方法，以最低的成本确保给定的生产力。

该决策问题涉及将正确的预算分配给适当的设备或组件。目的是使总支出最小化，并使生产资源的有效可用性最大化。根据生产系统的结构及各种参数，可以应用不同的维护策略，定义一组维护操作，以根据给定的时间表执行。

常用的维护策略是面向时间的，且基于可靠性模型，可分为两大类：为不可修复系统开发的模型和为可修复系统开发的模型。标准模型属于第一类，而随机过程则属于第二类。指数分布、Weibull（韦布尔）分布和对数正态分布是标准的可靠性模型。随机过程可以是非均匀的泊松过程，也可以是广义更新过程。

可靠性模型通常基于少量样本进行评估，可以用来评估可靠性模型参数的经典方法是最大似然法。基于似然函数，可以计算出评估参数的置信区间。获得的间隔称为正态近似置信区间。置信区间的计算可使用蒙特卡洛模拟以及方差-协方差矩阵。

一旦建立了可靠性模型，可以运行离散事件仿真模型再现系统动态及随机行为，以验证不同的维护策略并优化其参数，常用这种方法在实施之前评估所拟定策略的效果。

13.1 可靠性模型评估

13.1.1 回归和最大似然方法

传统上根据故障时间 $t_i(i=1,\cdots,n)$ 估计可靠性模型参数的两种方法是回归法和最大似然法。通过回归法估算的参数是由最拟合数据的直线的斜率和截距确定。在实践中，首先要计算故障函数的估计值 $F(t_i)=1-R(t_i)$。为此，通常提出的估计量是平均秩或中位秩估计量。接着在概率图上绘制估计的点对 $[t_i, F(t_i)]$，该概率图对应于函数的线性模型。例如，考虑具有以下可靠性函数特征的 Weibull 模型：

$$R(t)=\exp\left[-\left(\frac{t}{\eta}\right)^{\beta}\right] \quad (13\text{-}1)$$

式中，β 为形状参数；η 为比例参数。

对可靠性函数应用两次对数变换，得到此模型的线性表达式：

$$\ln\left[\ln\frac{1}{1-F(t)}\right]=\beta\ln(t)-\beta\ln(\eta) \quad (13\text{-}2)$$

因此，如果将 $\ln(t)$ 设为 X 轴，将 $\ln\{\ln\{1/[1-F(t)]\}$ 设为 Y 轴，可将按 Weibull 分布的数据绘制成一条直线。在这种情况下，参数 β 等于最适合数据的直线的斜率，而 η 由该线的截距确定，如图 13-1 所示。

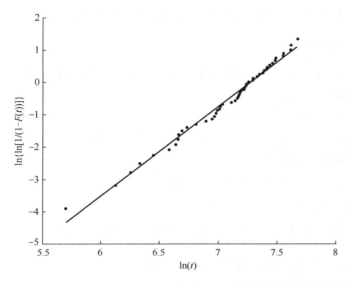

图 13-1 回归法

最大似然法可确定使观察数据概率最大的参数值。似然函数由各时间 t_i（$i = 1,\cdots,n$）与观察故障的乘积得到：

$$L(\Theta) = \prod_{i=1}^{n} f(t_i, \Theta) \tag{13-3}$$

$$\Theta = (\theta_1, \theta_2, \cdots, \theta_p)$$

式中，Θ 为模型参数的向量。

建立 Weibull 模型的似然函数的表达式如下：

$$L(\beta, \eta) = \prod_{i=1}^{n} \frac{\beta}{\eta} \left(\frac{t_i}{\eta}\right)^{\beta-1} \exp\left[-\left(\frac{t_i}{\eta}\right)^{\beta}\right] \tag{13-4}$$

最大似然估计使似然函数最大化，即在函数相对于参数的一阶偏导数等于零处。通常，考虑似然函数的对数。然后，将其应用于 Weibull 分布：

$$\begin{cases} \dfrac{\partial \ln L}{\partial \beta} = \sum_{i=1}^{n} \dfrac{1}{\beta} - \ln \eta + \ln t_i - \left(\dfrac{t_i}{\eta}\right)^{\beta} \ln \dfrac{t_i}{\eta} = 0 \\ \dfrac{\partial \ln L}{\partial \eta} = \sum_{i=1}^{n} -\dfrac{\beta}{\eta} + \dfrac{\beta}{\eta}\left(\dfrac{t_i}{\eta}\right)^{\beta} = 0 \end{cases} \tag{13-5}$$

通过使用诸如牛顿-拉夫森法的数值方法求解第一个方程来估计 β 的值。比例参数由第二个方程确定：

$$\eta = \sqrt[\beta]{\frac{\sum_{i=1}^{n} t_i}{n}} \tag{13-6}$$

显而易见，估计的参数取决于数据的完整性和有效性。与回归法相比，最大似然法能更好地容纳审查数据。估计精度主要取决于数据集的大小。数据越大，不确定性越小。

13.1.2 不确定性影响的可靠性模型

为计算可靠性参数 θ 的不确定性，必须计算极限值 G_1 和 G_2，以使 θ 包含在间隔$[G_1,G_2]$中的概率等于$1-\alpha$。其中 α 是置信度：

$$P(G_1 \leq \theta \leq G_2) = 1-\alpha \tag{13-7}$$

因此，基于 θ 分布，能够计算其置信区间。主要有三种估计不确定性的方法：假设参数呈正态分布；似然比率分布；自我重复抽样的仿真。

第一种方法假设参数 θ 是正态分布的，其均值等于估计的参数 $\hat{\theta}$：

$$\hat{\theta} - z_{1-\alpha/2} se_{\hat{\theta}} \leq \theta \leq \hat{\theta} + z_{1-\alpha/2} se_{\hat{\theta}} \tag{13-8}$$

式中，$z_{1-\alpha/2}$ 为标准化正态分布的 $1-\alpha/2$ 分位数；$se_{\hat{\theta}}$ 为可以通过 Fisher 矩阵估算的标准差。

似然比率定义为给定值 θ 的似然函数值相对于似然函数最大值的比率：

$$r(\theta) = \frac{L(\theta)}{L(\hat{\theta})} \tag{13-9}$$

θ 的置信区间的确定基于对数的似然比具有卡方分布的渐近分布性质。如图 13-2 所示，通过求解以下方程式可得出 θ 的不确定性：

$$-2\ln r(\theta) \geq \chi^2_{1-\alpha,1} \tag{13-10}$$

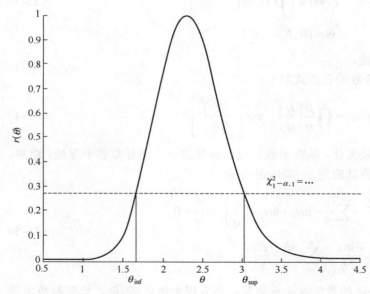

图 13-2　似然比分布

基于自我重复抽样的仿真方法包括根据模拟的数据样本估算 θ 分布。对于每个样本，估计参数的相应值，获得一个不同的 θ 估计值样本，可以确定其分布范围。一旦确定了可靠性模型参数的不确定性，就可以得出给定置信度 α 的影响可靠性的不确定性，如图 13-3 所示。

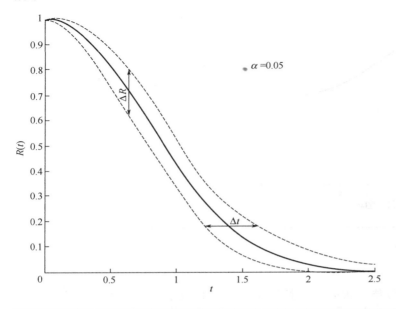

图 13-3　不确定性影响可靠性函数示例

13.2　维护性能

除可靠性模型估计之外，成本和可用性是维护性能定义的最重要指标。这些指标很容易确定。当系统易于劣化时，预防性维护可以降低维护成本并提高系统的可用性。对于此类系统，维护经理的目标是估计最佳的预防性维护计划。

(1) 可用性模型

可用性（综合考虑可靠性、可维护性和维护支持的整体性能）定义为组件在指定的时间点或指定的时间段内执行其所需功能的能力。实际上，渐近可用性等于系统的平均运行时间（Mean Up Time，MUT）与两次故障之间的平均时间（Mean Time Between Failures，MTBF）之间的比。如果认为平均停机时间（Mean Down Time，MDT）等于平均维修时间（Mean Time to Repair，MTTR），则得到：

$$A(t) = \frac{\text{MUT}}{\text{MTBF}} \approx \frac{\text{MUT}}{\text{MUT} + \text{MTTR}} \tag{13-11}$$

在周期性等于 T_p 的预防性维护策略下，平均正常运行时间等于：

$$\text{MUT} | T_p = \int_0^{T_p} A(t) \mathrm{d}t \tag{13-12}$$

函数 $A(t)$ 的演化与预防性维护周期的关系如图 13-4 所示。可以看出，对于易劣化的物品，应有一个维护周期，在其中可用性达到最大。

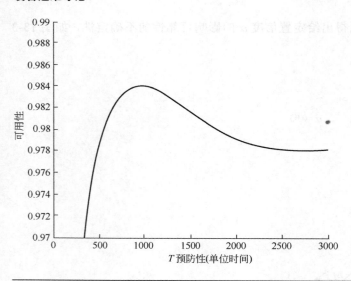

图 13-4 根据维护周期的可用性

(2) 成本模型

采用成本标准来确定最佳的预防性维护周期需要一种成本模型。该模型按表 13-1 和表 13-2 区分损失和成本。其中，T_a 为停止生产的时间；T_i 为维护时间；τ_p 为每小时的生产损失；τ_s 为每小时的工资成本；τ_{am} 为设备摊销成本。

维护是纠正性的还是预防性的，其成本是不同的。平均维护成本通过以下关系式计算：

$$\overline{C_m} = \frac{1}{\text{MUT} \mid T_p} \{F(T_p)(L_{a,corr} + C_{i,corr}) + [1 - F(T_p)](L_{a,corr} + C_{i,corr})\} \quad (13-13)$$

维护成本与预防性维护周期的关系如图 13-5 所示。当系统的危害随时间增加时，可观察到最小值，这显然取决于维护成本和干预时间。

表 13-1 止损造成的损失

生产损失	$L_p = \tau_p T_a$
原材料损失	L_{mr}
故障设备摊销	L_{ef}
消耗的能量	L_e
总体损失	L_a

表 13-2 维护运营费用

工资费用	$C_s = \tau_s T_i$
维修设备摊销	$C_{am} = \tau_{am} T_i$
备件库存成本	C_o
备件成本	C_p
干预费用总计	C_i

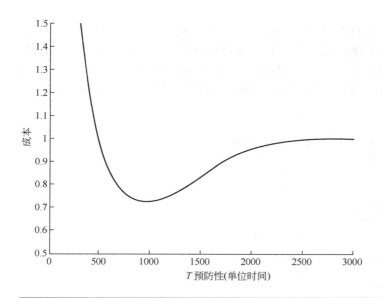

图 13-5　维护成本与预防性维护周期的关系

可以通过简单的系统分析性估算确定"最佳"维护周期。最佳周期因可用性或成本标准而异。对于复杂的系统，只有仿真才能确定这些周期性。

13.3　基于仿真的维护框架

13.3.1　统一框架

面对生产方面的复杂问题，管理人员经常需要利用决策支持系统来辅助决策。这些系统通常足以为它们的运营问题提供令人满意的答案。可以将这些问题中的大多数建模为复杂的离散系统，并使用仿真技术来满足其相关的决策要求。

基于仿真的决策支持方法可用于设计复杂生产系统的维护策略，特别是开发统一的图形框架，使决策者可以首先了解并为所考虑的系统建模，其次可以适当优化维护策略。这种框架的关键要素是开发一种图形语言，该图形语言可以出于仿真目的和优化分析而自动生成代码。

要制订复杂系统的维护策略，必须指定系统的结构、逻辑组织、维护策略及决策参数（预防性和纠正性初始架构、预防性周期等）。系统模型和数据将按照统一的方法开发，从而得出实际系统的规格，然后得出综合不同方案比较的详细级别分析。

图 13-6 描述了开放环境的体系结构，其中包括概念、方法论、语言和求解引擎，用于支持维护框架。这种架构的总体目标是以统一的方式集成多个工具。框架的集成统一依赖于从建模方法到求解引擎的不同级别的同一组概念的应用。

13.3.2　维护策略

维护策略本质是决策规则，根据系统的劣化级别和可接受的阈值确定要采取的维护操作及顺序。每个维护操作都包括使用适当的资源将系统维护在或还原到指定的状态。

执行每个维护操作会产生成本和持续时间。所有研究的政策都受到分析模型的约束，这些分析模型可以在一系列假设下评估相关的绩效。这些策略的不同之处在于所建议的性质和操作结果，所选择的性能标准，所考虑参数的确定性或随机性，以及系统被视为唯一实体的事实或作为一个由许多组件组成的系统，组件状态随时可知或检查后才可得知等。

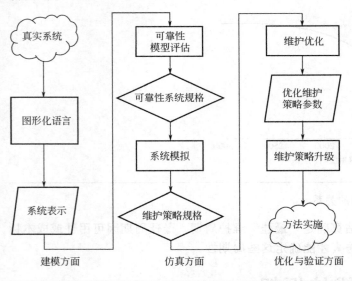

图 13-6　解决决策问题的统一方法

选取一种分析模型，可以使用其特征参数和决策变量对考虑的维护策略进行建模，以描述技术性和经济性优化目标。可以确定最优策略的存在性和唯一性条件，还可以进行敏感性分析。这种方法的主要不便之处在于，最终可能会得到难以解决的模型，尤其是在考虑对系统行为产生重大影响的其他因素时。

考虑一个单一组件系统，受制于随机失效。每次系统失效时，都用一个新的替换。当执行预防性维护时，仅当系统的使用时长大于给定的阈值 b 时，才更换系统。这些预防措施计划在给定日期 kT（$k = 1,2,3,\cdots$）进行。上面描述的方案称为"修改整体替换策略"（Modified Block Replacement Policy，MBRP），是整体替换策略的改良版。其弱点在于，即使组件几乎是新的，也要进行预防性替换。选择实施此策略的维护经理会寻找更换期 T 和寿命阈值 b，使系统的稳态可用性最大化或使每单位时间的预期成本最小化。

可用风险分析作为条件来激活维护操作以改进 MBRP，可参考图 13-7。执行预防措施必先满足前提条件。组件的生命周期由一系列失效事件和相关的预防措施决定。单组件系统在故障状态和就绪状态之间摆动。状态转变由失效时刻的值决定。如果此值小于或等于剩余的预防时间，则设定发生失效。否则，系统仍将正常运行，但可以进行预防性维护。

仅当风险值低于决策者接受的水平时，才可以采取预防措施。必须基于知道 kT 至 $(k+1)T$ 之间的失效概率，然后根据故障概率的计算，进行数学分析以评估风险值。这涉及评估 kT 和 $(k+1)T$ 的密度函数 f 的积分。当密度函数不适合进行正态分布的积分计算时，就使用数值方法。仿真结果可以使用甘特图、演化曲线和跟踪文件，以不同方式呈现。仿真运行原理如图 13-8 所示。

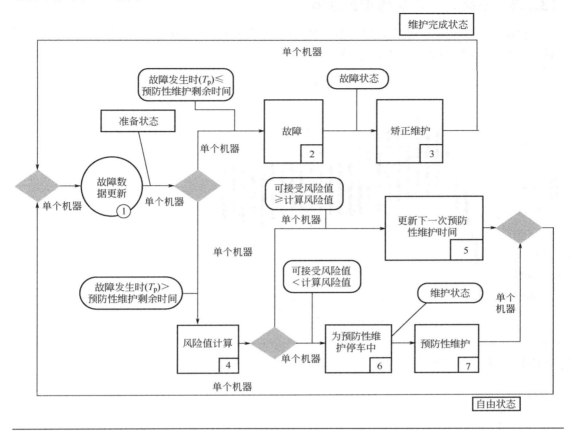

图 13-7 块类型策略的仿真模型流程

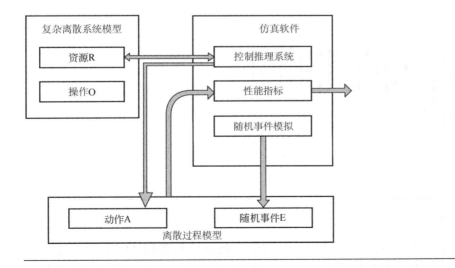

图 13-8 仿真运行原理

13.3.3 不确定性影响的维护性能

仿真确定出的最佳维护周期并不明显。因为事件是随机发生的，所以性能指标会受到不确定性的影响，如图 13-9 和图 13-10 所示。

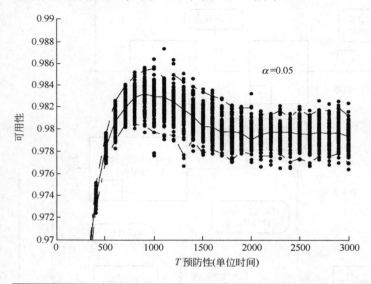

图 13-9 可用性的不确定

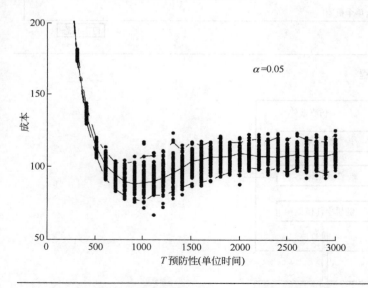

图 13-10 维护费用的不确定性

结果，维护经理无法断言精确的维护性能变量，但可以如图13-11和图13-12所示对指标分布进行研究，首先是找出可用性和成本不会超出某一给定水平情况下的运行时间。

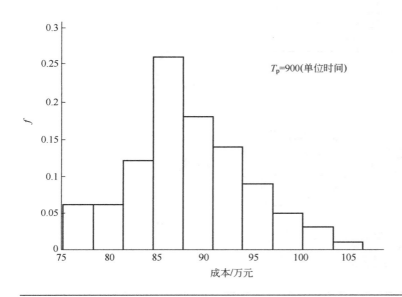

图 13-11　$T_p = 900$（单位时间）的成本分布

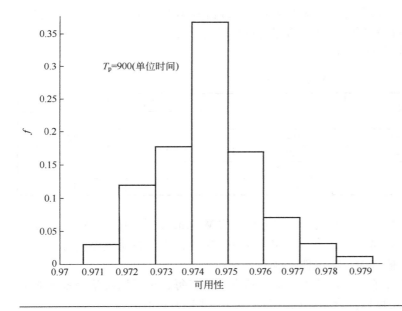

图 13-12　$T_p = 900$（单位时间）的可用性分布

13.3.4　案例研究

下面用一个基于现实生活的示例来说明部署上述框架所需的不同步骤。一个串联并行系统由四个名为 Poste 1、Poste 2、Poste 3a 和 Poste 4a 的主机组成，如图 13-13 所示。Poste 3b 和 Poste 4b 机器是冗余的，以提高过程的可靠性。

设备运维导论

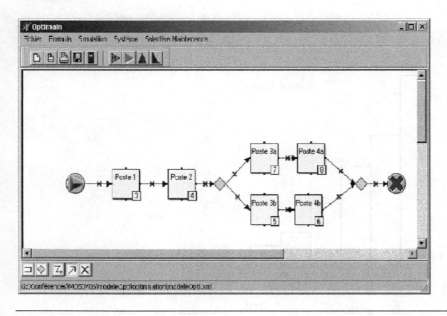

图 13-13 多组件混合动力系统研究

该系统需要通过其经济数据和可靠性参数来表征。经济数据汇总在表 13-3 中,并涉及替换固定成本以及相关的纠正和预防性维护措施的持续时间。过程停止会导致生产成本增加约 4200 元/h 和人力成本增加约 230 元/h。

表 13-3 经济数据

机器	C_p	C_c	维护持续时间	
			预防/h	维护/h
Poste 1	5233	21455	6	12
Poste 2	1248	6241	30	48
Poste 3	9358	11697	24	24
Poste 4	3027	9231	36	36

假设机器故障的密度函数遵循具有两个参数 η 和 β 的 Weibull 分布,其估计值由历史故障数据计算得出,汇总在表 13-4 中。由于是多组件系统,因此假设仅在系统停机时才检测到失效组件。被替换的组件被认为与新组件一样好。

一旦对系统的可靠性进行了建模,就可以运行仿真来计算每台机器以及整个系统的平均运行时间(MUT)。仿真还可以推导系统的可靠性功能(图 13-14)。

表 13-4 Weibull 参数和 MUT 估计

机器	MUT/h	η	β
Poste 1	9216	10364	2.3
Poste 2	8856	9883	3.1
Poste 3	2815	3102	3.8
Poste 4	5572	6043	1.3
系统	2831		

第 13 章 维护策略优化方法

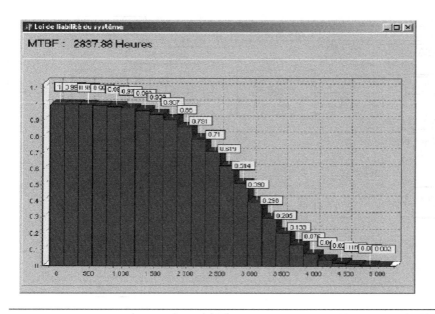

图 13-14 计算的系统可靠性函数

成功对系统的随机行为进行建模后,需要制订维护策略,以最大限度降低总成本或最大化系统的可用性。该优化阶段包括为每台机器指定维护策略,然后为这些策略参数计算优化值。除之前介绍的修改整体替换策略之外,还可用其他两个基本策略:时长替换策略(Age Replacement Policy,ARP),建议在给定的 T 时长(以先到者为准)或失效时进行替换(图 13-15);块替换策略(Block Replacement Policy,BRP),即在 kT 周期($k=1,2,3,\cdots$)或失效时进行替换(图 13-16)。在上述策略中,都假设仅新组件可用于替换。

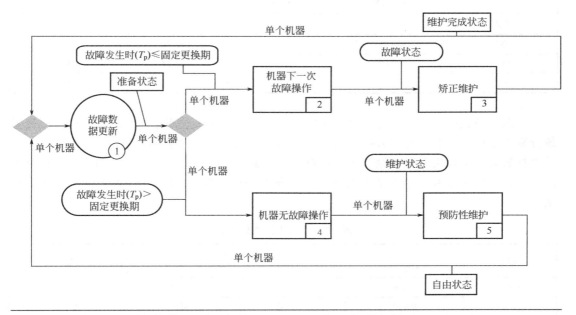

图 13-15 时长替换策略流程图的仿真模型

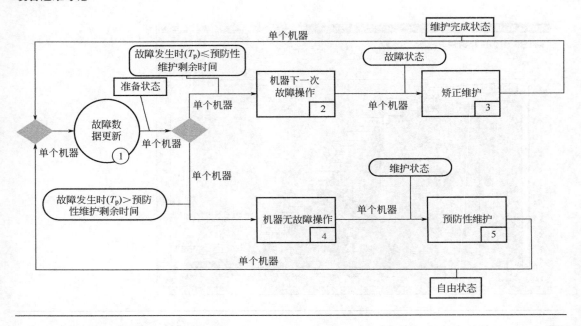

图 13-16 块替换策略流程图的仿真模型

当每个组件的维护周期固定不变时,可以轻松比较不同策略的效果。如果每个 MUT 周期都进行组件的预防性维护,可获得表 13-5 中所述的效果,并将结果与未进行预防性维护的结果进行比较。

表 13-5 T = MUT 的维护策略的效果

MUT 策略	总计花费 /(元/h)	标准偏差 /(元/h)	可用性 /%	标准偏差 /%
纠正	94.17	2.99	98.19	0.06
BRP	158.93	3.21	97.24	0.05
ARP	94.24	2.09	98.24	0.05
MBRP	117.36	2.94	98.05	0.06

上面的结果并不令人满意,需要进行优化,旨在确定最佳周期,使总成本最小或使系统分别经受时长替换策略(ARP)、块替换策略(BRP)、修改整体替换政策(MBRP)的可用性最大。可使用某些本地搜索优化算法,其编程一般较简单,内存使用率低,计算时间较合理。优化策略的结果见表 13-6,ARP 策略为最佳策略,同时 BRP 和 MBRP 策略也从优化中受益。

表 13-6 优化策略的效果

策略	总计花费 /(元/h)	标准偏差 /(元/h)	可用性 /%	标准偏差 /%
BRP	103.9	2.49	98.44	0.06
ARP	93.62	1.62	98.31	0.04
MBRP	94.68	2.51	98.51	0.06

第14章
针对随机失效的检查策略

设备运维导论

随机失效是指在许多情况下没有明显的预兆而发生的失效。如果部件失效不通过在线监测而自动报告,则只有通过检查才能知道其劣化程度。每一项检查都包括测量一个或几个特征参数以断定劣化程度。执行这些检查需要人力和物质资源以及一定的专业知识。

如果失效只在发生后才检测到,则系统在发生部件失效的瞬间和检测到失效的瞬间之间始终保持故障状态。这段时期可能会造成重大损失。因此,需要在某一时间跨度内确定一个检查序列,使运营的成效得到优化。一般来说,检查序列的目标是最小化给定时间内总成本或最大化系统处于稳定状态的时长。基本上采用两种方法:第一种方法是在黑箱方法中包含与设备相关的二进制状态,仅简单评估设备是否处于正常或故障状态;第二种方法是在条件允许时,直接或间接地评估设备状态,最终在故障发生前采取预防措施,这种方法通常称为视情维护(Condition Based Maintenance,CBM)。

本章将使用下列符号:

$f(t)$:与设备寿命相关的概率密度函数;
$F(t)$:与设备寿命相关的概率分布函数;
$R(t)$:设备可靠性函数;
$r(t)$:设备瞬时故障率函数;
μ:设备平均寿命;
Y:设备状态变量;
UTR:设备固定可用性(Up Time Ratio);
$A(t)$:设备瞬时可用性;
C_i:与每次检查相关的固定成本;
C_d:在故障发生和故障发现之间每一时间单位内停工所产生的固定成本;
C_g:用一个完全相同的新部件更换失效部件的固定成本;
C_p:每项预防性维护的平均成本;
C_f:误报后的平均成本;
C_o:单位时间的操作成本;
C_r:失效部件的更换成本;
$X=(x_1,x_2,\cdots)$:检查时间顺序;
$C(X)$:按检查时间顺序 X 执行检查时一个更换周期内的总平均成本;
$T(X)$:按检查时间顺序 X 执行检查的平均更换周期时长;
R_c:在无限时长内,单位时间内的总期望成本;
τ:检查期间;
T:受检设备的在役时长;
$n(t)$:单位时间内检查次数的连续函数;
λ:设备故障率常数;
$(1-p)$:检查后失效检出概率;
q:非自报失效的概率(处于空闲状态期间的概率,视任务情况而定);
δ:$1/(1-\delta)$ 的 δ 代表检查后未发现已有失效的概率;
α:假警报后进行检查的概率;
T_a:预防性维护的平均持续时间;
T_f:误报后的平均停机时间;

T_c：一次纠正维护的平均持续时间；
T_i：平均检查时间；
L：控制参数的阈值。

14.1 基本检验模型

考虑在 x_1、x_2、x_3、…时刻检查非自通知故障设备（图 14-1）。当检查发现设备处于故障状态时，立即更换与失效部件相同的新部件（或修理恢复到正常状态）。当检查表明它仍处于正常状态时，不采取任何行动，继续使用设备。可见，成本是与检查、停工和更换等活动相关。目标是找出在给定的时间范围内使单位时间总平均成本最小化的最佳检查时刻序列 x_i（$i=1,2,\cdots$）。

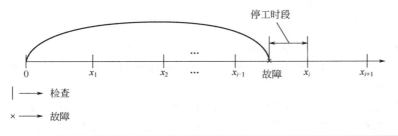

图 14-1 检查时刻序列

做出以下特定假设：
① 设备或处于正常状态或处于故障状态；
② 只有通过检查才能知道故障；
③ 检查时间可以忽略不计；
④ 检查不影响设备状态；
⑤ 通过检查所确定的设备状态是无误的；
⑥ 每次检查的平均成本都是恒定的；
⑦ 失效发生与失效发现之间停工单位时间内的平均成本都是恒定的；
⑧ 部件失效时，更换或维修工作能够精准执行；
⑨ 一旦发现故障，检查过程就结束。

如果在第 k 次和第 $k+1$ 次检查之间的 t 时刻发生故障，则平均成本是与 $k+1$ 次检查有关的成本之和，加之 $x_{k+1}-t$ 停工时段内的成本（图 14-2）。由于故障可能在任何时间间隔内发生 $[x_k, x_{k+1}]$，$k = 0,1,2,\cdots$，总平均成本表示如下：

$$C(x_1,x_2,\cdots) = \sum_{k=0}^{\infty} \int_{x_k}^{x_{k+1}} [C_i(k+1) + C_d(x_{k+1}-t)]f(t)\mathrm{d}t + C_r \quad (14\text{-}1)$$

式中，$x_0 = 0$。

目的是找出 x_k（$k = 1,2,\cdots$）的最优检查序列以最小化 $C(x_1,x_2,\cdots)$。常用基于概率密度函数的数值算法"2 阶聚合频率函数"来生成检查时刻表。下面的算法可得到最佳检查计划。

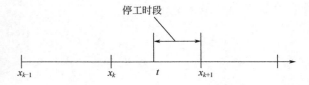

图 14-2　停工时段

步骤 1：选择 x_1 满足式（14-2）。

$$C_i = C_d \int_0^{x_1} (x_1 - t) f(t) \, dt \tag{14-2}$$

步骤 2：递归计算得到 x_1、x_2 等。

$$x_{k+1} - x_k = \frac{F(x_k) - F(x_{k-1})}{f(x_k)} - \frac{C_i}{C_d} \tag{14-3}$$

步骤 3：如果任何 $\delta_k > \delta_{k-1}$，减少 x_1 并重复，$\delta_k \equiv x_{k+1} - x_k$。如果任何 $\delta_k < 0$，增加 x_1 并重复。

步骤 4：继续直到 $x_1 < x_2 < \cdots$，获得最佳的检查顺序。这个程序相当烦琐，特别是需要迭代以及选择一个合适的 x_1 值时。

另一种方法，假设①到假设⑧仍然成立，但最后一个假设⑨被替换为：一旦发现故障，系统被修复或替换为一个新的相同的系统，产生一个不变的平均成本 C_r，需要 r 时长完成修复或更换。然后作为新系统重新开始，检查程序也再次开始。在这种情况下，最优的检查策略是在无限时间范围内最小化单位时间的总平均成本。

如果检查是在 $x_1 < x_2 < \cdots$ 的时刻进行的，那么在无限时间范围内单位时间的总期望成本为：

$$R_c = \frac{C(X)}{T(X)} \tag{14-4}$$

$C(x_1, x_2, \cdots)$ 由以下表达式表示：

$$C(x_1, x_2, \cdots) = \sum_{k=0}^{\infty} \int_{x_k}^{x_{k+1}} [C_i(k+1) + C_d(x_{k+1} - t)] f(t) \, dt + C_r \tag{14-5}$$

并且 $T(x_1, x_2, \cdots)$ 由以下表达式表示：

$$T(x_1, x_2, \cdots) = \mu + \sum_{k=0}^{\infty} \int_{x_k}^{x_{k+1}} (x_{k+1} - t) f(t) \, dt + r(t) \tag{14-6}$$

通过上面的第二种计算方法也可以生成最优检查序列。然而，主要的难点依然存在，就是第一个检查时刻的选择问题，即初始值 x_1 的选择，会影响最后的计算精度。

14.2　基本检验模型的扩展

14.2.1　单组件系统检验模型

（1）接近最优检查顺序

使用接近最优的策略通常更易于得到近似最优的检查顺序，可以使用反向计算的方法，从一个较远的 x_n 时刻向前反算。对于在检查出失效后流程结束的情况，可执行下面的算法。

步骤 1：在区间 $\left[0, \dfrac{C_i}{C_d}\right]$ 内选择一个实数 ε。

步骤 2：选择一个较远的检查时刻 x_n 来获得一个良好的精度。

步骤 3：计算 x_{n-1} 来满足下式。

$$x_n - x_{n-1} - \varepsilon = \frac{F(x_n) - F(x_{n-1})}{f(x_n)} - \frac{C_i}{C_d} \tag{14-7}$$

步骤 4：使用上式递归计算 $x_{n-1} > x_{n-2}$。

步骤 5：继续直到满足以下两个条件之一：$x_k < 0$ 或 $x_{k+1} - x_k > x_k$。

该算法与前面的算法基于相同的方法，不同之处在于它的执行数值收敛性更好。

近似最优策略与 Weibull 分布情况下的最优策略进行比较：

$$F(t) = 1 - \mathrm{e}^{-(\lambda t)^\alpha} \tag{14-8}$$

式中，$\lambda = 0.002$，$\alpha = 2$，发现该算法能提供一个很好的近似最优策略，特别是当 $\varepsilon = 4.5$，$C_i/C_d = 10$ 时。

算法性能仍然取决于 ε 的选择。建议 $\varepsilon = 1/2 \,(C_i/C_d)$ 以得到较好的结果。该近似最优策略可用于求第一次检查时刻 x_1 的初始近似值，需要前面的第一种算法来确定最优序列。

为了克服有 n 个变量问题的困难，令 $x_1, x_2, \cdots, x_n$，通常使用基于单个参数的算法来生成近乎最优的检测序列。利用一种渐进的方法来获得最佳的检查序列，并假设 x_{k-1} 在一个区间 (x_{k-1}, x_k) 内故障的概率对于所有 k 为常数：

$$\frac{F(x_k) - F(x_{k-1})}{\overline{F}(x_{k-1})} \equiv p \tag{14-9}$$

式中，$k = 1, 2, \cdots$，注意 $F(x_1) = p$。

由上面给出的方程可以求出 x_k，得到

$$\overline{F}(x_k) = q^k \tag{14-10}$$

式中，$k = 1, 2, \cdots$，$q \equiv 1 - p$（$0 < p < 1$）。由下式

$$C(x_1, x_2, \cdots) = \sum_{k=0}^{\infty} \int_{x_k}^{x_{k+1}} [C_i(k+1) + C_d(x_{k+1} - t)] f(t) \mathrm{d}t + C_r \tag{14-11}$$

可知，总期望成本为

$$C(p) = \frac{C_i}{p} + C_d \sum_{k=0}^{\infty} x_k q^{k-1} p - C_d \mu + C_r \tag{14-12}$$

目标是找到使 $C(p)$ 最小的 p。该算法具有生成递减、恒定或递增的检查序列的特性，所考虑的系统有一个递减、恒定或递增的失效率。

(2) 检查频繁的情况

最优检查策略在频繁检查的情况下变得更加复杂。假设检验过程可以用一个连续的强度函数 $n(t)$ 来描述，表示每个单位时间的检验次数：

$$\int_0^{x_n} n(t) \mathrm{d}t = n \tag{14-13}$$

假设从 t 时刻故障到 $t+a$ 时刻检查到故障的平均时间为一个检查间隔的一半，则：

$$\int_t^{t+a} n(u)\mathrm{d}u = \frac{1}{2} \tag{14-14}$$

该表达式近似如下：

$$\int_t^{t+a} n(u)\mathrm{d}u \approx \frac{1}{2}an(t) \tag{14-15}$$

因此，$a=1/n(t)$ 并且按 $1/n(t)$ 计划检查。

总平均成本为：

$$\begin{aligned} C[n(t)] &= \int_0^\infty \left[C_i \int_0^t n(u)\mathrm{d}u + \frac{C_d}{2n(t)} \right] \mathrm{d}F(t) + C_r \\ &= \int_0^\infty \overline{F}(t) \left[C_i n(t) + \frac{C_d r(t)}{2n(t)} \right] \mathrm{d}F(t) + C_r \end{aligned} \tag{14-16}$$

当单位时间内的损失成本为常数，且 $C[n(t)]$ 对 $n(t)$ 微分并使之为零时，可得到一个显式解。最优解 $n(t)$ 由下式给出：

$$n(t) = \left[\frac{C_d r(t)}{2C_i} \right]^{\frac{1}{2}} \tag{14-17}$$

最佳检测时间为：

$$n = \int_0^{x_n} \sqrt{\frac{C_d}{2C_i} r(t)} \mathrm{d}t \quad (n=1,2,3,\cdots) \tag{14-18}$$

注意：在这种情况下，函数 $n(t)$ 与系统故障率的平方根成正比。这些结果已经应用于具有常数故障率的系统，检查周期由下式给出：

$$\frac{1}{n(t)} = \left(\frac{\lambda C_d}{2C_i} \right)^{-\frac{1}{2}} \tag{14-19}$$

这一结果与定期检查过程的精确解一致，主要是找到最佳的检查周期。这对于具有恒定故障率的系统是有效和合理的。定期检查在各领域的实践中被大量使用，例如统计质量控制、医学、核能、国防等。

（3）系统寿命分布未知的情况

在系统寿命分布未知的情况下，在有限的时间跨度 $[0,t]$ 内，依据前面的推导，针对下面描述的四种情况，给出各自的一套最优检查方案。

情况1：基本模型与之前假设相同。

$$n(t) = \frac{1}{2}\sqrt{\frac{C_d \beta}{C_i(1-\beta t)}} \tag{14-20}$$

$$\beta = 1/T$$

情况2：假设故障检出概率为常数 $1-p$ 的不完全检出的基本模型。

$$n(t) = \frac{1}{2}\sqrt{\frac{C_d(1+p)\beta}{C_i(1-p)(1-\beta t)}} \tag{14-21}$$

$$\beta = 1/T$$

情况 3：检查 d_i 时间不可忽略的基本模型。

$$n(t) = \frac{1}{2}\sqrt{\frac{C_d \beta}{C_i[1-\beta(t-d_i)]}} \tag{14-22}$$

$$\beta = 1/(T-d_i)$$

情况 4：检查 d_i 时间不可忽略的不完全检出的基本模型。

$$n(t) = \frac{1}{2}\sqrt{\frac{C_d(1+p)\beta}{C_i(1-p)[1-\beta(t-d_i)]}} \tag{14-23}$$

$$\beta = 1/(T-d_i)$$

(4) 影响设备状态的检查

在许多实际情况下，特别是与工业设备相关时，检查动作可能会影响被检查设备的状态。在检查过程中，操作者的每一个动作都可能改变设备的后续使用状态，由于操作能力不同，故障率将被带到一个更高或更低的水平。因此需要考虑系统寿命和已执行检查次数的故障率的一般表达式。

系统以先验概率密度函数 $f(t)$ 在 t_0 时刻开始运行。如果时间在第 k 次检查之后由因素 $\theta_k > 1$ 加速，那么仍然在运行的系统在 t_k 时刻的运行时间 T_k 在初始时间尺度上由下式给出：

$$T_k = t_1 + \theta_1(t_2 - t_1) + \cdots + \theta_{k-1}(t_k - t_{k-1}) \tag{14-24}$$

假设检查在 t_k 时刻停止，则该时刻后的寿命条件概率密度函数表示为：

$$f_k(t \mid t > t_k) = \frac{\theta_k f[T_k + \theta_k(t-t_k)]}{\int_{T_k}^{\infty} f(t)\mathrm{d}t} \tag{14-25}$$

由式（14-25）可以清楚看出，寿命条件概率分布取决于之前检查的次数和时间分布。此方法仅用于具有恒定故障率的系统，因为问题的泛化需要使用收敛性相当有限的动态规划算法。

还有一种方法是考虑每次检查后故障条件概率的增加，即在时刻 $(x_1,x_2,\cdots)$ 检查系统处于运行或故障状态中，系统故障率是否将不断增加。假设存在 $F^{-1}(\cdot)$，且持续时间可以忽略的检查会对系统劣化产生影响。目标是确定检查顺序 $(x_1,x_2,\cdots)$，在无限的时间范围内最小化单位时间的总期望成本。

$$R_c = \frac{E(C)}{E(T)} \tag{14-26}$$

式中，$E(C)$ 为持续时间 $E(T)$ 的更换周期的平均总成本。
$E(C)$ 和 $E(T)$ 分别由下面两式给出：

$$E(C) = C_i E(I) + C_d E(A) + C_g \tag{14-27}$$

$$E(T) = \mu + E(A) \tag{14-28}$$

式中，$E(I)$ 为故障发生前的平均检查次数；$E(A)$ 为平均停工时间。

假定系统在 x_{i-1} 时刻处于运行状态，该模型基于故障发生在时间间隔 $[x_{i-1}, x_i]$ 的条件概率 p_i 为：

$$p_i = \frac{F(x_i) - F(x_{i-1})}{1 - F(x_{i-1})} \tag{14-29}$$

如果检查改变了系统的状态，可加速系统的劣化过程：
$$p_{i+1} > p_i$$
如果检查降低了故障率或将其保持在当前的水平，则：
$$p_{i+1} \leqslant p_i$$
检查顺序由下式可得：
$$x_i = F^{-1}\{p_i[1-F(x_{i-1})]+F(x_{i-1})\} \quad (14\text{-}30)$$
式中，$x_0=0$。

为了降低生成最优检验序列的复杂度，参数 p_i 可表示为一个唯一参数 p_1 的函数：
$$p_i = \Psi(p_1)$$

（5）以系统可用性为性能标准

出于安全方面的考量，成本可能变得不太重要，系统可用性成为主要的性能标准。因此必须用最少的检查工作来保持系统一定程度的可用性。这对于警报系统来说很重要。警报系统的劣化一般是由于临时机械冲击造成的，这种临时冲击由于是随机发生的，其强度也是随机的。

当检查遵循确定的更换过程时，设备的可用性最大，这意味着连续检查之间的间隔保持不变。当检查执行独立的冲击过程时，依据确定的更换过程平均速率 γ（进行检查每 $1/\gamma$ 时间单位）。每次检查后，如果发现系统处于故障状态，则更换系统（更换时间可以忽略不计）；否则，将继续运行系统。

建立表达系统可用性：
$$\text{UTR} = \frac{\gamma\left[\int_0^\infty R(z)g(z)\mathrm{d}z+1\right]}{v\left[\sum_{n=0}^\infty \Phi\left(\frac{n}{\gamma}\right)\right]} \quad (14\text{-}31)$$

式中，UTR 为检查期间 $1/\gamma$ 的函数和单位时间的平均冲击数；v 为冲击发生符合泊松过程；$R(z)$ 为累积至少等于 z 的总量级所需的冲击数；n 为检查的数量；$\Phi(\cdot)$ 代表系统生存函数。

$$R(z) = \sum_{k=1}^\infty S^k(z) \quad (14\text{-}32)$$

式中，$S^k(\cdot)$ 为冲击幅度分布函数 $S(\cdot)$ 本身的第 k 个卷积。

$$\Phi(t) = \int_0^\infty \sum_{k=0}^\infty S^k(z)\,\text{pois}(k,v,t)g(z)\mathrm{d}z \quad (14\text{-}33)$$

式中，$\text{pois}(k,v,t)$ 为对于一个泊松过程在 $[0,t]$ 时间间隔内有 k 次冲击的概率的均值是 vt。

以上是把连续冲击之间的时间限制在呈指数分布的情况下。对该模型进一步外推，考虑冲击按任意给定的概率分布 $H(\cdot)$ 进行分布，系统可用性广义表达式变为：

$$\text{UTR} = \frac{\int_0^\infty \left\{\sum_{k=1}^\infty [H^{(k)}(t) - H^{(k+1)}(t)]\int_0^\infty S^{(k)}g(z)\mathrm{d}z\right\}\mathrm{d}t}{\sum_{n=0}^\infty \Phi\left(\frac{n}{\gamma}\right)} \quad (14\text{-}34)$$

不同于系统稳态可用性,在 τ 单位时间周期性检查下,瞬时可用性有两个模型 A 和 B。在模型 A 中,每次检查后,即使不存在失效情况,也要更新系统;在模型 B 中,如果检查显示系统处于常态,则不采取行动,系统仍然和检查前的状态一样。此外,对于这两个模型,分别考虑两个假设,将更新时间看作是一个常数 d,或者是一个随机变量,它遵循一个概率密度函数 $g(y)$ 和一个概率分布函数 $G(y)$。

对于持续更新时间为常数的模型 A,瞬时可用性为

$$A(t) = \begin{cases} 1-F(t) & t \in (\tau, \tau+v) \\ [1-F(\tau)]A(t-\tau) & t \in [0,\tau] \\ [1-F(\tau)]A(t-\tau) + F(\tau)A(t-\tau-d) & t \in (\tau+d, \infty) \end{cases} \quad (14\text{-}35)$$

对于具有随机更新时间的模型 A,瞬时可用性为

$$A(t) = [1-F(\tau)]A(t-\tau) + F(t)\int_0^{t-\tau} A(t-\tau-y)g(y)\mathrm{d}y \quad (14\text{-}36)$$

在这种情况下,稳时可用性的表达式如下:

$$\mathrm{UTR} = \frac{\tau - \int_0^\tau F(x)\mathrm{d}x}{\tau + F(\tau)\int_0^\infty G(y)\mathrm{d}y} \quad (14\text{-}37)$$

对于持续更新时间为常数的模型 B,瞬时可用性为

$$A(t) = F(t) + \sum_{i=1}^{(t-d)/\tau} A(t-i\tau-d)\{F(i\tau) - F[(i-1)\tau]\} \quad (14\text{-}38)$$

对于具有随机更新时间的模型 B,其瞬时可用性和稳态可用性分别表示为

$$A(t) = [1-F(\tau)] + \sum_{i=1}^{t/\tau} \{F(i\tau) - F[(i-1)\tau]\}\int_0^{t-i\tau} A(t-y-i\tau)g(y)\mathrm{d}y \quad (14\text{-}39)$$

$$\mathrm{UTR} = \frac{\int_0^\infty [1-F(x)]\mathrm{d}x}{\tau\sum_{i=1}^\infty i[F(i\tau) - F((i-1)\tau] + \int_0^\infty [1-G(y)]\mathrm{d}y} \quad (14\text{-}40)$$

(6) 系统在活动期间和不活动期间交替进行

生产系统在活动期间和不活动期间交替进行应考虑以下情况:当设备处于运行阶段时,失效会被立即检出(自通知故障),而只有在不活动阶段(非自通报故障)才能通过检查发现故障。该策略建议在设备达到 T 时间时对其进行检查。如果检查没有发现故障,则进行预防性维护。在系统运行过程中,当系统出现故障或空闲时,通过检查发现故障后,采取纠正性维护措施。应该指出,检查可能无效并给出错误的结果。无效检查有两种类型:第一种被称为"假阳性",系统在检查后被声明为故障状态,而实际正常;第二种为"假阴性",系统被声明正常,而实际存在故障。

在这些条件下建立数学模型,允许找到最优的时间 T,在时间 T 处必须进行检查,使每单位时间的总期望成本最小化,也可以在相同条件下使设备稳态可用性最大化。

单位时间总期望成本表达式如下:

$$R_\mathrm{c} = C_\mathrm{d} + \frac{a(T)}{b(T)} \quad (14\text{-}41)$$

$$a(T) = (C_i + C_p + C_f\alpha)R(T) + [q(C_i + C_p)\delta - pC_p + C_g]F(T) - C_d\int_0^T R(u)du \quad (14\text{-}42)$$

$$b(T) = qT[R(T) + \delta F(T)] + (1-q)\int_0^T R(u)du$$

系统的稳态可用性表达式如下：

$$UTR = \frac{\int_0^T R(u)du}{(1-q)\int_0^T R(u)du + [q(1-\delta)T + C_1]R(T) + q\delta T + C_2} \quad (14\text{-}43)$$

$$C_1 = (1-q\delta)T_i + [1-q(\delta-1)]T_a + \alpha T_f - T_c$$

$$C_2 = q\delta T_i + q(\delta-1)T_a + T_c$$

(7) 单组件系统的其他策略

考虑使用机器所产生的平均利润，以及机器的检查和维修成本，单位时间的平均利润 Z 作为检查时间 τ 的函数：

$$Z(\tau) = \frac{p_r\int_0^\tau R(t)dt + C_gR(\tau) - C_i - C_g}{\tau} \quad (14\text{-}44)$$

式中，p_r 为机器运行时单位时间的平均利润。

结果表明，存在一个唯一 τ 对应于零利润（收支平衡点）。目标是确定最优时间 τ 使单位时间的平均利润最大化。在同样的情况下，为系统安装保护装置可吸收和避免内外部的冲击。保护装置处于正常状态时，以概率 $1-a$ 吸收冲击。考虑下列额外费用：

C_1：保护装置及机器故障成本；

C_2：保护装置成本，且 $C_1 > C_2 > C_i$。

最优检查序列 X_k 是使单位时间 $R(X_k, a)$ 的总期望成本最小的检查序列，其表达式如下：

$$R(X_k, a) = \frac{C_1 - (C_1 - C_2)\sum_{j=1}^\infty \int_{x_{j-1}}^{x_j} e^{-\alpha at}e^{-\alpha(x_j - t)}dF(t) + C_i\sum_{j=1}^\infty e^{-\alpha ax_j}[1 - F(x_j)]}{(1/\alpha)\left[1 - \sum_{j=1}^\infty \int_{x_{j-1}}^{x_j} e^{-\alpha at}e^{-\alpha(x_j - t)}dF(t)\right] + (1-a)\int_0^\infty e^{-\alpha at}[1 - F(t)]dt} \quad (14\text{-}45)$$

14.2.2 多组件系统检验模型

多组件系统检验模型广泛应用于工业，特别是对系统的可靠性要求很高的领域，如核工业和航空电子工业等。

(1) 基于故障树的策略

这种用于多组件系统检查的方法是基于故障树方法开发的。其假设包括：每一个基本事件都被完美地检查；所有的二元基本事件都是独立的；一次只检查一个事件。目标同样是求解最优检查序列。

(2) 已知和部分已知寿命分布的备用系统

考虑由两个相同的可修组件组成的备用系统，系统组件寿命呈指数分布，而修复时间呈一般分布。系统以及操作组件的故障只能通过假定是完美的且持续时间可忽略不计的检查来发现。连续检查之间的时间是一个随机变量。最初，只有一个组件在运行，而另一个组件在备用状态。如果两个组件都失效，则系统失效。考虑两种类型的成本，即系统运行时的单位时间成本 C_1 和分配给系统检查和修理的成本 C_2。在此基础上，对成本与效益进行分析，总效益由下式给出：

$$G_{\text{NET}} = \frac{G_{\text{T}}(t)}{t} \tag{14-46}$$

$$G_{\text{T}}(t) = C_1 \mu_{\text{U}}(t) - C_2 \mu_{\text{B}}(t) \tag{14-47}$$

式中，$\mu_{\text{U}}(t)$ 为在区间 $[0,t]$ 系统正常运行的平均时间；$\mu_{\text{B}}(t)$ 为系统维护的平均时间。

考虑一个由 N 个恒定失效率组件组成的备用系统，每个组件可能由于随机冲击而失效。在给定的检查时间，根据失效组件的数量（例如 m），以及两种情况，做出更换决定：

第一种情况，数字 m 等于或大于给定的级别 r；

第二种情况，检查前就出现故障，组件失效（自通知故障）。

更换时间可忽略不计，而有两种类型的成本需要考虑，即由更换引起的系统设置成本和更换数量为 m 的失效组件的成本。存在一定数量 r 的失效组件，能使得单位时间的平均总成本 $TC(r,N)$ 最小。

(3) 组件失效依赖的系统

多组件系统的大多数检查模型都假设组件独立失效。在某些典型的运行条件下，某一系统组件的失效会导致整个系统的失效。这种工况可能包括物理上的接近性、类似的预防性维护程序、相同的操作原则和共同的共享环境等。

考虑两组件并行系统的检查问题。系统组件以恒定失效概率为特征，与系统故障有关，即一个给定组件的失效可能会引起另一个组件的失效，假设失效概率为 p，通过改变 p 的取值，给出试验算例的数值结果。结果证明，交错检查比同时检查组件更合适。当目标是双重目标时，首先在较短的规划周期内使系统的平均不可用性最小化，其次使每次检查成本最小化。为给从业人员提供观察设备劣化的补充和更直接的方法，下面将讨论条件维护的概念，以帮助维护人员跟踪那些可能由组件劣化导致性能下降的设备。

14.3　条件维护模型

设备的运行特性随时间而劣化，定期的预防性维护可以大幅减少设备发生故障的频率。从经济角度来看，在设备发生故障之前进行维护是很有必要的：一方面可以跟踪设备的劣化程度；另一方面可以通过控制监视运行参数来避免发生故障。没必要定期进行预防性更换，在达到设备零件的报警阈值时进行预防性更换即可，这将减少设备更换的数量，同时也增加了设备的使用寿命。

(1) 单组件系统的条件维护模型

设备的劣化程度可通过执行测量来评估。在特殊的情况下，这种测量是针对某些参数进行的，这些称为控制参数，它与设备的劣化过程密切相关。控制参数包括振动幅度、润滑剂的酸度或铬浓度。目前已有多种模型被开发，一方面用于控制参数识别，另一方面用于数据采集和诊断系统的设计和设置。

这些模型的目的是得到给定报警阈值的检查时间的最优顺序，或优化预先确定的检查时间的报警阈值。我们也可以对系统剩余寿命的劣化程度进行建模，在考虑维护成本的基础上将该模型用于建立相关的经济模型。报警阈值通常是根据经验和设备的敏感值提出的。当超过报警阈值时,应该采取预防措施。注意:尽管有精确的设备监测,也不可能完全避免随机故障。

检查策略有两种类型,根据要检查的系统环境而采用。第一类策略是检查时间预先确定,每次检查的结果与以前无关。第二类策略是根据以前的检查结果确定每次检查之间间隔。第二类策略的优点在于,可以根据当前检查的结果,确定下一次的检查时间,以此控制检查次数。但是,在检查系统存在若干重要组件的情况下,如果这些重要组件更新的时间间隔不同,且每次检查都需要暂停系统,则第二类策略会大幅减少系统的可用性。因此,这种策略可能更适用于只有一个重要组件需要检查的多组件系统。

考虑单组件的检查策略的特点,条件维护策略可用于检测疲劳裂纹,并且这种裂纹的扩展是随机的。这时常采用第二类检查策略。在每一个被检测的裂纹处,假定构件被立即替换。在裂纹随机扩展的情况下,通常使用定量方法评估检查有效性。在给定的检查序列 $(x_1,\cdots,x_n)$ 中,在时间 T_n 处进行评估,以确定一个检查序列,该序列最小化单位时间内的总期望成本 $R_C(s_1,\cdots,s_n T_n)$。该方法基于两步:先最小化一个固定评估时间 T_n 的平均总成本;再通过最小化每个时间单位的平均总成本来确定 T_n 的最优值。

在处理劣化的设备时,常将两种截然不同的概率密度函数 $\phi(\cdot)$ 和 $h(\cdot)$ 分配给设备寿命。$\phi(\cdot)$ 描述了达到报警阈值之前的设备行为,$h(\cdot)$ 则对应超过报警阈值后设备的剩余寿命情况。在 x_i 时刻进行的第 i 次检查中,如果超过报警阈值或设备发生故障,则设备在第 x_i+H 时刻进行预防或纠正措施。H 对应于维护的管理审批和资源准备所花费的时间。维护的持续时间通常忽略不计。

(2) 多组件系统的条件维护模型

如果系统的组件是独立的,条件维护问题可以简化为由单个组件组成的系统问题。然而,如果系统组件根据经济、随机或结构的依赖相互作用,单个系统组件的最优策略不一定适用于整个系统。大多数多组件系统维护模型都建议对维护操作进行分组。这些模型都是基于条件维护开发的。事实上,从单组件扩展到多组件系统比较困难,特别是分析建模,而模拟仿真在这种情况下是可行的。在具有经济依赖性的多组件系统设置中,可有两种类型的条件维护模型:第一种是基于无限时域规划的静态模型;第二种是生成实时决策的动态模型。对于第二种类型,常用滚动时域的方法。

在由两部分组成的串联系统的条件维护问题中,每个部件都要经过一系列的定期检查。维护措施包括预防性更换或纠正性更换。维护成本由固定成本和特定部件检查或更换的成本组成。如果一次维护涉及两个部件,则存在规模经济效应,因为固定成本只发生一次。为了给检查和更换提供一个最优决策框架,需要建立相关数学模型,在无限范围内最小化单位时间内的平均总成本。基于多阈值原理,模型中每个组件 i($i=1,2,\cdots$)被分配一个族的阈值 $\xi_k^{(i)}$($0<\xi_k<\cdots<\xi_{ni}<L_i$)。如以伺机更换为目的,要为每个组件提供额外的阈值 ξ_i。

在 x_k 时刻的给定检查中,各组分 i 的劣化程度用变量 y_i 表示。维护策略由三个步骤组成,分别与组件劣化级别、系统劣化级别和下一次检查的时间相关。

步骤 1(组件级):第一个维护操作决定每个组件分别是由 i 根据其相应的族阈值 $\xi_k^{(i)}$ 来决定。它有三种可能:第一种情况对应于 $y_i\in[0,\xi_{n(i)}]$,不需要任何维护操作;第二种情况就是组件 i 经历预防性更换和对应于 $y_i\in(\xi_{n(i)},L_i)$;第三种情况就是纠正性更换,对应于

$y_i \geqslant L_i$。

步骤 2（系统级）：根据新的伺机更换阈值 ξ_i，如果状态变量的值 $y_i \geqslant \xi_i$ 且要更换组件 $j(j \neq i)$，在这种情况下，同时安排更换组件 i。

步骤 3（下一次检查时间）：假设 y_i^+ 作为维护后组件即刻劣化水平，组件 i 的下一次检查时间是关于 y_i^+ 的函数。因此，如果 $y_i^+ \in [\xi_k^{(i)}, \xi_{k+1}^{(i)})$，那么组件 i 的检查时间安排在 n_i-k 个单位时间之后，而在 $y_1^+ \in (\xi_k^{(1)}, \xi_{k+1}^{(1)})$ 和 $y_2^+ \in (\xi_l^{(2)}, \xi_{l+1}^{(2)})$ 下，下一个检查时间计划安排在 $t=\min\{n_1-k, n_2-l\}$ 后。

在此基础上可推导出无限范围内单位时间总平均成本的表达式。为检验模型的稳定性，可改变成本值、报警阈值等。该模型可应用于由两个以上部件组成的系统。但这会导致一定程度的复杂性，意味着需要更多的决策变量，问题的数值求解将变得更加困难，此时可采用一种分析建模和模拟仿真相结合的方法。

第15章
根本原因分析

如果倾向于快速简单地解决表面问题，而不是试图找出并解决导致问题的根本原因，只是更换组件或实施随机更改直到问题消失，那么这些问题往往会再次出现，会持续造成负面影响。生产中出现问题的原因主要包括：
- 未能适当利用工厂已安装的设备及产能；
- 过时或无效的标准操作程序（Standard Operating Procedure SOP）；
- 违背最佳的生产实践；
- 操作人员缺乏训练、适当监督或士气低落；
- 生产或制造系统调整和校准不当。

在维护活动的规划、管理、执行和评估中，未能普遍遵循最佳做法是造成设备故障问题的主要原因。设备维护中发现的故障原因主要包括：
- 新设备的设计、选择和采购不当；
- 对现有设备不加控制地修改和改变；
- 未对与现有生产和制造系统相关的生产能力、质量、成本和可靠性方面反复出现的问题进行全面的根源分析。

采购也会导致设备故障问题，主要包括：
- 仅基于"低价"而不是生命周期成本分析来采购新的设备和主要替换设备；
- 使用不合适的部分，即较便宜的保养、修理和操作备件；
- 缺乏供应商资质和评估流程。

部分故障可以直接归因于企业管理职能的失效。这些问题大多是由目光短浅的、短期的管理理念造成的，这些理念主导着企业的管理。

15.1　概念和方法

根本原因分析（Root Cause Analysis，RCA）旨在提供一种经济有效的方法来分离出所有直接或间接导致运营中所遇问题的因素。该过程不限于分析设备或系统故障，也可以有效地解决对工厂和设施的管理、运行、维护产生严重负面影响的问题。它能够发现初期的问题，并确定所有导致问题的直接或间接因素。

根本原因分析是一种逐步渐进方法，用于查找分析失效问题的根本原因。这种方法反复查找发生问题的真正原因并加以处理，而不是简单的持续处理表象问题。设备故障发生的原因多种多样，都是由一定程度的使用所导致的部件失效而引发。根本原因分析要追溯从最终故障发生到根本原因之间的因果关系链条，以便确定发生了什么、发生的原因，更重要的是找出可以减少再次发生可能性的措施。分析失效根本原因并采取措施消除这些原因的过程是提高产品质量的最有效方法之一。

例如，一家大型综合钢厂显示出维持关键生产系统运行所需的滚动轴承的年度数量和成本大幅增加。在近6年，每年的更换成本从270万元上升到1410万元。使用根本原因分析方法来确定这种急剧增长背后的原因，发现是误用了预测性维护技术。在建立预测性维护计划时，其任务被定义为消除由设备故障引起的任何计划外停机的可能性。因此，一旦滚动轴承显示出异常迹象，就会发布一条更换指令，导致过度过早更换了轴承。

RCA并没有到预测性维护程序就停止，而是更深入研究这些轴承出现异常行为的根本原因。分析结果表明，轴承典型问题的真正根源是有27%的轴承由于使用不当而出现异常磨损，其根本原因是维护时未能正确更换成指定轴承，而是选择替换为较便宜的（通常是轻型）轴承。与安装相关的问题的真正根源是有 22% 的轴承由于安装不当造成过早失效，其根本原因是工艺技术不当，缺乏明确的安装说明和有效的监督。与润滑相关问题占异常故障的 18%，这是由于润滑剂使用不当、使用方法不当、润滑频率不正确、缺乏适当的计划和直接监督以及工艺技能等因素共同造成的结果。轴承负荷异常占轴承早期磨损的 17%，造成这些问题的因素或真正的根本原因包括操作不当和操作人员失误，这些都是由于生产部门在计划、培训和监督方面的失误造成的。其他各种因素，如电弧腐蚀导致 11% 的轴承过早磨损，实际的根本原因涉及从维护不善到环境腐蚀等多种多样。更换轴承的年度支出中只有 5% 是因轴承达到正常寿命。

在花费的 1410 万元中，只有 71 万元用于达到或超过额定设计寿命的轴承更换，剩下的 1339 万元是不必要的费用。利用通过 RCA 流程获得的知识，实施了纠正措施，以消除每一个已确定的根本原因及促成因素。包括：对操作人员进行了适当的安装和润滑滚动轴承的培训；改写了维护程序，以确保轴承的适当操作和维护；更新了规范和采购做法，以确保普遍使用适当的更换轴承；加强一线监管，确保普遍遵守最佳操作实践。由于这些变化，滚动轴承的年度更换费用降到 75 万元。

故障调查的步骤如下。

① 问题定义和收集数据。应包括事件发生之前、之中和之后的信息；参与人员及采取的行动；环境因素；与问题有关的其他信息。可借助表 15-1 执行。表 15-1 中问题的答案要求包括检查记录、报告或日志、设备或安装图纸和文件；把纠正措施所可能产生的后果与操作人员、维护人员、工程师和主管进行讨论，并咨询专家。可能还需要访问发生故障设备的安装人员，咨询设备制造商，审查计算机信息系统等。

表 15-1 定义问题和收集数据

类别	问题
什么	发生了什么？有什么情况？什么是不良事件或不良行为？
时间	什么日期和什么时间？在过程的哪个阶段？
来源	什么类别？在哪发生的？什么过程？什么设备？
怎么样	事发前的情况如何？发生了什么事件？事发后情况如何？正常工作条件是什么？是否有不良影响，是否停机、跳闸或损坏？问题有多频繁？事件是否影响了其他过程、设备或物品？

② 安保措施。安保措施是管理的辅助手段，用于保护员工或设备，并增强系统安全性。检查的目的是确定与被调查故障有关的安保措施是否存在并被激活。物理措施包括设计容差、防火屏障、接地保护、密封、暂停、绝缘、冗余、急停系统等；管理措施包括警报、规则、程序、标准、工作许可、培训和教育、操作人员和工程师的认证等。

③ 事件因果图。使用事件因果图进行分析，将事件关系、条件、变化、障碍和因果关系在时间轴上使用标准表示法绘制，并使用表 15-2 中所示的符号表示。

④ 因果分析。在确定了全部事件后，确定造成问题的主要因素，即成因。该图将帮助显示因素之间的因果关系，即使在系统中彼此之间的关系已不再可见。

⑤ 根本原因识别。在确定所有因果因素后，进行根本原因识别。此步骤通常涉及使用决策图或鱼骨图，构建整个推理过程。对于每个事件，可能有许多因果因素。而每个因

果因素可能有许多根本原因。

⑥ 纠正措施。考虑以下问题，提出纠正措施：可以采取什么措施来防止问题再次发生？解决方案将如何实施？谁负责？实施解决方案的风险是什么？

⑦ 生成报告。记录 RCA 流程，包括讨论纠正措施、管理和相关人员等。研究报告应包括问题定义、事件因果图、因果分析、问题的根本原因、问题方案、明确责任和后续行动的实施计划。

表 15-2　因果图标准符号

项目	符号	描述
事件	矩形	在某些活动中发生的动作
主要事件	矩形→矩形	直接导致或跟随主要作用的动作
不良事件	菱形	对情况至关重要的不良事件（故障、条件偏差、不适当的动作）
次要事件	矩形→矩形	影响主要事件但不直接参与的动作
终端事件	圆形	分析的终点
条件	椭圆	可能影响和/或更改事件过程或导致不良事件的相关情况
推定事件	虚线矩形	假设采取的一项行动，因为它在顺序上看起来合乎逻辑，但无法证明
诱因	六边形	决定局势结果的因素，是问题的根本原因
推定诱因	虚线六边形	在逻辑上影响结果的假设因素
更改	三角形	事件发生后情况的变化
安保	黑色矩形	预防意外情况的物理或管理措施
安保失败	破碎黑色矩形	无法阻止意外情况的物理或管理措施

15.2　管理问题解决过程

丰田汽车公司以其不断提高运营绩效的能力而闻名。这种能力的核心是对工程师、主管的培训，并采用一种结构化的解决问题的方法，即使用一种称为 A3 报告的工具，以促进学习、协作和个人发展，阐明了从问题识别到解决问题的 10 个步骤。问题解决者将调查和计划的结果记录在一份简明的纸质文档（A3 纸）中，即 A3 报告，以促进知识共享和合作。

大多数问题的解决方案是"头痛医头，脚痛医脚"，也就是所谓的"一级问题解决"，出现问题就解决问题，但不去深挖问题的根源，导致相同的问题或同一类型的问题会再次发生，设备运营效率也没有提高。

A3 流程促使问题解决者解决工作中出现的问题的根本原因，几乎适用于任何情况。如果使用得当，所有步骤都被遵循并完成，成功的概率会大幅提高。A3 流程植根于更基本的"计划、执行、检查、实施"循环（图 15-1）。根据评估，可能会发现另一个问题，此时需要再次实施 A3 流程。

确定 RCA 需求，就应立即开始使用 A3 模板，其内容见图 15-2。

业务案例：这部分应该用来清楚而简明地定义要调查的问题。

当前状况：当前状况包括对当前情况的简要说明，围绕着要调查的问题，使用图表来清楚地传达信息。

目标状况：定义 RCA 建议的纠正措施的结果。同样，使用图表和其他说明性材料来包含更详尽的数据，并提供更专业的报告。

实施计划：它是 RCA 的管理工具，在管理层批准后成为实施纠正措施的"下一步"。使用甘特图、PERT、其他类型的项目计划或时间线是理想选择。

评价指标：应用于定义特定的投资回报或预期从建议的更改中得到的结果，应该包括表示更改的实际值和使用的数据源。

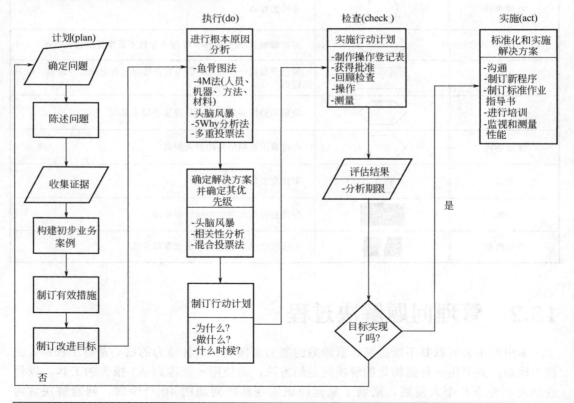

图 15-1　PDCA 过程

第 15 章 根本原因分析

业务案例	目标状况
当前状况	实施计划
根本原因分析	评价指标

图 15-2　A3 模板

15.2.1　A3 流程

步骤 1：确定一个问题或需求。每当工作方式不理想，或者当一个目标没有实现，就会遇到问题或者需求。首选的源问题识别是统计分析，跟踪工厂的实际和设计性能及所有功能，例如销售、生产、采购、维护等。

步骤 2：进行研究以了解现状。一个问题要想得到妥善解决，就必须牢牢把握当前形势。为此，丰田建议问题解决者：

- 直接观察工作过程，并记录观察结果。
- 创建一个图表，显示当前工作是如何完成的，可以使用任何数量的正式流程图或由绘图工具绘制，通常简单的条形图和箭头就可以做到这一点。
- 量化问题的严重程度。例如，延迟交付的客户百分比、一个月内缺货的数量、每个季度报告的错误数量、增值工作时间的百分比。如果可能的话，用图形表示数据。

步骤 3：进行根本原因分析。一旦对当前需要修复的流程的工作方式有很好的了解，就应该找出错误或效率低下的根本原因。应首先列出主要问题。接着问适量的"为什么？"直到找到根本原因。一个很好的经验是已经注意到问题的根源，直到问"为什么？"至少连续问 5 次。这种被称为"五个为什么（5Why）"的根本原因分析方法在解决问题时被证明是有效的，而且答案清晰、直截了当。这也是一个很好的起点，即使对最复杂的问题，其也应该被用作问题发展或澄清的一部分。

步骤 4：制订对策解决根本原因。一旦对当前形势有了充分的认识，主要问题的根本原因已经揭晓，就应该制订一些对策。对策是对工作过程所做的改变，通过解决根本原因，使状态更接近理想或使过程更有效率。一般来说，建议对策符合三个规则：

- 给定工作活动的效果、内容、顺序和任务；
- 在商品和服务的请求者与提供者之间建立清晰、直接的联系；
- 消除循环、工作区和延迟。

步骤 5：制订目标状态。解决问题根本原因的对策将形成完成工作的新方法，即所谓的目标条件或目标状态，描述了在已提出对策的情况下如何完成工作。在 A3 报告中，目标条件应该是一个图表，类似于说明新提议的流程将如何改变当前工作。列出具体的对策，并对预期的改进进行具体和定量的预测。

步骤 6：制订实施计划。为达到目标状态，需要一个经过深思熟虑的可行的实施计划。

实施计划应包括为落实对策和实现目标条件所需采取的行动的清单，以及每项任务对应的负责人和期限。也可增加其他相关项目，如成本。

步骤7：制订后续计划并预测结果。在问题解决者的学习过程中，关键的一步是验证他们是否真正理解了当前的状况，而足以改善它。因此，后续计划成为过程改进的关键步骤，以确保实施计划得到执行，实现目标条件，达到预期效果。可以在此陈述预测的结果，而不是在目标条件下。

步骤8：与所有受影响方讨论计划。与被实施方或目标条件影响的所有各方进行沟通，并在整个过程中努力达成共识，这一点至关重要。它作为批准和实现之前的一个特定步骤，不能被跳过。提议的改进项目往往包括若干个关键节点。所提出的问题应尽可能得到解决，可能涉及进一步研究问题或重新制订对策、目标条件或实施计划。这部分工作是要让每个受改进项目影响的人都意识到它，并且在理想情况下，一致认为产生的效果对全局适用，利大于弊。

步骤9：获得实施批准。如果A3流程执行者不是管理者，那么一定要记住权威人士的批准对执行计划的重要性。权威人士应核实已充分研究了这个问题，所有受影响的方面都同意这项建议。这之后权威人士方可批准。

步骤10：实施计划。批准后，下一步就是实施计划。

步骤11：评估结果。改进不应该随着实现而结束，需将测量实际结果与预测结果进行比较。如果实际结果与预测结果不一致，需要进行研究，找出原因，修改流程，重复实施和跟进（即重复A3流程），直到达成目标。

15.2.2 根本原因分析的简单流程

根本原因分析的第一个特点：总是有一个或多个原因导致偏离既定或可接受的标准范围，包括设备故障。因此，有效的根本原因分析的第一个任务是区分正常和异常。可是工厂和设施里负责操作和维护的大多数员工缺乏准确识别和量化容许偏差所需的知识和技能。相反，他们只对明显的症状做出反应，例如设备故障或部件失效、感知到高成本或性能的总体变化；由于缺乏实际的机器或系统动力学知识，无法找出问题的真正原因；在许多情况下，只识别症状而不识别问题。例如，工厂人员会发现轴承失效，但很少有人会查找轴承失效的原因。

根本原因分析的第二个特点：这些问题，如超出容许偏差，通常不会瞬间发生，而是会经历一个渐变的过程，这种过程导致了偏离或失效。因此，必须制订并遵循一个方法，以便准确有效地识别导致所观察到的偏差、问题或故障的改变过程，这个方法即为RCA。

根本原因分析需要包含多种形式，从对失效零件进行简单的目视检查，到设计用于识别定量影响、制订具有成本效益的解决方案，并针对复杂的能力、质量、成本和可靠性问题实施纠正。RCA必须是一个基于事实数据的系统性过程，应该是没有偏见或政治压力的，是一个逻辑的、实际的过程。

（1）简单分析

简单分析的工具可以是一个面谈过程，使用交互式面谈的效果最好。由直接了解的人员组成职能小组，针对正在调查的问题对其人员进行面谈并提问。这一过程应尽可能经常地重复，以找到正在调查的问题的真正根源。例如，制造工厂的一个主要生产模块中存在问题。问题陈述：模块"A"未达到其生产目标。为了解决这个问题，调查人员应该安排一个由直接了解"A"模块的操作人员、维护人员和其他支持人员组成的会议。调查人员应该首先重申问题"模块没有达到它的生产目标"，然后问第一个"为什么"。在每一个答案后,调查人员都会重问问题,但每次都是针对前一个答案。

为什么模块"A"未能达到它的生产目标?答:"我们被迫在大部分时间使用应急操作人员。"

你为什么被迫使用应急操作人员?答:"过去一个月,常规操作员一直在培训。"

为什么常规操作人员要接受培训?答:"这是强制性的培训,每个人都必须在年底前参加。"

为什么所有的操作人员都在同一时间接受培训?答:"就是这样安排的。"

为什么这么安排?答:"今年早些时候我们有大量生产订单,管理层决定推迟培训,直到需求下降。"

问题的根本原因是什么?是管理层决定优先产量,推迟培训,直到太迟而无法有效地进行培训。这是涉及生产管理层次的根本原因,如果 RCA 纠正措施能够涉及更深层次、更广范围,可以对其背后的原因进行继续追问。在本例中,可以纠正到生产管理的层面,其目标是防止类似的情况在将来某个时候再次发生。

(2) 目视检查

许多令人困扰的设备问题可以通过目视检查相应部件来解决。例如,在大多数工厂和设施中,滚动轴承过早失效是一个常见的问题。很多工厂只是简单地更换轴承,并将故障轴承扔进垃圾桶。这种方法对消除轴承失效几乎没有作用,故障极可能再次发生。在大多数情况下,对失效轴承进行简单的目视检查,将使工厂人员能够查明过早失效的根本原因。

图 15-3 所示为从 V 带驱动风扇上拆下的锥形滚动轴承内圈,该轴承位于 V 带驱动附近。目视检查清楚地表明,该轴承上的负荷已集中在座圈间的一个区域内,使润滑油内爆引起变形,导致过早失效。但是,是什么原因导致了负荷转移呢?

图 15-3 失效轴承示例

通过目视检查获得的信息,使用根本原因分析可以查找设计、安装、操作模式的变化,以及其他可能导致这种异常加载的原因。在许多情况下,可以通过一些简单的测试来完成。此类 RCA 可由工厂内的维护和操作人员执行。在本例中,V 带张力过大是导致轴承故障的直接原因,但根本原因包括:

- 维护程序不当,预防性维护任务单中未能就正确张紧 V 带提供充分的说明;
- 不当的工艺培训,工艺人员没有得到适当的培训来了解正确张紧 V 带的重要性并获得正确的方法;
- 监管不力,没有主管来确保维护工艺遵循最佳方案。

在本例中,仅纠正 V 带张紧力并不能纠正问题的真正根源。除非引起问题的实际因素得到纠正,否则该问题将在其他 V 带驱动设备中再次出现。

对其他失效部件（如齿轮）进行目视检查，也可以深入了解过早故障的潜在根本原因。图 15-4 和图 15-5 说明了齿轮常见的故障模式。图 15-4 清楚地表明，润滑油系统内的磨料污染已经损坏了齿轮。从齿根到齿顶的齿面图案是由于磨料在啮合齿轮之间相互碰撞而形成的。图 15-5 中的严重点蚀表明过载齿轮箱中的润滑膜破裂。过载引起的过大压力导致油膜多次破裂，进而在齿轮齿上点蚀金属材料。

图 15-4　污染引起的磨料磨损　　　图 15-5　过载齿轮引起的严重点蚀

即使是简单分析，也需要对假定的根本原因进行验证。这种验证可以简单用振动分析来确定导致失效的强迫振动函数，或使用更详细的测试，以消除或确认假定的根本原因。

15.2.3　根本原因分析的正式流程

更复杂的问题，如产能受限、产品质量或复杂的生产系统故障，需要使用全面、系统的调查，评估所有可能导致偏差或故障的相互作用。真正的失效根本原因分析需要投入时间和人力。通常情况下，正式的分析需要 2~4 个人的团队在 5~15 天内完成。如果调查人员不能在这个时间内解决问题，可能该问题涉及了较专业的技术领域，就需要专家的帮助。

一个典型的例子，一个由 6 名工程师、12 名工艺人员和 3 名汽轮机供应商专家组成的内部问题解决团队，花了超过 10 年的时间来解决一个长期存在的汽轮机发电机问题。涡轮机显示出连接到发电机的联轴器频繁失效。在 5 年的时间里，每 6 个涡轮机至少发生一个耦合失效。为解决上述问题，这个团队基本上替换了汽轮发电机驱动系统的所有部件，但没有成功，反而使系统整体可靠性下降。这项为期 10 年的行动花费超过 400 万元，而且没取得可衡量的效益。通过聘请专家，应用适当的根本原因分析技术，结果在 7 天内就解决此问题。安装在蒸汽发电厂的汽轮发电机在正常运行期间出现弯曲，但对联轴器的最严重损坏是在启动和停机期间发生的。在这些瞬态过程中，由于支撑结构缺乏刚性，使得整个传动系统在水平面内移动。这种根本的不对中导致了过早的耦合失效。在长达 10 年的故障排除过程中，更改和撤销更改的成本非常高，几乎达到了每台涡轮机 75 万元，而纠正真正的根本原因的实际成本不到 3 万元。

在正式的 RCA 中，调查组可能需要所有工厂人员的参与，这些人员可能对偏差、事件或正在调查的问题有直接或间接的了解。这种信息交流活动可能限于单独或小组的面谈，可能需要额外的支持来收集数据、记录和其他相关信息。显然，实际的工作量将取决于问题的复杂性和团队的专业技术能力。

（1）分析的目的

RCA 的目的是解决对安全、环境合规性、设备可靠性和工厂性能产生负面影响的问题，而不是追究责任。很多公司只想找人来为失败或偏离公认标准的行为负责，而不是解决问题。例如，操作人员失误是生产系统故障最常见的原因，但是操作人员失误是故障的真正原因吗？除故意破坏外，大多数故障是基础设施的零部件失效的结果，而不是人为失误。在"责备"的过程中几乎得不到什么好处，反而会导致员工士气低落，并使员工隐瞒对根本原因、对过程和对有效的工厂运营和维护来说至关重要的信息。如果把人为错误作为导致问题的唯一原因，训斥、惩罚或解雇员工对减轻失效的影响或防止失效再次发生作用甚微。

参与 RCA 流程的每个人都必须清楚地认识到，解决问题是该过程的唯一目标。调查不是要试图责备。调查人员必须了解，这种分析方法的真正好处是通过提高可靠性、提高产品质量和降低生命周期成本来改善工厂运营；调查小组依赖工厂人员提供对过程至关重要的事实信息和数据，如果没有工厂人员自由和公开的信息交换，RCA 流程不可能成功；那些与被调查的故障和失效相关的人员通常会采取一种自我保护的态度，并认为调查的目的是找出并惩罚责任人。调查人员一定要消除这种恐惧，并用解决问题所需要的积极努力来取代它。

(2) 有效利用分析

虽然 RCA 流程需要召开工作组会议，以及进行个人和小组访谈，但核心是收集事实数据。这些数据可用于分离、识别和量化导致正在调查的异常行为的真实原因。为此，调查人员必须认真对待，深入事故现场，不能怕脏怕累。RCA 流程需要面谈、检查、测试和评估等实际操作流程，只能在工厂或现场完成。理论评估有其作用，但要有效地开展 RCA，调查人员必须清楚了解被调查系统的运行动态，确认参与调查事件的人可能提供的所有因素或假设。RCA 的有效使用需要纪律和一致性。每一次调查都必须是彻底的，并且必须遵循既定方案中的每一步。人类的本性决定了每个参与 RCA 的人员都受到其经验的制约，他们的自然倾向是基于这种制约来过滤输入数据，也包括调查人员在内。这往往会造成先入为主的观点和看法，破坏这一过程的有效性。

对于调查人员来说，重要的是把分析建立在纯粹的事实基础上，而不做任何假设。在通过访谈和其他数据收集方式进行分析的过程中，任何假设都应被明确说明。如果假设不能被证实或证明，那么它们必须被抛弃。

(3) 人员要求

任何人，从最新的工艺人员到受过专门训练的工程师，都可以执行 RCA。所需的人数取决于正在调查的特定事件、偏差程度或故障的复杂性。在极少数情况下，正确执行 RCA 所需的人员可能相当多。但在大多数情况下，需要一个 3~4 人、多学科的团队。例如，一个复杂的生产或制造系统的故障可能需要一个由 3 人组成的团队：一个对系统设计特性有必要知识的工程师；一个熟悉系统的操作人员；一个对系统有经验的熟练维护人员。这种组合提供了从三个关键角度查看问题的能力：工程、操作和维护。有了这三个角度，大多数问题都能迅速而经济地得到解决。否则，找出问题真正原因的可能性将很小。

调查组需要所有直接或间接参与正在调查的故障、问题或偏差或对问题发生时的临界条件有具体了解的人员参与。在工厂中出现的问题总是有多个原因。在大多数情况下，与缺陷系统或过程相关的人员具备相关知识，能够分离出直接导致观察到的问题的特定原因或原因组合。

15.3 根本原因分析方法

根本原因分析遵循如图 15-6 所示的逻辑方法，其设计目的是促进调查问题、偏差或事件。

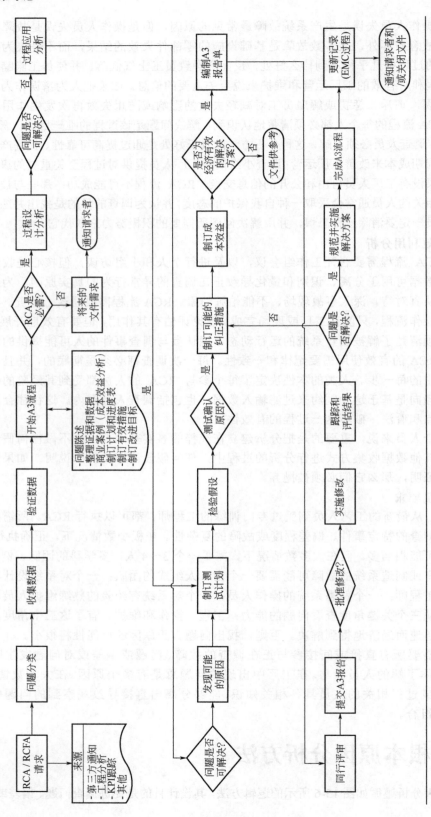

图 15-6 RCA 逻辑

15.3.1 识别潜在根本原因分析的事件

识别潜在问题主要有两个方法：首选方法是通过定期分析关键绩效指标（KPI）和其他设备历史记录来获得与正常情况下的偏差。这是可靠性分析的一个组成部分，占所执行 RCA 的 90%。另一个方法是收集一个或多个工厂员工的表述。全员参与的概念是卓越可靠性的基本要求，也是持续改进计划的有效保障。任何员工都有可能识别出需要分析的问题。

15.3.2 报告问题

当问题发生时，调查人员很少在场。因此，第一步是初步通知发生了问题。通常，报告是口头的，或是简短的书面说明，甚至是生产日志中的符号或监测系统中的信号。在大多数情况下，这不会包含对问题的完整描述，而是非常简短地描述报告问题的人所观察到的状况，进一步需要确定其真实状况，并确定限制事件的范围。在调查的这一阶段，可以通过与第一个观察到问题的人面谈来完成任务。接着要尝试发现问题原因。每个被访谈的人都会对事件有自己的看法、有自己的描述和猜测的原因。在很多情况下，这些看法是错误的。即使参与或报告事件的人所表达的意见是无效的，也不要在没有调查的情况下遗漏。这些意见中的每一个都应该被记录下来，并作为调查的一部分。在许多情况下，一个或多个意见将是解决问题的关键。下面是一个最初感觉不正确的例子。

一个袋式除尘器的问题，最初的报告称，从袋子中排放出含尘空气是随机的，而且是会反复出现的。报告问题的人确信，是控制袋式除尘器排污的先导式电磁阀的故障。然而，通过快速设计审查发现，电磁控制阀是正常关闭的，不会在打开位置出现故障，因此不能成为报告问题的原因。通过与工艺工程师的对话，发现用在密封排污管的隔板的密封性变差是潜在的问题源。这一观察结果，再加上工厂空气不足，才是所报告问题的根本原因。

另一个说明先入为主观点的例子是链式输送机的灾难性故障。在关闭系统之前，链条左侧的所有杆件严重弯曲。即使没有发现诸如螺栓之类的异物，异物混入也被认为是故障的原因。通过观察，很明显发现是一些异物造成了传送带的损坏，但更重要的问题是——为什么会发生这种情况？该输送机特意设计了一个停车点，主驱动链轮的设计中包括一个剪切销，防止外来异物造成损害。但剪切销已被移除，并用 5 级螺栓替换。那么这故障的深层次原因显然是某维修工，甚至是维修经理，决定用 5 级螺栓更换安全销。但这是根本原因吗？实际上，维保体制不完善是这个问题的根本原因。缺乏一个正式的、强制性的工程变更管理流程，以避免此类任意更改，才是真正的问题所在。除非得以纠正，否则很有可能再次出现此类问题。可能导致这个问题的其他因素包括缺乏适当的监督、程序错误、培训不足及缺少可行的维护技术。

一个严重限制 RCA 有效性的因素是缺乏正式的事件报告格式。使用完全限定潜在问题的格式会大幅减少完成分析所需的工作量。类似于表 15-3 所示的表格提供了解决问题所需的最低数据水平。

表 15-3 典型事件报告表

日期：
报告人：
事件描述：
具体位置和受影响的设备/系统：
事故发生的时间：
参与调查的时间：
可能的原因：
采取了哪些修正措施：
是否涉及人身伤害：□是 □否
是否涉及报告的发布：□是 □否
事故分类：□设备故障   □合规性 　　　　　□事故/伤害   □性能偏差

15.3.3 澄清问题

在解决任何问题的过程中，通常第一步是充分理解问题。在太多的情况下，请求 RCA 时没有对问题进行清晰、简明的定义，因此可能会在试图解决一个并不真正存在的或错误的问题上浪费很多时间，尤其是在产品质量、成本和其他模糊的问题上。如果没有大量的调查工作，这些问题往往难以被证实或推翻。因此，调研团队必须首先澄清问题，并给出充分的定义：①验证问题确实存在；②需要对问题的严重性进行分析。

澄清问题的第一步是与问题提出者访谈。访谈的目的是澄清、了解其要求调查的原因。最初的访谈相对简单，一系列精心设计的问题应提供所需的信息，以确认是否需要正式的 RCA。

应使用以下提问方式来澄清问题：

发生了什么事？是什么触发了 RCA 请求。在访谈中，应该尽一切努力获取尽可能多的细节。澄清实际发生的事情是 RCA 的基本要求。自然而然地给出感知，尚不需要仔细定义实际事件。在事实和现有数据允许的情况下尽可能多地包括细节。

发生在哪里？源自特定组件、设备和加工区域的问题，对事件确切位置的清晰描述有助于分离和解决问题。除了位置，确定事件是否也发生在类似的位置或系统中。如果排除了类似的机器或程序，有时可以将事件分离到该位置完全唯一的或一系列因素。例如，如果泵 A 出现故障，而同一系统中的泵 B、C 和 D 没有出现故障，这表明故障原因可能是泵 A 独有的。但是，如果泵 B、C 和 D 表现出类似的症状，则很可能是系统性的，并且是所有泵的共同原因。

什么时候发生的？分离事件发生的具体时间极大提高了调查人员确定其来源的能力。当事件的实际时间范围已知时，对可能导致事件的流程、操作和其他变量进行量化就容易得多。然而，在某些情况下，例如产品质量变差，很难准确确定事件的开始和持续时间。大多数工厂监控和跟踪记录没有提供确定此类事件时间所需的细节。在这些情况下，调查员应评估受影响过程所在区域的操作历史，以确定是否可以找到适当确定事件时间范围的方法。在大多数情况下，可对以下事件的时间安排进行分离：特定产品的生产；特定操作团队的工作计划；工作环境变化。

什么改变了？设备问题以及大多数其他需要进行根本原因分析的事件，不会随便发生，都由特定的变量单独或共同导致。因此，必须查明与事件相关的任何改变。无论问题是什么，评估都必须量化所有与之相关的变量。这些数据应包括操作设置、产品变量，如黏度、密度、流速、操作团队和周围环境。如果可以，数据还应包括与事件相关的任何预测性维护数据。

谁参与了？应查明事件中直接或间接涉及的所有人员。失效和故障可能是人为错误和/或技能不足的结果。但应注意，调查的目的是解决问题，而不是惩罚。在这部分调查过程中得出的所有评论或言论都应该是客观的。应该为所有直接参与人员分配代号或标识符，如操作员 A 或维修技师 B。此方法有助于减少对直接参与人员的惩罚恐惧。此外，还减少了对组织内个人的偏见或先入为主的看法。

为什么会发生这种事？如果上述问题得到了充分回答，事件就有可能在不做进一步调查的情况下得到解决。列出一份可能导致报告的问题的原因清单。该清单应包括所有因素，既包括实际因素，也包括假设因素。在许多情况下，有许多因素是微不足道的，结合起来就会导致严重的问题。这一份可能的原因清单中所包括的所有假设都应该清楚说明，被证明的原因也应该清楚说明。

有什么影响？在进行全面评价之前，应量化事件的影响。同样，并非所有的事件，甚至是一些重复的事件，都需要进行全面的分析。调查过程的这一部分应尽可能真实。尽管目前还无法提供所有细节，但仍应尝试评估事件的实际或潜在影响。

还会发生吗？如果初步访谈确定该事件是非经常性的，则此过程可能就此终止。但在做出此决定之前，应彻底查阅与该事件所涉及的机器或系统有关的历史记录，确保它确实是一个非经常性事件。应记录所有报告的事件，并保存文件以备将来参考。对于发现的非经常性事件，应建立一个文件，保存前面步骤中产生的所有数据和信息。如果事件或类似事件再次发生，这些历史记录将成为重要的调查资料。应对任何有周期性复发史或复发概率高、对可靠性和/或经济性有重大影响的事件进行全面调查，特别是对所有可能造成人身伤害或违反法规的事件必须进行调查。

如何防止复发？尽管这是最后一个需要问的逻辑问题，但通常在整个 RCA 完成之前无法回答。如果经过 RCA 分析确定纠正该问题在经济上不可行，那么工厂人员可能必须学会尽量减少影响。

15.3.4 确认事实

根本原因分析不应基于观点或假设。在开始分析之前，调查人员必须确认问题确实存在，并且需要进行正式调查。因此，在初次访谈中获得的所有信息都必须得到确认或驳斥。如果问题确实存在，则计算机维护管理系统或其他支持该问题的记录系统中应该有数据。调查人员应收集整理这些数据以确认报告的问题。

这个过程中的步骤应该包括足够的细节来验证问题，并量化它对工厂的实际影响。影响应包括产能损失、运营和维护成本增加、事故或监管不合规的可能性以及任何其他可量化的价值，还应包括对任何记录数据的交叉验证。信息管理系统常常包含错误信息，部分原因是输入错误和系统内的数据碎片。这些错误的数据可能会扭曲潜在的问题，并导致调查人员对是否需要 RCA 得出错误的结论。在大多数情况下，数据保存在两个或多个数据库以及日志中。通过比较这些不同的来源，可以验证数据，从而获得潜在问题的真实情况。

15.3.5 收集整理数据和物证

RCA 流程必须基于事实数据。因此，在调查问题、偏离标准或涉及设备故障的事件时，首要任务是保存物证。如有可能，应将故障机器及安装的系统与生产线分离，然后进行全面调查。在停止使用后，应将故障机器及所有部件存放在安全区域，直到能够对其进行全面检查和适当测试。

如果这种方法不可行，则应在机器从安装位置移除之前，将故障现场完整记录下来。照片、草图、仪表和控制装置应完全记录在案，以确保为调查小组保留所有数据。所有自动报表，如计算机监控系统生成的报表，均应得到并保存。

调查收集信息和物证所需的工作可能相当广泛。下面是应该收集的部分信息。

- 对于当前发生事故的机器或区域所应用的标准操作（SOP）和维护程序（SMP）。
- 公司在事件期间执行管理活动的记录。
- 操作和处理数据，如条形图、计算机输出和数据记录器信息。
- 与事故有关的机器或区域的维护记录。
- 工作日志、工作包、工作单、工作证、维修记录的副本、设备检测结果、质量控制报告、油润滑分析结果、振动特征和其他记录。
- 图表、示意图、图纸、供应商手册和技术规范，包括与事故有关的系统或区域的设计数据。
- 培训记录、培训课程的副本，以及显示参与活动的人员的技能水平的其他信息。
- 事件现场的照片、录像带和/或图表。
- 损坏的硬件。如垫圈破裂、导线烧坏、熔丝熔断、轴承故障等。
- 事件发生时的环境条件。这些数据应该尽可能完整和准确。
- 类似先前事件的事件报告副本以及当前事件涉及区域的历史/趋势信息。

并不是所有的问题都需要正式的 RCA。因此，应该对已澄清和确认的问题进行评估，以确定其影响是否足以需要进一步调查。如果最初的步骤似乎证明 RCA 是合理的，则流程的下一步是执行全局的成本效益分析，其目的是验证解决报告的问题所产生的潜在收益是否大于与解决该问题相关的成本。在这一点上，如果调查人员不知道一个或多个问题的根本原因或所需的纠正措施，那么成本效益分析仅限于调查的实际成本和与报告的问题相关的已经产生的成本。例如，在正常平均维修间隔时间为 12 个月但实际为 3 个月的情况下维修机器的增加成本，就是维修成本之间的差额。

如果成本效益分析表明所报告的事件或问题不值得进一步分析，则调查人员应通知发起该请求的人员。对工厂绩效有负面影响的大多数问题的发现来源于员工。只要他们的努力得到认可并采取适当的行动，将继续报告潜在的或察觉到的问题。当他们的努力被忽视，或者看起来被忽视时，即便当他们察觉到问题，也不再会将向管理层发出警报。

15.3.6 设计审查

大多数需要正式 RCA 的问题都涉及制造或生产系统或其部分组件。因此，调查人员必须清楚地了解与事件或设备故障相关的系统的设计参数和规范。除非调查人员准确了解机器或生产系统的设计用途及固有的局限性，否则不可能找出问题或事件的根本原因。从设计审查中获得的数据会提供全面调查和解决工厂问题所需的基准或参考。

设计审查的目的是确定事故涉及的机器或生产系统的具体操作特性。评估应该清楚定义每台机器和系统要执行的特定功能。此外，评审应确定机器或系统在不偏离设计性能的情况下能够允许的工作范围。

用于全面审查的逻辑类似于简化的失效模式和影响分析与故障树分析，目的是识别可能导致问题或失效的变量或模式。这些技术使用复杂的概率表、理论分析，将每台机器分解到组件级别，而 RCA 采用的是更实用的方法。该技术基于现成的、特定的数据，以确定可能导致或促成事件的变量。

虽然设计审查所需的详细程度因事件类型的不同而不同，但是在任何调查中都不能忽略这一步。在某些情况下，该过程可能仅限于对供应商的操作维护手册和性能规范的粗略审查。在其他情况下，可能需要包括所有采购、设计和操作数据的全面评估。

在许多情况下，所需的信息可以从四个来源获得：设备铭牌、采购规格、供应商规格和供应商提供的操作和维护手册。如果对机械与电气工程有合理的了解，仅使用这四个来源提供的数据就可以完成对相对简单的生产系统（如泵传输系统或压缩空气系统）的彻底设计审查。应该特别注意供应商的操作和维护手册，这有助于深入了解异常行为和故障模式的更常见原因。

设备铭牌数据：大多数用于加工厂的机械、设备和系统都有一个永久性的铭牌，用于定义其操作范围。例如，离心泵铭牌通常包括流量、总排放压力、比重、叶轮直径和定义其设计运行特性的其他数据。这些数据可用于确定设备是否适合应用，以及设备是否在其设计范围内运行。

采购规格：通常是为所有采购设备准备的，作为采购过程的一部分，定义工程要求的具体特性和操作范围。这些规范提供了对在调查期间评估设备或系统有用的信息。当没有采购规格时，采购记录应描述设备并提供系统操作范围。尽管这些数据可能仅限于特定类型或型号的机器，但通常也是有用的信息。

供应商规格：对于作为基本建设项目一部分而采购的大多数设备，应提供一套详细的供应商规格。通常这些规格包括在供应商的报价材料中，并确认为项目可交付成果的一部分。通常这些记录保存在两个不同的部门：采购部和设备部。作为设计评审的一部分，应仔细比较供应商和采购规格。困扰工厂的许多长期问题都是供应商偏离采购规格的直接结果。仔细比较这两份文件可能会发现慢性问题的根本原因。

操作和维护手册：操作和维护手册是最好的信息来源之一。在大多数情况下，这些文件为机器、设备或系统的正确操作和维护提供了具体的建议。此外，大多数手册提供了具体的故障排除指南，指出了可能出现的许多常见问题。在 RCA 开始之前，必须对这些文件进行彻底审查。这些手册中提供的信息对于有效解决工厂问题至关重要。

设计审查的目的是确定设计限制、可接受的操作范围、可能的失效模式以及量化所研究的机器、设备或工艺系统的实际操作条件。评估至少应确定设计功能，特别是机器或系统的设计用途。审查应明确界定系统及其组成部分的具体功能。

为了全面定义机器、设备或系统功能，描述应包括输入和输出产品规格、要执行的工作和可接受的操作范围。例如，离心泵可以设计为输送 1000L/min 的水，温度为 100℃，排出压力为 700kPa。

进料产品规格：机器和系统功能取决于待处理的进料。因此，设计评审必须建立设计过程中使用的进料产品边界条件。在大多数情况下，这些条件包括温度范围、密度、体积、压力和其他可测量参数。这些界限决定了机器或系统必须提供的工作量。在某些情况下，边界条件是绝对的。在其他情况下，每个变量都有一个可接受的范围。审查应明确规定用于系统设计的允许范围。

出料产品规格：假设进料产品边界条件满足，调查应确定系统设计交付的输出。与进料产品一样，机器或系统的输出可以由可测量的特定参数限定。速度、压力、密度和温度是输出产品的常用度量。根据流程的不同，可能还有其他的参数。

消耗参数：设计评审的此部分应确定机器或系统效率、功耗、产品损耗和类似参数，用于定义此部分评审的可测量工作。根据机器或系统的不同，实际参数会有所不同。在大多数情况下，原始设计规范将为所调查的系统提供适当的参数。

允许操作范围：设计评审的最后一部分是确定机器或系统的允许操作范围。每台机器或系统都设计为在特定的范围或操作范围内运行，包括进厂产品、启动加载速率和关闭速度、环境和各种其他参数的最大变化。

许多对关键生产系统产生负面影响的长期问题是由固有的设计缺陷造成的。因此，研究者应在设计评审之前和期间对已确认的数据进行评估，以确定是否可以准确地分离出问题的根本原因，而无需继续进行 RCA 流程。

在某些情况下，完成彻底的设计审查将确定正在调查的问题的可能原因。例如，众所周知，悬臂式风机具有固有的设计缺陷，例如轴承支撑结构不足、旋转元件不稳定以及可能以旋转元件的第一临界转速运行。如果问题是轴承寿命短或故障、风扇输出可变和风扇叶片故障，则很有可能是这些固有缺陷造成的，可能是导致问题的主要原因。

15.3.7　程序审查

程序审查用于确保机器或系统在正确的程序中使用，并且操作和维护模式在设计审查中定义的操作范围内。设计审查期间收集的数据应用于验证程序，以及与适当系统或设备相关的操作和维护记录。

在多个生产产品的机器或生产系统正在被调查时，必须对全部应用范围进行评估。评估必须包括整个产品生产过程中操作范围的所有变化。要调查的许多问题可能与一个或多个该产品独有的生产设置直接相关。除非对整个操作范围进行评估，否则可能会遗漏问题的根本原因。

第 15 章　根本原因分析

在审查中要评估的因素包括安装、操作范围和操作程序，如标准程序、维护历史、维护程序和实际过程。

每台机器和系统都有特定的安装标准，要达到和维持可接受的可靠性水平，必须满足这些标准。这些标准随机器或系统的类型而变化，应作为 RCA 的一部分加以验证。调查人员应评估正在调查的机器或系统的实际安装情况。至少应对机器及相关系统进行彻底的目视检查，以确定是否由于安装不当导致了问题。

作为评估的一部分，应准备安装的照片、草图或图纸，应指出与参考文件和良好工程应用中定义的可接受或推荐的安装过程中存在的任何偏差。当考虑潜在的纠正措施时，可在 RCA 中使用该数据。

评估与所调查事件相关联的生产系统的实际操作范围比较困难。最好的方法是确定正常生产中使用的所有变量和约束。例如，定义通常与系统相关的整个操作速度、流量、输入产品变化等范围。在变速应用中，确定操作人员使用的最小和最大加载速率。

关于标准操作规程和实际操作规程，大多数生产区域都维护一些跟踪其性能和操作规程的历史数据。这些记录可以由日志、报告或计算机数据组成。应审查这些数据，以确定用于操作被调查机器或系统的实际生产情况。使用基于计算机的监控系统的生产系统将拥有这部分评估的最佳数据库。其中许多系统自动存储，在某些情况下打印定期报告，这些报告定义了系统生产的每种类型产品的实际流程设置。这是一个宝贵的信息来源，应该仔细评估。

评估受影响区域或系统的标准操作程序，以确定它们是否一致且适合应用。完成这项任务需要两个参考源，即设计审查报告和供应商操作与维护手册。此外，评估标准操作规程，以确定操作员是否可以使用这些标准操作规程。检查结构、内容和语法，以确定过程是否正确和易于理解。

应特别注意机器或工艺系统生产的每个产品的设置程序。系统设置不当或不一致是导致产品质量差、产能限制和设备不可靠的主要原因。程序应提供清晰、易于理解的说明，以确保对每种产品类型进行准确、可重复的设置。如果没有，则应记录偏差以供进一步评估。

需要仔细评估瞬态过程，如启动、速度变化和关机。这些是导致质量和产能偏差的主要瞬态原因，直接影响设备的可靠性。应该对这些过程进行评估，以确保它们不违反操作规范或供应商的建议。所有偏差必须明确定义，以便进一步评估。

评估实际操作应确定在事件发生之前和期间操作人员是否理解并遵循了标准操作规程。操作人员的正常倾向是走捷径，这是许多问题的共同原因。此外，程序不清楚会导致误解和误用。因此，调查必须充分评估生产团队用于操作机器或系统的实际规程。确定是否符合标准操作规程的最佳方法，是在不参考标准作业程序手册的情况下，让操作人员列出用于运行正在调查的系统或机器的步骤。调查人员应带领操作人员完成整个过程，并使用他们的信息来绘制序列图。图表完成后，将其与标准作业程序进行比较。如果操作人员的实际操作规程与标准操作规程中所述的不一致，则可能需要对程序进行升级或对操作人员进行再培训。

与机器或系统相关的维护历史对于 RCA 流程非常重要。必须回答的问题之一是"这种情况还会发生吗？"回顾维护历史可能有助于回答这个问题。可获得的准确历史维护数据的水平因工厂而异。这可能会妨碍评估，但是有必要尽可能清楚地描述系统维护历史。应为受影响的机器、系统或区域制订计划和实际维护的完整历史记录，包括检查和润滑。需要的主要细节包括维修频率和维修类型、预防性维护的频率和类型、故障历史记录以及有助于调查的任何其他事实。

应该对标准维护程序和实际操作进行全面评估。程序应与设计评审和供应商操作和维护手册中规定的维护要求进行比较。实际的维护实践可以通过与前面描述的相同的方式确定，也可以通过对类似的维修进行目测确定。应确定所有被分配或涉及被调查的维护人员是否始终遵循。应特别注意日常工作，如润滑、调整和其他预防工作，确定这些程序是否及时执行，以及是否使用了适当的技术。

超过27%的可靠性问题是由误用引起的。虽然系统的初始设计和操作可能是兼容的，但在历史上无数次的大修、升级和其他更改会导致操作条件超出可接受的操作范围。在许多情况下，结合设计和程序审查将更有效确定所观察到的缺陷或失效的原因。如果可以确认这些是问题的真正根源，则可以省略 RCA 流程中的一些中间步骤。调查所提出的假设必须通过一系列试验加以验证，这些试验的目的是确认这些假设，并消除可能造成问题的其他因素。

如果前面的步骤不能提供对问题原因的清晰解释，调查团队必须将所有数据和假设组织成另一种形式，以便用于进一步分析。最有效的方法是将累积的事实和假设绘制成图形格式，便于理解所有已识别变量的因果关系和相互作用。

有很多方法对解决问题很有用。虽然与这些技术相关的方法有许多共同的或重叠的地方，但也存在差异。RCA 工具可以用来帮助整理思路，见图15-7。这些方法各有优缺点，选择合适的才是关键，需要准确识别导致正在调查的问题、事件或故障的根本原因和所有促成因素。

常见问题分类是系统或设备损坏或故障、运行性能、产品质量、经济效益、安全性和合规性。将事件分类为特定问题类型，使分析人员能够确定解决问题的最佳方法。每个主要分类都需要稍微不同的 RCA 方法。事件或问题的初始分类通常是 RCA 中最困难的部分。太多的工厂缺乏正式的跟踪和报告系统，不能准确地检测偏离最佳运行状态的偏差。

(1) 系统或设备损坏或故障

通常需要 RCA 的主要问题分类之一是与关键生产设备、机械或系统故障相关的事件。导致机器或过程系统部分或全部故障的任何事故都需要 RCA。这种类型的事故会对工厂的性能产生严重的负面影响。导致工厂设备或系统物理损坏的事件最容易分类。对发生故障的机器或系统部件进行目视检查通常能提供其失效模式的明确证据。虽然这种检查无法解决故障的原因，但症状或结果是显而易见的。同时满足其他标准（如安全、监管或财务影响）的事件应自动进行调查，以确定对工厂性能（包括设备可靠性）的实际或潜在影响。在大多数情况下，必须立即更换发生故障的机器部件，将对生产的影响降到最低。

(2) 运行性能

在没有关键产品设备或系统发生物理故障的情况下，可能会出现运行性能偏差。使用 RCA 可解决反复出现的慢性问题。长期的产品质量和产能问题需要一个完整的 RCA，施行的前提是这些问题反复出现并对工厂的性能产生重大影响。

(3) 产品质量

产品质量偏差是 RCA 的主要候选因素，RCA 可用于解决大多数与质量相关的问题。然而，分析不应该用于所有的质量问题，对非经常性偏差或对产能、成本没有重大影响的偏差来说，并不经济。发生的许多问题（或事件）都会影响工厂持续满足预期产量或产能的能力。这些问题（或事件）可能适用于 RCA，但建议在开始分析之前进行进一步评估。初步调查后，如果事件能够完全合格并找到一个经济有效的解决方案，则应考虑进行全面分析。但分析通常不针对随机、非经常性事件或设备故障执行。

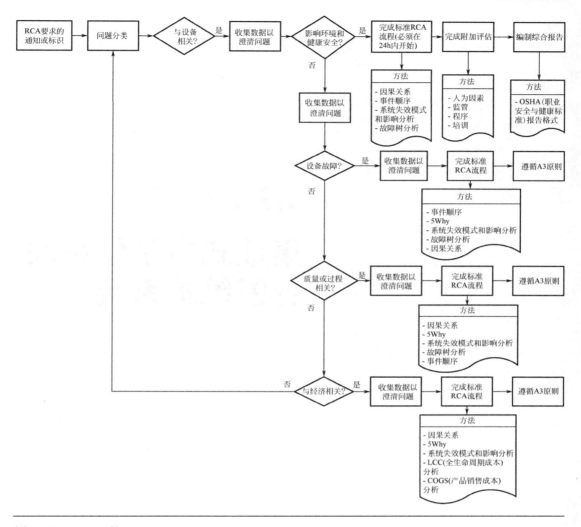

图 15-7　RCA 工具

(4) 经济效益

经济效益方面的偏差,如生产或维护成本过高,通常需要使用 RCA。解决这些问题所需的诊断树和具体步骤因问题类型及强制作用或原因而异。由于经济偏差的复杂性,首选的分析工具是因果分析。

(5) 安全性

任何有可能造成人身伤害的事件都应立即进行调查。虽然这类事件不一定需要全面 RCA,但必须尽快解决,造成伤害的事故或事件的根本原因通常比设备故障更难解决,并且需要不同的问题解决方法。这种难度增加的主要原因往往是主观的。在大多数情况下,监管机构要求使用所有的分析工具,但主要工具应该是因果关系。

(6) 合规性

任何合规事件都可能对工人的安全、环境以及工厂的持续运行产生潜在影响。任何导致违反职业安全与健康、环境保护和国家法规等事件,都必须尽快调查和解决。由于违规行为有可能导致减产和/或罚款,此类问题必须得到高度重视。

第16章
集成式电子维护与智能维护系统

第 16 章 集成式电子维护与智能维护系统

技术能力的开发和获取已成为当今在各个业务领域取得卓越成就的主要战略要求之一。在前端创新技术、大规模全球化以及工业运营外包相结合的优越环境下,以技术为基础的研究成果日益增加且更为卓越。从事不同行业的人们都在寻求在公司信息管理、物流计划、协调活动等各种应用领域中实施高端技术方案,从不同方面不断提高业务效益。在这种动力驱动下,工业设施和业务流程经历了技术主导的变革过程。

随着人们越来越重视质量、精度、任务敏感性和产品生命周期等,用于生产的自动化系统逐渐占据中心地位,这对大规模使用机器人、电子、高级编程和数学建模等技术产生了重大影响。专门用于复杂运行环境中的工业系统,尤其是大多数以实现各种商业利益为目标的复杂的资本密集型工业厂房和设施,都呈现出趋于全自动化或半自动化的态势。在这个过程中,一些核心技术已在生产环境中投入了使用,且实用性和可靠性良好。此类技术目前不仅在日常运营中持续推广,并且明显向更高级别的应用程度发展,适应更为复杂的使用情境。

随着信息和通信技术(Information and Communication Technologies,ICT)的发展,不仅使整个企业资源计划(Enterprise Resource Planning,ERP)系统具有海量数据存储的能力,还让工厂日常运营和设备维护活动得到有效管理,这无疑为当今的生产环境带来了新的面貌。以此来看,ICT 不仅在这方面具有里程碑式的意义,更是对使用先进技术系统来解决工厂或设施的复杂问题做出了主要贡献。随着仪器仪表、分析软件和数学模型的并行发展,ICT 具有在改善运营和维护(Operations and Maintenance,O&M)实践方面实施创新性方案的巨大潜力。这给仍依赖传统运维实践的各企业带来了极大的正面影响,为它们创造了大量降低工厂运营过程中商业风险的机会。

运营中的工厂或设施的技术条件和安全完整性是缓解风险和创造价值的决定性因素。通常,可以通过不同的术语来明确或含蓄地表达技术条件,包括可靠性、设计寿命、停机时间、正常运行时间、故障历史记录、出产率、故障频率及磨损余量。设备在给定操作设置下实现作业行为、功能特性以及技术故障和缺陷,说明操作人员在故障发生之前预判设备故障的能力,对减轻风险和创造更大价值具有重要意义。原则上,这种能力很大程度上取决于从设备获得的状态数据以及操作人员的决策支持。关键设备的仪表在获取必要的技术数据中起着不可或缺的作用,而使用带有嵌入式数学模型的分析软件对于决策过程也至关重要。以技术工具和分析软件以及其他工具监控任何给定设施和设备的状况,将此状态监视过程的结果作为决策平台的输入,如果即将出现故障,则向 O&M 组织发出相应的工作指令。这种 O&M 干预过程是有关视情维护(Condition Based Maintenance,CBM)最基本的概念(图 16-1)。电子智能维护系统不仅可以利用 CBM 平台,还

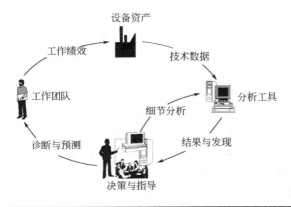

图 16-1 基本运维流程

能采用现代ICT，拥有强大的技术基础设施、先进的电子工具和高级的数据采集技术应用程序。

16.1 视情维护技术及发展状况

随着技术系统故障和局限性对工作的负面影响日益显著，工业组织已开始采用新颖的方法来应对技术系统的性能挑战。值得注意的是，当今大多数较重要设备资产的维护服务都依赖于传感器驱动的管理系统。该系统具有检测、警报和指示功能。在大多数情况下，在发出警报声的那一刻，已经来不及阻止故障发生。因此，当今的大多数机器维护要么是纯粹的反应性的，即故障发生后修复或更换设备；要么是盲目主动的，即先假定一定程度的性能下降，按常规计划对设备进行维修，跟设备本身的实际情况关联度并不高。这两种情况都可能造成极大的浪费。

在减少停机时间方面，人们已经进行了大量有关机械故障诊断的研究。预防性维护方案是基于时间的，没有考虑机器的当前运行状况，因此会导致不必要的维护；随后出现的预测性维护方案，是一种旨在针对特定设备即将发生的故障发出警告，仅当有客观证据表明即将发生故障时，才对设备进行维护的方案。视情维护是预测性维护当前较为流行的方案。近几十年来，视情维护的方法和实践一直在不断改进。传感器融合技术由于利用多个传感器检索信息的固有优势而被广泛使用。振动、温度、声发射、超声、油屑、润滑油状况、切屑检测器和时间、应力分析方面的各种技术已受到相当多的关注。例如，振动信号分析、润滑油分析和声发射，由于它们具有出色的描述机器性能的能力，已经长期被成功地用于预测技术。预测方法可以分为三种。

① 基于模型的方法。需要详细了解系统中所有相关组件之间的物理关系和特性。它是一个定量模型，用于识别和评估通过测量确定的实际运行状态与从物理模型获得的特性值得出的预期运行状态之间的差异。但是，通常禁止使用基于模型的方法，因为系统及环境中所有相关组件的关系和特性通常过于复杂，以致无法构建足够精度的模型。此外，某些过程参数/因子的值可能不容易获得。较差的模型会导致较差的判断力。

② 数据驱动的方法。需要大量的历史数据，代表"正常"和"故障"操作。它不使用过程的先验知识，而是仅从过程本身的测量数据中得出行为模型。模式识别技术已广泛用于此方法中。该过程的常识可用于解释数据分析的结果，在此基础上，可使用诸如模糊逻辑和人工智能方法之类的定性方法进行决策，以防止故障。

③ 混合方法。融合基于模型的信息和基于传感器的信息，并利用模型驱动和数据驱动的方法，可以生成更可靠、准确的预测结果。用于预测的混合方法，融合显式域知识和机器数据，使用显式域知识训练前馈神经网络，可获得该域的简约表示。

现有的预测方法是针对特定应用或特定设备的。例如，神经网络的发展增加了新的维度，以解决进行离心泵预测时存在的问题。使用信号识别技术对结果进行的比较显示了使用神经网络的各种优点，特别是具有能够在更短的时间内处理多元磨损参数的能力。在故障检测、阻断和预判中，使用了多项式神经网络进行直升机传输预测应用。建立机械结构疲劳裂纹动力学的随机模型，以预测剩余寿命。基于模糊逻辑的神经网络已被用于预测造纸厂的纸张破裂、张紧钢带的破裂以及裂隙扩展。神经模糊和概率神经网络技术已用于齿轮箱和机床等机械的检测和诊断，而进化多目标算法已被用于选择构建诊断模型的特征组合。

16.2 集成式电子维护系统及现状

视情维护（CBM）定义为基于检测和监视所选设备参数、解释读数、损坏报告以及即将发生严重故障的警告来做出决策和执行必要的维护任务。通常，CBM 可以利用嵌入式和便携式技术，实现在线或离线监视功能。实际操作可以根据监视和操作设置下首选技术参数的性质，以及不同的测量和检测方法，做出适应性变动。在过去的几年中，诸如振动分析、声发射、热成像和润滑油分析之类的技术与目测、磁粉探伤和涡流等各种无损检测技术和方法一起被广泛使用。

工业实践逐渐显示出将状态监测作为一种战略工具来解决各种工厂、设施和工业环境中的一些重大挑战的优势。随后，市场上出现了几种状态监测系统，既有现成的系统，也有可定制系统的形式。实际上，正是 CBM 专业知识的不断发展以及数据采集和演示软件的应用，为进一步发展技术维护工作奠定了坚实的基础，从而为通往更高级的诊断技术和诊断系统指明了道路。

通过嵌入到制造过程或设备中的智能设备获得的预测信息也可以用于改善制造和维护操作，以提高过程可靠性和产品质量。例如，已经通过提高机器人可靠性的例子证明了利用对制造设备的劣化程度的认识来提高制造设施的可靠性。此外，还可以提出一个使用寿命周期单元，以收集有关关键产品组件的使用信息，使人们能够评估产品的可重复使用性，并促进具有显著剩余使用寿命的产品的再利用。

在状态监视中，仅基于单实例测量进行决策是远远不够的。信息应该代表一种趋势，而不仅是一种状态。如果可以监控机器的运行劣化状况并在其后预测劣化率，则可以在发生故障之前，在合适的时机（不要太早或太晚）采取维护措施。这就迫切需要能识别出故障的主要指标的诊断能力，以便在出现任何引发损坏的宏观指标之前，对产品损坏进行准确评估。除对诊断能力的需求外，与维护相关的决策具有高度动态性，这要求利用现代计算机和通信技术，在安全和通信带宽限制内进行协调，并且在维护方面具有成本效益，以获得最大的系统级收益。

当前的发展趋势清楚地表明，电子维护实践已将传统的 CBM 方法推向了更高的工业应用水平。信息通信技术和基于网络的信息和通信基础设施的迅速发展，在很大程度上推动了这一进步。这意味着电子维护概念的成功很大程度上取决于数据交换和信息共享能力，以及对远程知识或能力库的便捷访问，以获得专家协助来解决工厂的技术故障。在这种情况下，电子维护可以定义为：一种基于 CBM 扩展应用的概念，可以通过在地理上分散的位置之间主动共享技术数据和专业知识来远程地和共同地监视系统和设备的技术状况，从而增强诊断和维护能力。通过先进的信息通信技术和网络来提供预测能力，可以通过组织和服务网络采取协调一致的决策和行动，以实现接近零的停机时间的性能水平。

与在机器和技术专家之间建立连接使用局域网不同，电子维护实践需要基于广域网甚至基于 Web 的系统。在电子维护设置中，通信和交换过程同时在授权的专家网络中以电子方式进行，甚至整合了数据过滤和语义技术。这远远超出了常规 CBM 惯例的正式"一对一"连接设置，后者涉及要由不同技术小组执行的串行任务。

由此看来，电子维护是一种通过集体努力解决工业工厂系统和设备技术问题的综合方法。即使电子维护尚未达到很高的工程成熟度，传感器技术、视频会议设施、基于 Web 的数据交换和通信平台以及便携式设备和移动技术的迅猛发展也为实践持续不断的发展做出了巨大贡献。

在过去的几年中，工业领域和学术领域的相关人士都极为关注电子维护。这主要归因于对工厂（或设施）运营成本、对人员能力和知识差距日益增长的担忧，以及越来越依赖数据依赖型决策支持系统的趋势。可以说，电子维护逐渐赢得了今天的认可，是因为维护实践具有可观的投资回报率，可以经济高效地实现系统和设备的接近零停机。

随着状态监控应用程序的日趋成熟，各种研发活动为先进和创新的系统做出了进一步贡献。当前的一些发展有神经网络、专家系统、模糊逻辑、遗传算法、多智能体平台和案例分析等。此外，研发活动引入了新的应用概念和平台，例如 Proteus、EXAKT、Watchdog Agents、SIMAP 等。

近期的焦点逐渐集中在引入智能维护系统（Intelligent Maintenance Systems，IMS）的综合技术系统上。原则上，IMS 构成了更强大和更全面的技术系统，其中集成了数据采集、处理、解释以及决策支持组件，推动了一些新颖的工程工具的发展，例如 Watchdog Agent，它具有一系列用于信号处理和系统性能评估的工具箱，这些工具箱包括信号处理和特征提取工具，例如傅里叶分析、时频分布、小波包分解和时间序列模型，而性能评估工具则包含模糊逻辑、匹配矩阵、神经网络和其他高级算法。

状态监测和电子维护系统已被公认为是各行业中具有成本效益的维护实践。值得注意的是，根据不同行业的特点和工厂实际运营中可用技术和基础设施，优选出的合适的系统类型以及实际使用的性质同理论会有一定差异。

16.3　电子维护技术框架

如前所述，电子维护为工业应用提供了一个集成框架。电子维护的成功与否主要取决于三个方面：

① 正在使用的应用技术；
② 业务对业务的组织流程方案；
③ 按角色和责任制订的工作绩效。

工业工厂使用的应用技术的类型可以根据合适的数据管理策略和所需的实际数据处理实践而变化。这样的技术可以在电子维护中用于各种目的，特别是用于数据获取、数据解释和可视化以及数据、信息和知识的交换与通信。工厂内的数据采集任务原则上依赖于传感器技术和仪器技术。在更大的范围内，例如用于跟踪和监视物流，其他基于位置的技术，例如基于射频的识别和全球定位，也可以分别用于间接和直接定位。这种宏观应用在很大程度上适用于移动设施，例如用于货船、钻机和军舰的设备。另外，必须基于各种信号处理、分析和显示软件来满足分析和可视化需求。通常，还必须配置特定的数据挖掘技术，以便可以根据当前获取的数据以及公司数据库中可用的历史数据进行分析。除以上两种技术类型之外，数据、信息和知识的交换与通信可以构成维护环境中的一系列功能需求。为了获取更高的商业利益，正确且更有效地使用电子维护系统，需要先进且可靠的广域网系统。它们能够通过专用且高度安全的 ICT 基础设施或通过基于万维网的授权访问来提供集成系统。因此，当前的应用程序似乎主要依赖于基于 Web 的系统。在这种情况下，移动和无线技术的最新发展提供了新颖的系统，使诸如个人数字助理和智能电话之类的设备不仅在增强远程通信方面，还在电子维护设置中起着特定的作用，还可以交换工厂或设备的关键数据。

显然，数据管理技术的进步，加上 ICT 基础设施和网络系统的发展，势必引入一种新的组织形式来实施电子维护系统。理想的组织形式是，不同的业务合作伙伴和技术专家可以在一个通用的网络中保持联系，从而无论地理位置如何，他们都可以通过交换数据和专业知识进行交互。这种方式在很大程度上建立了一个虚拟组织，其中涉及合作组织之间的各种企业对企业的应对方案。在这方面的一个主要发展是"远程支持中心"。这是位于外部的支持中心（即与工厂或设施所处的位置不同），具有必要的技术和专业知识，以根据系统性能或设备状况不断监视并提供专业知识，并在必要时采取特定措施。如果工厂或设施拥有自己的"控制室"，则需要将远程支持中心连接到工厂操作人员的组织机构和工厂本身的控制室。

分配给不同业务合作伙伴和技术专家的角色和职责是运营组织的重要组成部分，可以使维护系统保持完整可靠的功能。基本角色和职责可能与活动相关，例如后勤支持和处理、特定生产关键设备的振动监测和状态评估、应急响应、针对需要特定能力（特定技术任务）的远程指令以及与工厂人员进行协调的故障排除等。分配的明确性直接影响将要采取的决策规范以及内部或外部执行部门要执行的任务和活动。不同的软件产品和 IT 工具在这里起着主要作用，为数据管理、工作协调和执行以及报告和通信提供了必要的技术基础。

实际上应用程序技术、业务对业务组织流程方案和工作绩效三个领域，在电子维护环境中是相互依赖的。它们是集成式电子维护系统的基石。但是，此类综合系统的开发和实施需要逐步进行，以构建系统开发和集成式电子维护系统的各种工程和管理组件。在理想情况下，应该为维护计划的分类以及基础任务和活动提供基础，以建立适当的电子维护系统。例如，与维护相关的任务或活动的类型和性质、涉及的工作量以及对特定技术能力的需求，都对外部专家的选择以及特定角色和职责的分配产生重大影响。这说明了许多不同的组织参与管理工厂系统和设备状况对企业系统的必要性。ICT 和其他技术系统已配置或投入使用，以促进内部和外部的不同技术专家执行工作，如图 16-2 所示。

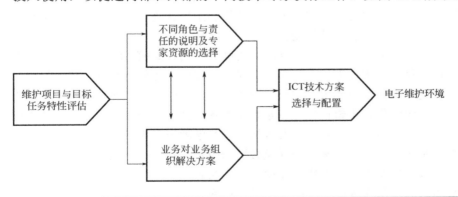

图 16-2　建立集成式电子维护系统

电子维护系统的开发和使用的关键在于数据、知识和维护任务之间的紧密结合。通过这种综合方法来实施适当的诊断和预后过程的技术框架具有许多重要功能，包括：

① 数据生成（结合数据采集）；

② 数据编码/解码和表示；
③ 数据解释和交换；
④ 数据分析、追溯和模拟；
⑤ 交流和知识交互；
⑥ 准备结果并生成报告；
⑦ 共同决策；
⑧ 协调的工作计划；
⑨ 制订应急响应；
⑩ 潜在故障或失效时的响应规范；
⑪ 说明和工作执行支撑。

这也意味着全面而成功的电子维护系统需要来自不同专业领域的各个能力团队之间的协同作用。建立必要的能力小组合作的策略在很大程度上受到设施设计的技术复杂性、系统或设备老化过程、现有设备维护合同、使用 ICT 网络、变化的生产和过程条件以及固有的过程复杂性的影响。

基本的技术框架可以看作是建立在三个重要的功能窗口之上的：
① 数据生成和显示窗口；
② 集中式 ICT 窗口；
③ 分析、决策和工作计划窗口。

数据生成和显示窗口涉及自动或手动获取数据并将数据发送到相关数据库的过程。集中式 ICT 窗口有助于将接收到的数据作为数据/信息中心进行存储和分发。在相对较大的系统中，此窗口受网络提供商的管理。例如，为石油和天然气勘探和生产行业提供的"安全石油信息链接"网络，该网络由某网络服务提供商经营和管理。在这样的大型系统中，通常会采取特殊的预防措施来构建系统特定的可靠性和安全性功能。访问需要预先授权，在更高级的情况下，可以内置逻辑过滤器，以避免交换没有特定含义或与给定工业伙伴的指定角色和职责无关的数据存储库。此类 ICT 窗口的带宽直接影响交换流量，其中数据流需要更高的带宽以适应平稳可靠的交换过程。分析、决策和工作计划窗口由协作工厂支持系统组成，涉及诊断、预测、决策和活动计划任务。工业合作伙伴可以通过局域网、光纤、卫星或其他广域网系统访问中央 ICT 窗口，也可以通过 IP-VPN 或 ADSL 使用基于 Web 的系统。另外，通过使用移动技术和无线应用系统，建立远程无线访问也具有一定可行性。

不能说任何有特定技术的系统都可以定义集成的智能电子维护，但诸如模糊逻辑、人工智能、神经网络、遗传编程、逻辑推理、专家系统等各种技术在推导不同条件下的不同系统时肯定会有用。全球范围内，领先的研发机构和著名学者投入大量资源来开发适用于各种工业设施的综合系统，已采取实际行动开发必要的技术，致力于开发预测方法。研究重点放在将在线监视数据以及维护事件数据转换为预测状态信息，以使产品和系统能够实现并维持接近零故障状态，从而提高生产率和设备利用率。

16.4 基于 Watchdog Agent 的智能维护系统

如今大多数最先进的制造、采矿、农业和服务机械（例如电梯）本身都是"智能"的。它们的许多复杂的传感器和计算机化的组件都能够传送有关机器状态和性能的数据。然而大部分数据很少甚至没有实际使用,虽然拥有设备,但在整个过程中没有连续、无缝的信息流。有时这是因为可用数据不是以可用或可即时理解的形式呈现的;更常见的是,即使设备已联网,也没有用于通过网络传递数据或管理和分析数据的基础结构。

IMS 中心正在开发基于 Watchdog Agent 的实时远程机械预测和状态管理(R2M-PHM)系统,致力于开发创新的预测算法和工具,以及远程和嵌入式预测性维护技术,以预测和防止机器故障。

16.4.1 R2M-PHM 平台

IMS 中心正在开发一种可重新配置且可扩展的基于 Watchdog Agent 的 R2M-PHM 平台,即一个通用且可扩展的预测框架,与嵌入式诊断程序集成以提供"全面状态管理"功能。该平台通过吸收实时远程机械诊断和预测系统以及嵌入式 Watchdog Agent 技术对开放系统体系结构标准进行了扩展。如图 16-3 所示,Watchdog Agent(硬件和软件)被嵌入机器上,将各个传感器数据转换为机器状态信息。提取的信息通过有线/无线互联网或卫星通信网络进行管理和传输,并自动触发服务并订购备件。

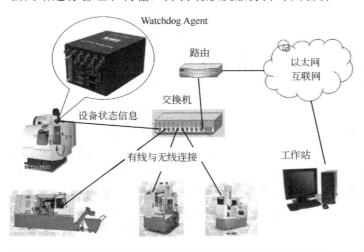

图 16-3 IMS 中心的实时远程诊断和预测系统示意图

16.4.2 系统架构

基于 Watchdog Agent 的 R2M-PHM 平台的系统架构如图 16-4 所示。

在大多数产品或系统中,会使用不同种类的传感器测量同一物理现象的不同方面。例如,收集诸如振动、温度和压力等信号。人类"立体"视觉在很大程度上给我们带来了深度感知,因此,可以将多个 2D 透视图组合成 3D 视图。IMS 中心正在开发软件来"融合"可用数据,以形成更直观、有效的机器性能行为的实际状态的整体"图像"。Watchdog Agent 是受生物感知系统和机器心理学理论启发的"数字医生",由嵌入式计算预测算法和用于预测设备和系统性能下降的软件工具箱组成。它具有可扩展性,并适用于大多数实际机器情况。先将与正常工作状态相关的信息保存到数据库,然后将 Watchdog Agent 对目标设备的诊断和预测输出,输入决策支持工具中。当一台或多台机器可能发生故障时,决策支持工具会不断向前反馈，从而帮助操作人员平衡并优化资源。例如，如果一条生产线具有三个流程A、B和C，而A具有一台机器，B具有三台机器，C具有一台机器，在预测到B中某一台机器即将发生故障时，也许会为A的输出安排一个过渡区域，或者会在B的其他机器上提高产量。但无论如何，会在遇到紧急故障之前做出决定。这些工具对于维护人员和操作人员至关重要，可以使他们占据主动地位，在有限的资源与需求的不断变化之间取得平衡。决策支持工具还有助于最大限度地减少停机引起的生产力损失，并帮助生产和物流经理优化维护计划，以最大限度地减少停机成本。这样就可以确定精简的和必要的维护信息，并可以通过内置的Web服务进行访问。

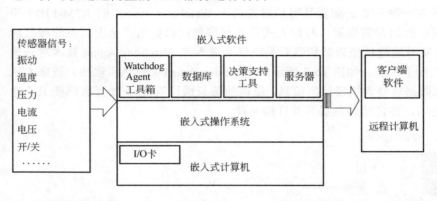

图16-4 可重配置Watchdog Agent的系统架构

基于Web的技术和网络基础设施技术的快速发展对于远程监控和预测具有重要的推动作用。主要障碍之一是大多数制造商采用自己专有的通信方式，这导致各种机器和产品相互之间难以连接。当前，IMS中心正在开发一个基于Web的企业远程监视设备的平台，用来远程监视和预测各种产品和系统。这是一种系统方法平台和信息电子平台，该平台可以将产品状态数据转换为更有用的状态信息，以用于远程传输和启用网络的预测应用程序。维护信息管理开放系统架构（MIMOSA）组织已将IMS信息电子平台作为其标准平台之一，并将在以后的活动中使用IMS测试平台来演示MIMOSA标准。如图16-5所示，IMS信息电子平台包括Watchdog Agent工具箱（其中包含针对不同情况和应用程序的自适应算法）、决策支持工具、数据存储和D2B（设备到业务）系统级连接。Watchdog Agent工具箱包括传感器融合、特征提取、智能评估、自主学习和预判及预测功能。这样一来，它就可以确定决策支持工具提供的维护所需的精简的和必要的信息，并通过D2B系统级连接将其发送到远程工作站或计算机。

16.4.3 用于多传感器性能评估和预测的工具箱

Watchdog Agent工具箱具有自动计算功能，能够将关键性能参数下降数据转换为运行状况，并定量评估其置信度以预测进一步的趋势，从而可以在潜在故障发生之前主动采取措施。图16-6展示了一个已开发的适用预测工具，该工具可以评估和预测产品性能，以及机器和复杂系统的性能下降。

Watchdog Agent工具箱使人们能够定量评估和预测关键产品组件的性能下降水平，并确定故障的根本原因，使实现物理上闭环的产品生命周期监控和管理存在可能。Watchdog

Agent 由嵌入式计算预测算法和用于预测设备和系统性能下降的软件工具箱组成,在通过传感器识别并测量过程或机器的关键特性后,进行失效评估。可以预期,失效过程将改变输入到 Watchdog Agent 中的传感器读数,从而使其能够通过定量描述传感器特征的相应变化来评估和量化失效。另外,所考虑的过程或设备的模型或可用的特定于应用的知识可以帮助进行失效过程描述,前提是存在这样的模型或这样的知识。通过对观察到的过程性能特征和模型参数进行趋势和统计建模,即可实现预测功能。

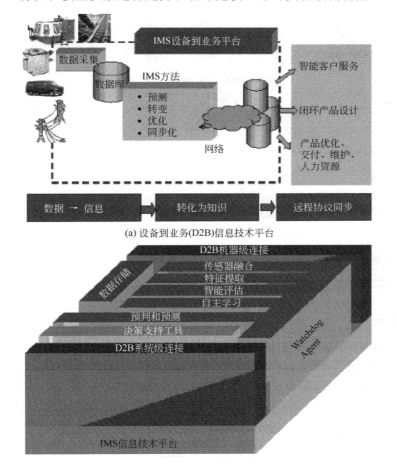

图 16-5　集成信息电子平台

为了便于在各种应用中使用 Watchdog Agent,对信号的特性有各种要求和限制,需要了解失效过程的机制、加载条件、失效条件、特征尺寸、计算时间与预测精度之间的平衡、结果分析的难易程度、处理能力极限、内存和存储功能以及用户的喜好。Watchdog Agent 的性能评估模块已经以模块化、开放式体系结构工具箱的形式实现。该工具箱由不同的预测工具组成,包括基于神经网络、基于时间序列、基于小波的混合时频等方法,用于预测设备、过程和系统的失效或性能下降。该工具箱的开放式体系结构,使用户可以轻松地将

设备运维导论

新的系统添加到性能评估模块,并可以根据应用程序的需要轻松地交换不同的工具。为了实现快速部署,已经开发了基于效用功能部署的选择方法,以提供有助于工具选择的一般建议。对于那些对算法一无所知的行业用户而言,这一点尤其重要。图 16-7 总结了 Watchdog Agent 的信号处理与特征提取、绩效评估、健康诊断和绩效预测模块中使用的工具。

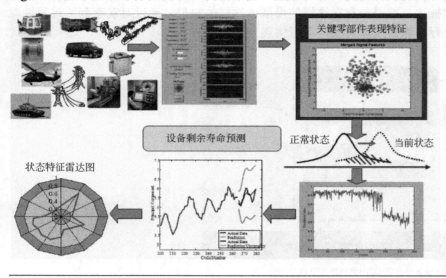

图 16-6 IMS 的先进预测技术创新

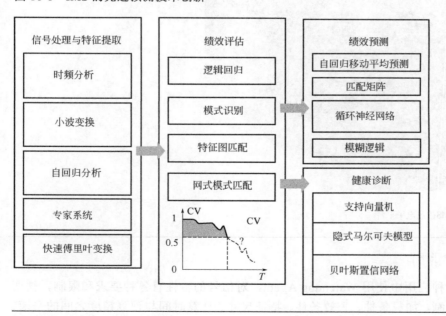

图 16-7 Watchdog Agent 预测工具箱

这些模块中的每一个都以几种不同的方式实现,以促进在多种产品和应用中使用 Watchdog Agent。

(1) 信号处理与特征提取模块

信号处理与特征提取模块将多个传感器信号转换为最能表现产品性能的形式。时间序列分析或频域分析可用于处理平稳信号（频率随时间不变的信号），而小波和时频联合分析可用于描述非平稳信号（频率随时间变化的信号）。大多数现实生活中的信号（例如，语音、音乐、机床振动和声发射）都是非平稳信号，因此 Watchdog Agent 非常重视开发和利用非平稳信号分析技术（例如小波或时频联合分析）。将传感器信号处理到表示产品性能的形式后，就可以在该领域中完成与描述产品性能最相关的功能的提取。因此，特征提取的方法主要由应用程序和传感器信号所处理的形式确定。

(2) 绩效评估模块

绩效评估模块评估最近观察到的特征与正常生产运行期间观察到的特征之间的重叠。这种重叠是通过置信度值（Confidence Value，CV）表示的，介于 0~1 之间，较高的 CV 表示高度重叠，因此性能接近正常值。如果数据可以与特定的故障模式相关联，则可以将通过信号处理与特征提取模块获得的最新性能表征与从错误行为数据中提取的表征进行匹配。最新行为和正常行为以及错误行为之间的重叠区域随时间连续转换为 CV，以评估近期行为从正常行为到错误行为的偏差。

绩效评估模块的实现取决于应用程序的特性和提取的性能表征。如果存在重要的应用专业知识，则可以使用神经网络中激活细胞的相对数量或使用逻辑回归方法，基于特征级融合多传感器信息进行简单而快速的性能评估。对于具有开放式控制体系结构的产品，当前输入和正常控制输入与性能标准之间的匹配度也可以用于评估产品的性能。对于具有错综繁复的信号以及更复杂的性能特征的应用，可以采用统计模式识别方法或基于特征图的方法。

(3) 健康诊断模块

健康诊断模块不仅告知行为失效的程度（新到达的表征与描述正常系统行为的表征集的匹配），而且还告知系统行为与任何先前观察到的故障有多接近（描述最新系统行为的特征与描述先前观察到的每个故障的特征之间的重叠）。如果当前过程表征与故障关联的表征高度匹配，或者根据当前和过去产品的性能进行了预测，则这种匹配就能使 Watchdog Agent 识别并预测特定的故障行为。图 16-8 说明了用于性能评估的表征匹配过程。

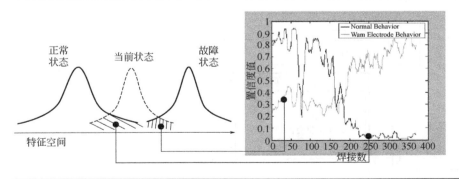

图 16-8　使用置信度值预测模块进行绩效评估

(4) 绩效预测模块

绩效预测模块旨在推断过程表征随时间的行为。当前，主要用自回归移动平均建模和匹配矩阵方法进行预测性能研究。使用过程中，当新的故障模式出现时，可以收集与每个

设备运维导论

特定故障模式相关的性能表征，并将其用于训练 Watchdog Agent，使其之后能识别和诊断那些故障模式。因此，Watchdog Agent 可视为一种智能设备，可以随着时间的推移，利用其经验和人工监督输入来构建自己的可扩展和可调整的模型数据库。

根据多传感器数据融合实验室联合标准定义，可以通过特征级或决策级传感器融合来增强性能评估和预测能力。通过串联从不同传感器提取的特征数据，并在性能评估和预测模块中联合考虑串联的特征向量，可以完成特征级传感器融合。决策级传感器融合是通过分别从各个传感器评估和预测过程性能，然后再用某种平均技术将这些传感器推断合并为多传感器评估和预测来实现的。

16.4.4 维护决策支持系统

在实施维护计划的复杂工业环境中，为决策者提供可增长其对系统认识的在线支持系统将具有巨大的价值。该系统可以向决策者提出建议，但不会做出决策。这种系统称为决策支持系统。20 世纪 60 年代，已开始了对决策支持系统（Decision Support System，DSS）的研究工作，特别是基于 DSS 的工业单机维护研究。DSS 的主要作用是降低问题识别难度，提高问题结构、信息管理、统计工具和知识的应用的能力来增强个人的决策能力。DSS 通常使用许多计算工具，如层次分析法、知识分析、神经网络、模糊逻辑、模糊网络、贝叶斯理论和 Petri 网络。维护决策支持的传统定义是一种选择一套诊断和预测工具来监视组件或机器状况的系统方法。这种类型的决策支持是必需的，因为不同的诊断和预测工具提供了不同的方式来评估和显示状态信息，所以用户需要一种用于为其监视目的选择适当工具的方法。

Watchdog Agent 工具箱集成了用于设备诊断和预测的工具，并提供了工具选择的基本方法，以帮助维护人员做出适宜的决定。DSS 通常具有三个主要功能：状态评估、状况诊断和性能预测。这些是通过几个功能模块完成的。

规划生产线的维护是一项复杂的工作。通常基于统计机器的历史行为来开发模型，并执行维护操作以最大化系统的长久利益。这种方法在大多数情况下显示出良好的效果，但是无法利用工厂正常运行期间可能出现的其他突发状况。通过考虑当前状态和后来的反馈，开发了预测性维护决策支持系统（PMDSS）（图 16-9），以改善系统性能。

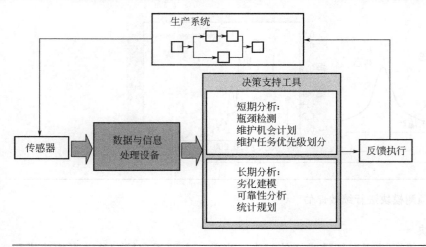

图 16-9 预测性维护决策支持系统框架

从维护策略的角度来看，长期和短期的定义是相对的。通常，很难定义短期或长期的周期，因为它取决于最终目标、操作条件等。例如，如果故障频繁发生，则可以使用分布或模式来描述系统的性能，以研究长期行为。相反，如果失效很少发生，那么短期分析可能会比统计分布更为准确和适用。

我们可以称短的运行时间段为一个运行周期，在该周期内不能将机器的故障行为假定为统计分布，也不能将系统分析为稳态系统。在大规模生产环境中，可能是几小时、几次轮班或几天。如图 16-9 所示，短期分析和长期分析使用了不同的工具。短期分析在很大程度上取决于实时数据，并致力于过程控制。当前为短期分析开发的方法包括瓶颈检测、维护机会计划和维护任务优先级划分。长期分析有助于提高决策的水平。

PMDSS 的工作流程：首先从生产线上安装的各种传感器接收数据，如 Watchdog Agent 之类的数据信息转化系统将处理数据并将其转化为有用的信息，该信息将进一步用于计划维护和生产；生产线的长期目标是以经济、有效的方式满足生产要求，长期分析可确保达到这个目标；而短期分析可确保持续的效率，并提供进一步改进的机会；将长期和短期分析结合起来，可以得出适宜的最终决定，以改善系统性能。

16.5　用于高级电子维护的技术集成

16.5.1　通用 ICT 接口

近年来，ICT 的发展为实施维护和工业设施管理的创新系统创造了新的格局。无线传感器、网络和移动计算设备的组合使用可以弥补车间中存在的信息获取缺陷。利用这样的技术需要花费更多的精力来整合来自各种分布式和异构源的信息。在这种情况下，关键的应用环境是泛在维护管理（Ubiquitous Maintenance Management，UMM）。在 UMM 中，与维护相关的信息在不同的组织层之间往复无间断地传递。它可以在多个位置（任何地方），即时（任何时间）给多个用户和多个组织（任何人）授权访问此类操作和维护信息。

利用这样的机会可以使维护服务领域发生根本性的变化。将来用户无需维护服务提供商就可以使用位于独立计算机中的复杂有线仪器和软件来访问从车间获取的信息和数据。技术人员可以通过移动和手持设备，甚至通过 Internet 远程获得与状态监视和设备维护相关的数据。另外，有可能根据即时、本地和全球的生产和设施状态信息来做出运营决策。

为使新的电子维护系统成功实施，关键应用技术需要在以下方面取得进步：

① 无线网络；
② 传感器网络；
③ 移动计算和情境化意识；
④ 工业信息集成。

（1）无线网络

无线网络在新兴的电子维护和智能性能监控系统中扮演着重要角色。无线技术在现代工业和消费类设备中深入渗透，基于无线网络的可用性日趋成熟。适用于各种形式的电子维护系统的常见无线网络协议包括：无线 PAN（WPAN）协议（主要是 802.15x）许可的 Wi-Fi（802.11x）、发展迅速的 WiMAX（802.16x）、新兴的 MobileFi（802.20x）以及与移动电话相关的 3G 衍生网络。这些网络旨在满足不同（但在某些情况下可能会重叠）的应用需求，并且每个无线网络协议似乎都具有某些特性和优势，它们在带宽、覆盖范围、移动性支持、服务质量、抗干扰及成本等方面各有所长。

WPAN 无线个人区域网络是个人区域网络的无线扩展。它的特点是覆盖范围小（通常从几厘米到几米）、有限的带宽和能耗。它主要用于在外围设备（传感器、移动计算设备等）之间建立通信，以及在设备与更高级别的网络之间交换信息。在 WPAN 中，可以区分 IEEE 802.15 的几个子类别，即 IEEE 802.15.1（蓝牙）、IEEE 802.15.3（高数据速率 WPAN）和 IEEE 802.15.4（低数据速率 WPAN、ZigBee）。

802.15.1（蓝牙）通过短距离射频在移动电话、个人数字终端（PDA）、笔记本电脑和 PC 等设备之间提供连接，安全且在全球范围内无需许可。应用包括手机和免提耳机的控制和通信、狭窄空间内的 PC 和需要很少带宽的无线网络之间的通信、PC 及外围设备之间的无线通信和设备之间的文件传输。它取代了传统的有线设备、GPS 接收器和控制设备等设备中的串行通信、IR 通信等。

802.15.3 的目标是更高传输速率的 WPAN。

802.15.4 的目标是低成本和低速率的 WPAN。由于其低功耗和错误修复功能，该通信协议在无线传感器网络中应用非常普及。实际上，许多供应商现在在使用基于 802.15.4 协议的 ZigBee 实现提供无线传感产品。

WLAN 协议中的 Wi-Fi 系列的主要优势之一，是已经存在深度市场渗透。事实上，该协议已得到全球众多供应商的支持，并在 2.4~5GHz 频段的未许可频谱中运行。最新和未来的相关协议（例如 802.11n 和 802.11s）将支持更高数据传输速率，甚至高达 600Mbps。尽管 802.11e 已添加了 QoS 支持，但仍存在覆盖范围小（数十米的数量级）、缺乏确保丰富的多媒体传输中的服务质量（QoS）的支持的缺陷。

广域覆盖（以千米为单位）是 WiMAX 系列无线城域网的关键功能。与 Wi-Fi 相比，该协议系列具有更好的 QoS 特性，从而可以在保证质量的情况下进行丰富的多媒体传输。然而，在短期内仍然无法达到理论传输速率（几十 Mbps 的数量级），并且预计在实践中速率不会高于 10Mbps。WiMAX 在许可和非许可频段中运行，可能存在干扰和能量传输限制，从而限制其性能。尽管如此，对于 WiMAX 渗透率的预测还是乐观的，这表明其超越 Wi-Fi 是有可能的（表 16-1）。

表 16-1 移动技术趋势的特征

项目	3G 衍生网络	WPAN	Wi-Fi	WiMAX
标准	HSDPA/HSUPA，EV-DO	802.15x	802.11x	802.16x
最大带宽（实际上降低了有效带宽）	14.4 Mbps（HSDPA），5.8Mbps（HSUPA），46.5Mbps（EV-DO. B，该版本适用所有载波）	802.15.3 的最大带宽是 55Mbps，目标载波是超过 110Mbps（10m 范围）或 400Mbps（5m 范围）。蓝牙 2.0 最高带宽为 2.1Mbps。而 802.15.4 最大带宽可达 250Kbps	11Mbps（b），54Mbps（g），超过 100Mbps（n）	超过 70Mbps（固定），15Mbps（移动）
运作方式	蜂窝运算符	个人局域网，蜂窝电话外围设备，无线传感器网络	个人，无线互联网服务提供商（WISP）	个人，无线互联网服务提供商（WISP），无线运营商

续表

项目	3G 衍生网络	WPAN	Wi-Fi	WiMAX
许可	需要	不需要	不需要	可以自定义
范围	几千米	通常可达 10m	最佳条件下最大 100m	最佳条件下 50km
优点	范围大，机动性强	低功耗，QoS，低成本	带宽，成本	带宽，范围，移动性
缺点	价格	较低的带宽	范围小，服务质量（QoS）差	无许可频段中的干扰问题

(2) 传感器网络

成功实施电子维护或智能维护系统的关键因素是具有有效执行视情维护（CBM）的能力。CBM 要求维护决策基于对受监控设备当前状况的识别。实施基于 CBM 的有效维护管理策略的前提，是要进行适当的状态监视以及机械故障诊断和预测。传感器技术的最新进展为使用无线传感器提供了越来越多的选择。与有线传感器相比，此类传感器更易于部署，并有助于提高车间中传感器数据的覆盖率。无线传感器网络通常是通过启用了 802.15.4 的传感器和设备实现的。一些供应商已经提供了无线传感器系统（例如 Crossbow 传感器、Mica 和 MicaZ 微粒）。例如，应用程序开发基于加州大学伯克利分校的 TinyOS 和 NesC。SUN 新推出的平台小型可编程对象技术（SPOT）和 SQUAWK Java 虚拟机可能会提供更高的互操作性。这些平台旨在在嵌入式系统设备上实现操作和相互操作。SPOT 技术集成了 802.15.4 无线连接，并且将其作为 Java Micro Edition 平台（J2ME）的一部分。传感器技术与 RFID 技术的耦合提供了额外的功能，可以执行快速的产品、设备和组件跟踪，并将传感器信息链接到数据收集点，即直接为收集的信息提供适当的环境。这些发展使网络和嵌入式传感器与计算设备无缝衔接，使来自车间机器的信息可及时全方位地供网络中的企业使用。

(3) 移动计算和情境意识

无线技术与传感器和移动计算设备的集成，使得移动计算和情境意识概念可应用于现代维护工程实践服务。最典型的应用程序用法是普遍存在的信息中介，它也可以在情境中实现，即与特定的用户配置文件、位置、活动或设备。移动技术还可以提供基于位置的服务（Location Based Service，LBS）。LBS 的广泛应用具有很大的好处，包括室内或室外导航辅助设备以及与位置相关的内容交付。其他典型应用是在物流中，其中设施跟踪和与设施相关的信息的处理可以实现自动化，同时可以使所提供的服务具有自适应性，以更好地适应不同的用户配置文件。

基于每个服务请求的表观情境、情境计算或位置计算为传递信息和开发自适应用户界面提供了创造性的方式。如果系统使用情境向用户提供相关的信息和服务，则系统是情境感知的，而相关性取决于用户的任务。通常，可以通过特定于位置的信息或数据、时间、用户配置文件和身份以及所执行的特定活动的特征来确定情境。例如，在一个典型的普遍维护场景中，一名生产工程师站在特定的生产机器之前，工程师携带手持设备，该设备配有 RFID 表征读取器。被监视的机器本身配备有 RFID 表征和多个传感器以监视其运行状况，工厂后勤办公室存储与生产计划和限制以及工厂和机器的整体运营有关的结构化和历史信息。具有 RFID 功能的受监测的机器，能够将测量信息与手持设备存储的数据相关联，或与集中存储的历史数据进行比较。此外，一旦确定了监测环境（机器、生产类型等），车间工程师就可以直接访问与被监视机器有关的技术文档，从而有助于评估监视情况。除此之外，状态监视、诊断和预测系统还可以处理监视的数据，从而直接为现场提供专家建议。根据信息集成的级别，此建议可根据当前和将来的生产和维护约束来处理收集的数据得出。换句话说，维护操作由情境感知决策和移动计算指导。显然，达成知情的维护决策并提示人员采取特定的维护行动，可极大地利用在情境感知或位于环境中的计算决策支持环境中运行的能力。情境的概念本身非常广泛，可能会影响联网设备的运行。最常见的例子是情境感知的传感设备，其中休眠或激活传感器的操作以及信号传输由应用情境确定，从而实现节能操作。可以说，维护工程实践和电子维护应用程序可以从采用类似的情境感知移动计算概念中受益。通过信息集成，电子维护只能在适当整合各种异构源提供的信息的范围内利用无线网络、传感和移动计算中的当前技术。这一技术障碍是应当被重视的，因为过去没有进行任何提高维护工程实践水平的尝试，因而没有提供数据互操作性和信息集成的规定，其影响有限。在 OPSA 基金会和 ISA-SP95 委员会的协作下，在 MIMOSA 协会的主持下，机器操作和维护领域的适用标准达到了一定程度的整合。这也引导着相关 ISO 标准——用于企业控制系统集成的 ISA S95 标准的开发，其第一部分是 IEC/ISO 62264 标准。上述三个组织正在合作开发开放式 O&M 标准，该标准实际上是对一组相关标准进行集成和补充的标准。值得注意的是，它们定义了一条公共信息总线，并且还定义了两个主要的接口集，用于一侧的操作和另一侧的企业系统。操作方面的相关接口标准包括：

① OPCXML 和 MIMOSA OSA-EAI，用于低级访问机器控制系统和数据；

② ISAISA SP95、OPC XML 和 OSA-EAI，用于中间环节、工厂级的预测、计划和调度系统；

③ ISA SP95，用于物流级别的物料和人员管理；

④ OSA-EAI，用于连接所有类型的有形设施资源管理系统。

W3C 管理的 XML 和语义 Web 标准是一组补充标准，它们为可互操作的语义信息交换和本体表示法提供了基础。这些标准的采用和实施，可能会带来技术和信息集成前景的增强，最终能够实现成功的电子维护实施策略。

16.5.2　Watchdog Agent 的通用接口要求

开放式体系结构 Watchdog Agent 工具箱使用图 16-10 所示的开发过程。全面的 Watchdog Agent 技术的界面系统通常包括硬件应用程序、软件应用程序和其他用户界面系统。

（1）硬件

对于某些行业应用，Watchdog Agent 硬件的选择取决于输入/输出信号的特性（例如，什么类型的输入/输出信号以及需要多少个通道）、选择了哪些工具或算法（例如，不同的算法需要不同的硬件计算和存储容量）以及硬件的工作环境（例如，决定硬件的存储类型、温度范围等）。IMS 中心当前使用的硬件原型基于 PC104 架构，如图 16-11（a）所示。PC104 体系结构使硬件可以轻松扩展到包含多个 CPU 和大量输入通道的多板系统。它所有的工具均已嵌入硬件中，具有强大的 VIA Eden 400MHz CPU 和 128MB 内存。它具有 16 个高速模拟输入通道，可处理高动态信号。它还具有可以获取非模拟传感器信号的各种外设接口，例如 RS-232/485/432、并行和 USB。该原型使用紧凑型闪存卡进行存储，因此可以将其放置在机床顶部，并且适应工作环境中的振动。一旦确定了针对特定行业应用的工具或算法集，将针对定制的 Watchdog Agent 应用进一步评估商用硬件，例如图 16-11（b）、（c）所示的研华和 National Instruments（NI）硬件。

第 16 章 集成式电子维护与智能维护系统

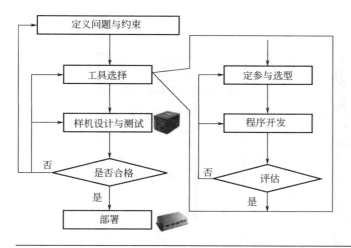

图 16-10 开发 Watchdog Agent 工具箱的流程

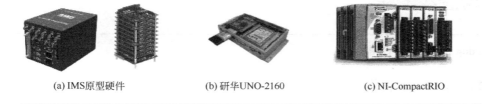

(a) IMS原型硬件　　　　(b) 研华UNO-2160　　　　(c) NI-CompactRIO

图 16-11 Watchdog Agent 应用程序的硬件原型选项

（2）软件开发

基于 Watchdog Agent 的 IMS 中心的软件系统由两部分组成：嵌入端软件和远端软件，如图 16-12 所示。嵌入端软件是在 Watchdog Agent 硬件上运行的软件，其中包括通信模块、命令分析模块、任务模块、算法模块、功能模块和数据采集（DAQ）模块。通信模块负责通过 TCP / IP 与远程端进行通信。命令分析模块用于分析来自远端的不同命令。任务模块包括多线程调度和管理。算法模块包含特定的 Watchdog Agent 工具。功能模块具有多个辅助功能，例如通道设置、安全配置和邮件列表等。DAQ 模块使用中断或软件触发来执行 A / D 转换，以从不同的传感器获取数据。远程端软件是在远程计算机上运行的软件。它由 ActiveX 控件技术实现，可以用作 Internet Explorer 浏览器的组件。远程端软件主要由通信模块和用户界面模块组成。通信模块用于通过 TCP / IP 与嵌入端站点进行通信。用户界面具有状态信息显示、ATC 状态显示和离散事件显示。它还具有一个算法模块，以及错误日志库和数据格式接口。

（3）远程监控架构和人机界面标准

远程监控和人机界面通常具有四层基础结构。数据采集层由多个传感器组成，这些传感器从不同位置的一台或多台机器的组件中获取原始数据。网络层使用传统的以太网连接或无线连接在 Watchdog Agent 之间进行通信，或通过 GPRS 服务将短消息（SM）发送到工程师的移动终端。应用层用作控制服务器，以保存相关信息并控制网络中 Watchdog Agent 的行为。企业层为与维护相关的工程师提供了便利的界面，可以通过浏览器或智能手机访问信息。

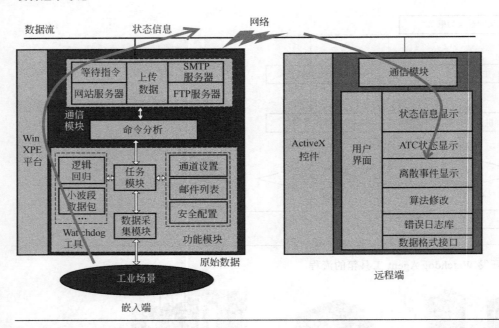

图 16-12　Watchdog Agent 的软件结构

16.5.3　系统用户界面需求

随着电子维护系统使用的先进技术的逐步发展，对开发更好的系统用户界面也提出了新的要求。这样的接口要能协调技术平台与可操作的嵌入式技术的设置或用户环境之间的交互性和通信。这对应用程序环境的可靠性、安全性甚至保密性具有重要意义。多年来在不同背景下的研发活动，促成了许多提高系统-用户界面性能的技术的研发和应用。一些流行的同样适用于集成电子维护系统的界面应用程序接口类型及功能如下。

① 文字使用者界面（TUI）。该界面使用适当的文本和符号构建。

② 命令行界面（CLI）。这是为了使用户能够通过命令行解释器更有效地与操作系统进行交互。命令行解释器读取用户输入的文本并对其进行解释。

③ 图形用户界面（GUI）。该界面涉及各种图形图标、可视指示器或小部件，主要允许用户与计算机和/或计算机控制的设备进行交互。可以看出这与针对用户的基于文本的导航辅助功能相结合。

④ 互动设计（IxD）。旨在了解和指定用户需求，然后将这些用户需要的规范引入系统设计，通过更好地整合经验，可以提高技术系统的可用性。

⑤ 体验设计。这里的重点主要是更积极地利用人类经验，这涉及复杂系统和环境设计中的习俗、技能、知识、信念、看法、需求等。

⑥ 信息设计。这样做的主要目的是使信息可用并以某种方式将其呈现给用户，以便用户以更有效的方式做出决策并执行分配的任务。

⑦ 平面设计。旨在积极地使用各种类型的图形和图像，以增强用户与技术系统之间的视觉交流和信息交换。

⑧ 以用户为中心的设计（UCD）。这是一种对最终用户的实际特征、要求和限制进行全面分析，有关用户的知识和理解被纳入设计过程的每个步骤，以优化用户界面的方法。

16.6 工业应用实例

16.6.1 复杂工业设施的电子维护系统

随着工业设施管理过程的复杂性增加，工厂和设施的所有者或经营者已开始寻求创新的技术系统，以减少与设施相关的风险。石油和天然气勘探和生产行业在此方面提供了一个具体案例。整个行业都在建立所谓的"智能设施"，在这项专门计划中，人们已经采取了一些主要的初始步骤来实施和使用针对离岸设施的全面电子维护系统。智能设施驱动的设计和开发以及探索高级维护系统的可行性，两个尤为重要的因素分别如下。

① 石油产量逐渐下降，并发现更多的边际油田。

② 运营成本上升，尤其是设备、系统老化的项目以及技术上更具挑战性的开发项目。

在这种情况下，近几年风险暴露得越来越明显，触发了主要的政治和商业资源来探索各种降低商业风险的可行性方案。随后，备受青睐的集成电子运营系统在 21 世纪初投入使用，迄今为止已产生数十亿元的投资。

通过整个行业重新设计流程，集成电子运营系统正处于快速发展的状态，主要包括：

① 高科技嵌入式控制/支持/协调中心，可增强离岸油气设施与在岸支持系统之间的连通性和互动性；

② 用于实时数据流量和通信的先进的基于光纤和无线的 ICT 系统，以及基于 Web 的系统；

③ 标准化的技术平台，例如基于语义和本体的，用于业务伙伴之间的数据交换；

④ 新颖的数据采集和分析技术、3D 技术以及用于快速决策支持的仿真系统；

⑤ 新颖的 ICT 系统，可支持业务合作伙伴（例如，运营商、工程承包商、钻井服务提供商、CBM 专家等）之间的在线协作决策和制订活动计划，以改善工作流程。

目前的发展特点是，寻求针对海上设施的可靠的、全年无休（24/7）的在线实时操作的集成系统。

维护管理在这种情况下引起了人们的极大关注，特别是维护管理对运营成本、生产可用性、状态与安全以及环境绩效的影响。通过使用电子维护系统（CBM 应用仍是主要基石），尤其有望获得主要收益。传统 CBM 对海上应用并没有那么大的作用，但随着应用技术（特别是 ICT 行业）的发展，新的发展路径出现了。这为高级维护系统提供了必要的技术基础集成组件，包括（图 16-13）：

① 在传感器技术中快速应用 ICT 系统以进行数据采集；

② 基于光纤网络的大型 ICT 网络"安全石油信息链路"（SOIL）的实施和加速发展，用于实时数据交换；

③ 在岸的高科技 CBM 专家中心进行数据分析，解释和排除故障；

④ 加强使用基于视频的智能在线通信技术（例如 Visi-Wear），以在离岸设施人员、在岸支持工程师和远程 CBM 专家之间进行在线交互；

⑤ 无线应用程序和基于 Web 的系统，用于建立支持性专家网络。

尽管该技术已经显示出自己的发展速度和实现 24/7 在线实时操作的潜力，但如今广泛的重新设计过程以及工作模式和组织形式的巨大变化已经引起了业内对三个特定方面的关注，目前正在进行一些研发工作，以解决与集成、接口、协调相关的许多问题。

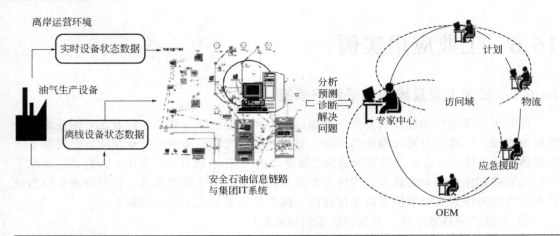

图 16-13　集成电子维护系统的新兴应用和前景

16.6.2　用于产品生命周期设计和管理的 Watchdog Agent 技术

在协同产品生命周期设计和管理的领域，Watchdog Agent 使用信息电子技术，以存储产品使用情况和寿命终止（EOL）服务数据，并将其反馈给设计人员和生命周期管理系统。当前，已经提出了建立用于服务和 EOL 的产品嵌入式信息系统的国际智能制造系统联盟。目标是将 Watchdog Agent 功能集成到产品和系统中，以进行闭环设计和生命周期管理，如图 16-14 所示。

研发活动将继续推进当前的研究，以开发用于产品可靠性和可维护性的闭环生命周期设计的技术和工具，并探索新领域的研究，例如用于自我维护和自我修复的嵌入式和网络 Agent 技术，以及产品和系统的自我恢复。这些新的前沿工作将使人们对可重新配置性有一个基本的了解，并使集成了物理、信息和知识领域的自主可重新配置的工程系统能够进行闭环设计。这些自主可重新配置的工程系统将能够感知，执行自我诊断，并在遇到计划外的故障事件时重新配置系统，使其不间断运行。

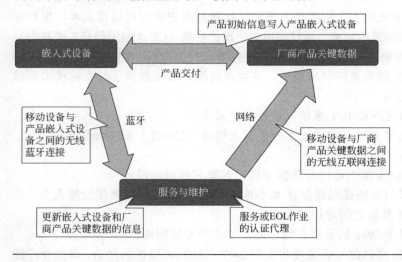

图 16-14　嵌入式和无线产品生命周期监控
（用于服务和闭环设计的产品嵌入式信息电子系统）

16.6.3 用于解决轴承劣化问题的 Watchdog Agent 技术

(1) 信号处理和特征提取

对于持续性缺陷，可使用正弦函数作为基函数的基于傅里叶的分析，以处理窄带信号。当处理离散或采样/数字化模拟信号时，可采用离散傅里叶变换（DFT）进行分析。实际上，可通过使用快速傅里叶变换（FFT）算法高效计算 DFT。这里介绍 FFT 从振动信号中提取特征，计算频谱中每个轴承缺陷频率周围的子带能量，作为状态评估。

通过使用 FFT 算法，振动信号从时域转换为等效的频域表示形式。幅度谱可以细分为特定数量的子带。子带通常是一组相邻的频率。这些子带的中心频率已经在轴承缺陷频率处预先定义，例如滚球内圈通过频率（BPFI）、滚球外圈通过频率（BPFO）、滚球自旋频率（BSF）和保持架旋转频率（FTF）。计算这些子带的能量，并将其传递给下一步的状态评估算法。

描述轴承状态的特征向量有轴承缺陷频率周围的能量、1 倍 RPM 处的振幅峰值、2 倍 RPM 处的振幅峰值、3 倍 RPM 处的振幅峰值、最大加速度、RMS、峰度。

(2) 故障诊断

利用来自不同轴承失效模式的可用数据，应用自组织图的方法来提供运行状况图，其中不同的区域表示轴承的不同缺陷。

在工业环境下进行实验收集振动数据。在该实验中，人为地制造了 3 个轴承分别具有滚球缺陷、内圈缺陷和外圈缺陷，也从无缺陷的轴承中获得振动数据。图 16-15 显示了四种主轴轴承状态的振动信号。

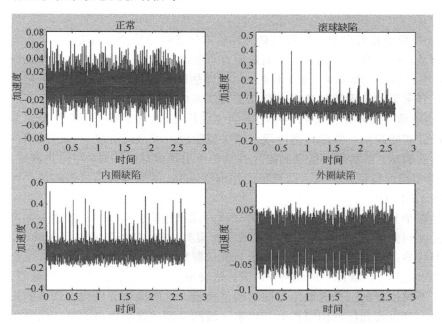

图 16-15　四种主轴轴承状态振动信号

训练后，将获得用于分类不同轴承故障模式的状态图，如图 16-16 所示。状态图显示四个区域,依次标记为"N""RF""IF"和"OF",分别指示正常状态、滚球缺陷、内圈缺陷和外圈缺陷。在退化过程中,轴承可能会随机出现不同的故障模式,具体取决于机器的物理结构和运行条件。

如果轴承出现不同的故障模式,则图 16-16 所示的运行状态图还可用于检测劣化过程。当轴承处于正常状态时,测试数据的命中点将位于运行状态图上的"N"区域附近;如果出现外圈缺陷,则测试数据的命中点将迁移到区域图上的"OF"区域。

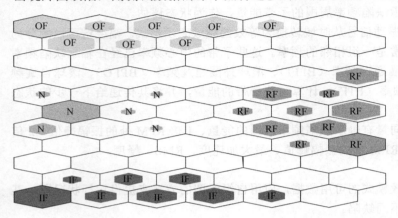

图 16-16 用于分类不同轴承故障模式的运行状态
(N:正常状态,OF:外圈缺陷,RF:滚球缺陷,IF:内圈缺陷)

(3) 状态评估

SOM 方法应用于提取的特征向量,以得出有关轴承劣化条件的结论。通常,仅可在正常操作条件下进行测量。在极少数情况下,在测量所有可能的缺陷的完整集时,会存在缺陷发展的历史数据。当只有正常数据时,SOM 才可用于评估轴承的状态。在建立了正常机器行为的描述之后,异常可能会因为与该描述存在重大偏差而被发现。

SOM 可用于识别轴承在其整个生命周期中的不同健康状态。轴承的整个生命周期通常可以认为是正常阶段、初始缺陷、故障传播阶段(或关键阶段)和故障阶段。对于轴承,进行了从运行到失败的测试。当发现大量金属碎片并且轴承出现滚球缺陷时,将停止测试。使用 FFT 从振动数据中提取特征,并将这些特征用作训练 SOM 的输入向量。训练后,可以获得两个图,如图 16-17 所示。

左侧的区域图是整个基线训练数据集的 U 矩阵(统一距离矩阵)区域图。U 矩阵图可视化相邻区域图单元之间的距离,并有助于感知区域图的聚类结构:U 矩阵的高值区域(以深色显示)指示聚类边界;低值区域(以浅色显示)表示群集本身。在此区域图中,三个不同的区域被较深的六边形(区域图中的边界)隔开,这表示三个训练数据集的正确分类。在右侧的区域图中,不同位置的三个区域用不同的颜色表示。这些区域分别代表轴承的正常、关键和故障阶段。可以将此区域图用作运行状态区域图以测试新数据集。测试结果由区域图上的"命中点"指示。"命中点"所在的区域表示轴承的状态阶段。在图 16-17 中,位于正常区域的"命中点"表示轴承处于正常阶段。

对于每个输入特征向量,可以在 SOM 中找到预支对应的 BMU。输入数据特征向量和

BMU 的权重向量之间的距离（可以定义为最小量化误差，MQE），实际上指示了输入数据特征向量与正常操作状态之间的距离。因此，劣化趋势可以通过 MQE 的趋势可视化。随着 MQE 的增加，劣化变得更加严重。

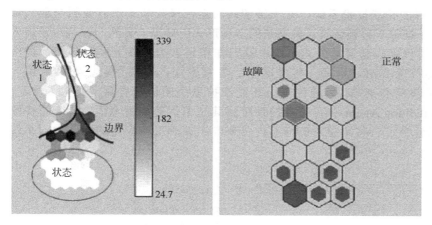

图 16-17　带有滚球缺陷的轴承不同阶段的运行状态图

将轴承处于正常状态的前 1000 个循环中的数据训练 SOM，训练后，使用带有滚动元件缺陷的轴承的整个生命周期数据进行测试，并计算相应的 MQE 值。从图 16-18 所示的曲线可以清楚地观察到轴承的失效过程。在前 1000 个循环中，轴承状况良好，MQE 接近于零；从周期 1250 到周期 1500，出现初始缺陷并且 MQE 开始增加；MQE 不断增加，直到接近周期 1700，这表示缺陷变得更加严重；随后，直到大约周期 2000，MQE 下降，因为滚球的传递作用抵消了振动；在此阶段之后，MQE 将急剧增加，直到轴承失效。

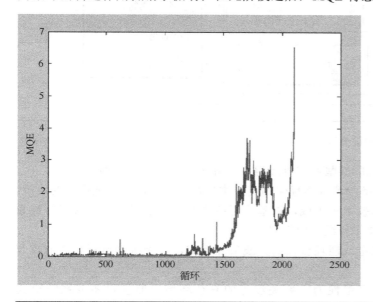

图 16-18　滚球缺陷轴承的劣化过程的 MQE

16.7 电子维护应用系统面临的挑战

当今各行业所采用的智能技术系统,对于缓解新的运营风险和实现商业利益至关重要。在过去的几年中,维护学科领域被这种系统的多种形式所淹没。显然,在这些发展之前,就存在 CBM 应用程序。到目前为止,该主题已在相当大的程度上发展起来,提出了很多有意义的故障排除方法,例如,神经网络、专家系统、模糊逻辑、遗传算法、多智能体平台和基于案例的推理,为通往高级智能维护系统的道路提供了便利。最近,在电子维护方面,Watchdog Agent 和智能维护系统因其技术优势和更全面、系统的特殊潜力而备受关注。尽管有了一些发展,但行业内仍未推出针对工业应用的更强大的系统(图 16-19)。

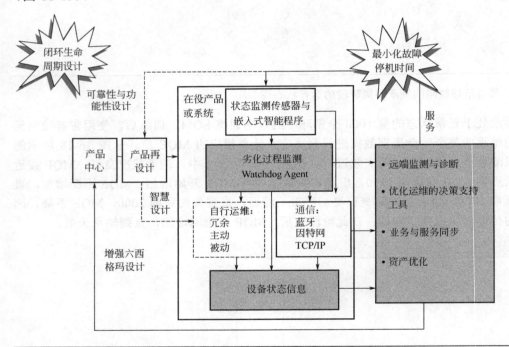

图 16-19 强大的智能维护系统的关键要素

与全面的电子维护应用系统的某些特定挑战相关的解决方式有以下几种。

① 用于维护进度计划和服务物流成本优化的高级维护模拟软件,可实现透明的决策。

② 将决策支持工具和优化技术相集成,以基于可持续发展和自我意识的人工智能系统进行主动维护,并从自身的操作和经验中学习。

③ 无线传感器网络由自供电或能耗极低的无线节点组成,用于机器运行状态监控和嵌入式预测。

显然,这些技术对于在以可用性为主要关注点的复杂环境中监视设备或系统至关重要。

此外,还存在与新技术对创新电子维护系统影响的有关的问题。例如,主要关注点可能与可靠性验证、安全风险和为商业优势而实施的高级电子维护系统的安全性有关，因此也与它们对运营商/设施所有者的潜在风险敞口有关。由于正式组织形式的广泛扩展，越来越多地依赖业务联盟和网络，因此风险敞口增加。在这方面的一些问题，例如与 CBM 应用中的组织因素和更广泛的技术系统层面有关的影响已经得到了强烈关注。主要关注点是，当诸如电子维护之类的技术系统的复杂性增加时，必须采用一种更加专业的方法来确保识别出潜在的威胁和漏洞。在此情况下，虚假警报、解释错误、人类心理能力等在确保工业设施可靠、安全和无错误的操作中起着重要影响。这仍然是一个隐藏的挑战，并且大多没有得到充分解决。

显然，电子维护不仅取决于新的技术能力，还需要建立强大可靠的服务基础架构的创新系统。这就需要开放平台来帮助支持技术和服务集成。目前，这方面的一些应用在不同行业都很常见，例如石油和天然气生产、设备设计和制造等。从原理上来看，"电子维护"一词不仅意味着先进技术的复杂组合，还需要一个"实时"系统来支持对应用技术的有效使用。显然，一个系统不仅是添加所有组件。强大的电子维护系统需要在四个关键要素之间建立有效的接口：

① 用于有效数据管理的语义学和本体论；
② 组织系统；
③ 技术应用；
④ 工作流程的重新定义。

这为在智能系统规范设计到开发和实施过程中，无缝集成各种动态组件，实现互操作性，从而更好地管理设备和工厂提供了保障。

值得注意的是，与电子维护有关的应用程序系统仍处于成长阶段。但是，在新兴的成本竞争和时间紧迫的工业环境中，电子维护似乎是已经确定的工业环境的前进方向。这有助于通过有效的知识和信息管理以及协作性问题的解决和学习过程，并利用技术进步来更好地管理风险和漏洞。

由于在行业面临新挑战时，需要创新且具有成本效益的系统，智能维护系统和电子维护应用程序在学术界和工业界引起了广泛关注。目前看来，智能维护系统和电子维护应用程序的发展，无论是在研发方面还是在应用前景中，都有很大的希望。然而，由于基本问题的复杂性以及系统有效接口的首要需求，未来这个研究课题面临的挑战也非常大。

第17章
基于计算机的维护管理系统

第 17 章 基于计算机的维护管理系统

基于计算机的维护管理系统（Computer-based Maintenance Management System，CMMS）是一组计算机程序和数据文件的集合，旨在为用户提供具有成本效益的方式来管理由维护和库存控制组织生成的大量数据。此外，这个系统可以提供有效管理工厂中人力和资本资源的手段。CMMS 是用于改善维护和相关活动的工具，其本身仅管理已输入的数据或由于数据输入而创建的数据，并不管理维护操作。

17.1 基于计算机的维护管理系统的功能

基于计算机的维护管理系统（CMMS）或计算机资产管理系统（CAMS）是一组集成的软件程序、数据文件和表，为许多活动提供高效管理功能。该功能通常分为 CMMS 中特定活动集的子系统。这些子系统可以包括但不限于以下几项。
- 设备/资产输入和维护。
- 设备/资产物料清单输入和维护。
- 设备/资产和工单历史。
- 库存控制。
- 工单的创建、执行和完成。
- 预防性维护计划的制订。
- 工单计划及工作订单安排。
- 人力资源。
- 采购与收货。
- 发票匹配和应付账款。
- 创建和维护 CMMS 使用的表以及打印报告。

17.2 基于计算机的维护管理系统的文件

典型的 CMMS 提供以下类型的信息存储、处理和检索。

（1）设备/资产标识和规格

设备/资产文件是 CMMS 中的主要文件，通常是强制性文件。大多数工单是针对此文件中维护的设备/资产记录之一写入的。大多数系统允许将代码用作数据字段输入。这些代码通常由用户定义，并在 CMMS 内的表中维护。代码表还应提供用于描述每个输入代码的空间。通过建立代码表并控制谁可以更新它们，可以确保用户对记录中相关字段的输入保持一致。代码表包括以下内容：用于对类似设备进行分组的设备类型，例如电动机、泵、起重机等；设备/资产所在的建筑物、楼层和房间；度量单位，对于每个 CMMS，代码表的数量和类型都是唯一的；规格数据，包括唯一的设备/资产标识符，例如大小、重量、颜色、电流、转速、流速等。这些数据可以保存在设备/资产文件以及单独的规范文件中，或在引用设备/资产记录的表中。规格也可能与设备/资产类型相关联。例如，设备/资产类型的电动机将包含规格代码，例如功率、电流、电压、周期等。对于每个代码，可以为该设备/资产记录指定一个特定的值。规格具有两个主要优点。首先，在计算机上拥有尽可能多的有关设备/资产的信息是有益的，这样就不必在文件柜或办公桌抽屉中搜索所需的信息，它将全部集中在一个易于访问的地方。其次，大多数系统允许按其规格对设备/资产记录进行分类。例如,要查找所有50hp、60A、周期为2的交流电动机,将这些值输入相应的规格分类字段,系统将查找并显示与输入的组合规格相匹配的所有记录。

发起工作请求后,CMMS 将首先通过检查设备/资产文件来验证设备/资产标识符是否有效。如果标识符无效,则会通知请求者,并要求其输入有效的 ID。如果有效,CMMS 应自动将某些信息从设备/资产文件复制到工作请求中。此信息通常包括设备/资产说明、指定的成本中心、实际位置以及可能的保修信息。根据 CMMS,还可以检索对计划者和工艺人员有利的其他信息,并将其放入工作请求中。

(2) 设备/资产层次结构

设备/资产可以是较大设备/资产、工序、区域、部门、工厂和公司的组成部分。例如,电动机可能是驱动系统的一部分,该驱动系统是位于 ABC 纸业公司新闻纸部的某工厂高档纸部的整理区域中的工序的一部分(图17-1)。

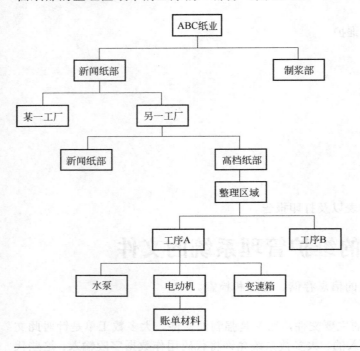

图 17-1 设备/资产层次结构示例

这些单元中的每一个都可以在设备/资产文件上设置为设备/资产记录或位置记录。大多数系统允许从最低级别开始构建层次结构。它们还允许将记录从一个层次结构移动到另一个层次结构,或移动到现有层次结构中的其他位置。建立层次结构不是强制性的,但是,如果有的话,它会带来很多好处。

首先,维护成本可能会自动从层次结构中的任何级别汇总(将工作订单写入更高级别)。因此,在该示例中,修理电动机的成本不仅在电动机中维持,而且在电动机上方的层次结构中汇总并维持在所有或选定的级别。当需要快速确定部门、区域、工序等的总维护成本时,此功能非常有用。通过查询,将看到分配给层次结构的任何级别的所有设备的总维护成本,可以在层次结构中的任何级别进行查询。

其次，通过在层次结构中的任何级别进行查询，可以查看所选级别之上和之下的所有项目。这样可以快速显示所选项目的组成部分。通过查询，计划者可以确定针对层次结构中的错误设备/资产标识符启动了工作请求，并且可以轻松确定应将哪个标识符分配给请求。

再次，层次结构提供了确定项目物理位置的快速方法。这是由于将位置作为设备/资产上的记录并将其包括在层次结构中而导致的。输入设备/资产 ID，将立即看到该项目的位置。如果关键过程中的某个设备发生故障并且没有可用的备件，那么这种查询将是无价值的。可以将一个相同的项目放置在一个非关键位置，直到有可用的备件为止。

最后，设备/资产项以及父项的历史工单信息应存储。此信息可以确定物料所处的每个位置以及在每个位置针对它编写的工单。相反，可以查询一个位置，并查看该位置上的每个设备/资产项目，并在那里查看工单。当试图确定某些故障的原因时，此信息非常宝贵。例如，特定电动机是否总是在特定位置发生故障，或者特定电动机是否发生故障，无论其位于何处并且总是出于相同的原因。如果所有电动机都在同一位置并由于类似原因发生故障，则问题很可能是由于该位置引起的。

(3) 设备/资产清单

设备/资产清单通常与设备/资产文件分开，但与之链接。物料清单是特定设备/资产记录的层次结构中的最低级别，包含设备/资产的全部或至少主要部件。例如，泵的物料清单可能包含壳体、轴、轴承、密封件、叶轮等。由用户确定任何给定物料清单的详细程度。有些公司，包括一些 CMMS 供应商，都在出售通用设备的物料清单。一些设备供应商可能会免费提供从它们那里购买的设备的物料清单。真正的好处是，可以通过某种形式的电子媒体获取这些物料清单，这些物料可以直接加载到 CMMS 中。

手动创建物料清单可能非常烦琐且耗时。如果选择此方法，建议从关键设备的最关键零件开始，然后在时间允许的情况下再添加不太重要的项目。某些系统会根据工单发布的零件自动构建物料清单。系统应该允许标记在库存文件上不想添加到物料清单的所有项目。从字面上看，这种自动过程可能需要数年时间才能开发出大量的物料清单文件。

计划工单时，物料清单非常必要。它向计划员显示将在要维护的项目上使用的确切零件。系统还应允许计划人员直接从物料清单中选择所需零件并将其添加到工单中。在决定要保留哪些零件以及数量时，物料清单还提供相关信息。例如，如果要将设备/资产项目从服务中永久删除，是否可以从库存中删除其所有相关部件？又如因为其他设备/资产仍需要这些零件，是否需要调整再订购点和再订购数量？如果在使用的功能中输入零件 ID，系统将显示使用特定零件的所有设备/资产记录以及每个零件所需的数量。

(4) 备件和库存清单

为了完全控制并计入维护成本并确保可靠的维护实践，必须对维护清单进行控制。大多数系统提供维护清单文件以及创建、维护和访问该文件所需的所有程序。库存文件及相关表是存储有关维护修理订单（MRO）中零件所有信息的位置。每个库存记录将包括有关零件以及许多数量字段的描述性信息。MRO 库存文件与原材料库存文件是不同的，MRO 库存文件通常包含以下字段：未完成工单所需的物料的累计总计以及预留或承诺用于未完成工单的物料的累计总计。存储在文件中或由清单程序计算的其他定量数据包括再订购点和再订购数量。

通过完全集成的 CMMS，可以从设备/资产清单中选择零件，然后直接拉到工单计划中。

设备运维导论

CMMS 将根据库存文件自动验证所选零件，如果有效，则将所需数量添加到库存文件中。它还将通知计划者零件是否无效或所需的零件当前的可用数量。可用数量是手头余额减去保留或承诺的总数量。系统还应通知计划者零件是否存在未清的采购申请或采购订单以及每个零件的数量。注意：只有连接了具有某种购买功能的接口时，此信息才可用。当所需或保留的数量（取决于 CMMS）会导致当前的余额下降到或低于再订购点时，许多系统会自动生成零件的采购申请。

零件从库存发布到计划的工单时，大多数系统还允许将计划外零件发给工单或某种控制编号，例如账号。未使用的零件可以退回库存，并且退回物品的数量和成本会自动记入工单和/或与工单关联的账号。

某些系统基于备件与库存不相同的前提而为库存和备件提供单独的文件，反之亦然。这些系统还将提供访问和维护这些文件的单独功能。其他系统在将备用零件投入使用之前将其视为库存零件。然后，它成为设备/资产项目，并保留在设备/资产文件中，直到再次成为备用零件为止。

一些公司宁愿或被要求使用其现有的库存系统和文件，而不是 CMMS 随附的系统。如果发生这种情况，则应开发现有系统与 CMMS 之间的接口或集成它们。没有集成系统，可能会发生以下两种情况之一，但这两种情况都不是好事。

首先，用户将拥有两个独立的系统。如果两个系统位于不同的计算机上，则用户将不得不在两个系统之间进行操作，通常需要使用单独的终端或工作站。它们将被要求手动更新带有库存问题和相关成本数据的 CMMS 文件。

其次是根本不将清单包含在工单中。这是一场灾难，将导致失去了 CMMS 的主要好处之一。平均而言，约 30% 的维修费用是用于所使用的库存物品。如果不将工单中的库存包括在内，将在会计中损失这些成本，并且将失去用于维修的零件的历史记录。

(5) 设备/资产使用地点对照参考清单

实际上，这不是 CMMS 中的文件，而是 CMMS 提供的过程。通常"用在哪"是设备/资产物料清单的逆过程。对于每个库存物料，"用在哪"将显示使用该物料的所有设备/资产。如果尚未为设备/资产记录创建物料清单，则可能没有此交叉引用功能。在确定要维护的某库存条目的库存数量时，"用在哪"交叉引用将非常有用。例如，如果某设备已停止使用，判断是否有必要在库存中维护其零件或组件。通过在每个设备/资产零件和组件上执行"用在哪"交叉引用，将看到在设备/资产项目上使用了多少。

"用在哪"交叉引用功能的另一个好处是能够定位当前不在库存中的所需零件。该零件可能位于当前未使用或不在关键过程中的设备/资产上。当关键过程的某零件失效时，作为临时措施，可以"借用"其他设备的相关的零件。

(6) 工单

工单是 CMMS 的基础，工单定义了要执行的活动、要维护的设备/资产、要遵循的程序、所需的技能/工艺、估计作业时长以及材料和工具要求。工单还提供了实际完成情况，由谁、耗时多久、何时完成、是否完成工作、是否需要回叫、是否损失了生产时间以及注释。许多系统允许输入代码来指定问题的原因和结果，例如 370（电动机过热），导致 16475（轴承更换）。

大多数系统允许多种类型的工单。基本类型包括生产、预防性维护、紧急情况或计划、修理、重复。通常，工单是作为工作请求而产生的。维护设备的工作请求可以是由任何想要请求维护动作的人发起的纸质文档,或者由申请者通过计算机终端直接输入 CMMS 中。通过直接输入,可以将一些控制内置到过程中。例如,当输入设备/资产 ID 时,CMMS 会将设备/资产 ID 验证到设备/资产文件中,如果有效,则将描述、成本中心和实际位置自动添加到工作请求中,从而使申请者能够验证这是他们要维修的设备/资产。

计划人员有机会在将工作请求转换为工单之前对其进行检查。对于大多数系统,如果申请者输入了错误的 ID,或可能在层次结构中错选了要服务的实际项目之上或之下的项目,则计划人员可以纠正。计划人员还可以按需将请求分解为多个工单。许多系统允许将单个工单分解为多个步骤或任务。根据 CMMS 每个步骤或任务可能针对特定的技能或工艺,并且可能适用于不同的设备/资产 ID。每个步骤或任务收取的费用将汇总到工单中。通常,在关闭所有步骤或任务之前,无法关闭工单。

在 CMMS 系统之间,工单文件上维护的信息会有所不同,并且在 CMMS 中,不同类型工单之间的信息可能会有所不同。在工作完成时,将包括工艺/技能的实际工作时数,实际使用的零件/材料,以及完成意见。大多数预防性工单是由 CMMS 自动创建的。其创建时间取决于执行频率。该频率可以是基于时间、基于周期或基于条件的。该过程由系统将标准预防性维护计划复制到预防性维护工单中执行。复制后,工单自动进入工单存量中。重复工单类似于预防性维护工单,不同之处在于重复计划是按需手动复制到工单中的。这种工单常用于设备/资产等工作的翻新或大修。

预防性维护计划包含与工单非常相似的信息。这些是与设备/资产记录相关联的工作计划,并且具有执行计划的明确频率。在大多数系统中,一个计划可能与多个类似的设备/资产记录关联,每个关联都具有唯一的频率或触发点。通常,在执行时或定义时,将预防性维护计划自动复制到工单中。将预防性维护工单添加到工单存量中,并像其他工单一样进行跟踪和执行。

重复维护计划与预防性维护计划相同,只是没有相关的执行频率。通常,重复维护计划存储在预防性维护计划文件中。这些计划会根据需要手动复制到工单中。这些计划用于诸如维修和大修之类的维护工作,或不需要固定维护时间表的任何重复性工作。重复维护计划可用于类似的设备/资产,例如修复某类型的电动机。当需要修理其中一台时,将从文件中选择计划并将其复制到工单中,然后可以针对特殊需求修改工单。

(7) 成本会计数据

CMMS 的主要优势在于它能够捕获和保留成本会计数据,例如工时和成本、使用的库存/材料数量以及成本、合同成本和杂项成本,并自动记入相关的成本对象、区域和部门。系统将这些数据自动存储于历史记录文件,并可以同时将它们自动传递到总账文件。通过使用设备/资产层次结构进行成本汇总,可以将成本数据传递到对会计组织更有用或更有意义的级别的总账中。例如,会计可能希望接收一个部门、生产线或工序的总人工或材料成本作为单个条目。数据载入后,CMMS 无需进行会计核算即可合并记录。

(8) 工单的历史

在分析维护如何达成目标时,工单或设备/资产历史记录数据是 CMMS 的核心。关闭工单后,它将自动存储在历史记录文件中。可以通过写工单标识或设备/资产标识来检索存储的工单。还应为每个设备/资产项目提供花费的技能/工艺时间、人工、材料和其他成本的摘要数据,并提供区域、部门、成本中心等所有工时和成本的摘要。这些数据应显示为月初至今、年初至今和服役至今。借助这些信息,维护人员可以确定实际年度中任何时期的实际支出与预算。此信息也可用作计划下一年预算的基础。

我们可以对历史数据进行趋势分析。如果在所有工单上都使用了因果代码，则 CMMS 应该为具有相同因果代码的设备/资产类型提供定位和汇总所有已关闭工单。根据该信息，可以确定原因和影响的趋势，还可以确定特定设备/资产项目的重复性问题。

根据历史数据，可以确定平均故障时间和平均修复时间。还可以确定何时重建或替换项目比继续维护它更具成本效益。通过使用设备/资产层次结构，用户可以确定每次维护时在何处，以及在特定地点执行维护时哪些部件存在。这是因为大多数允许层次结构的系统不仅维护设备/资产的工单历史记录，而且还维护项目父项的工单历史记录。此信息对于可移动设备/资产非常有用。下面以出现高故障率的电动机为例进行介绍。借助 CMMS，首先搜索其中一台电动机的历史记录，查看其去向及故障。如果在特定位置发生故障的可能性很高，则查看该位置所有电动机的历史记录。如果所有或大多数电动机均因类似原因在该位置发生故障，则问题可能不是出在电动机上，例如，可能是导致过度振动的对准问题。如果无论位于何处，一台电动机都出现故障，则问题出在电动机上。

许多系统都允许将已关闭的工单从历史记录复制到新的工单中。对于计划员而言，这是真正的节省时间的工具。复制后，可以修改新的工单数据，以满足要执行的特定作业的要求。可以通过搜索设备/资产类型的原因代码、搜索工单描述或搜索历史来查找要为其写入新工单的设备/资产或类似项目。

（9）工艺/技能数据

大多数系统都提供一个员工文件，该文件中记录了可以向工单收费的每个员工的数据。该文件的基本数据应包括：员工 ID（通常为工号）；工艺/技能代码；每项技能的每小时费率。一些系统允许存储其他信息，例如家庭住址、家庭电话、紧急联系人、培训/教育历史、事故历史、晋升、加薪历史等。CMMS 主要使用此文件来获取要向特定员工支付的实际时薪。在许多系统中，在计划工单时会使用工艺/技能代码。实际收费时间是按员工 ID 统计的。

（10）采购申请

在采购申请文件中记录了所有对维修车间和直接购买物品进行补货的请求。基本上，有两种方法可以在 CMMS 中创建采购申请。第一种方法是系统自动创建请购单以补充库存。每个 CMMS 都可以某种独特的方式执行此功能，但基本原理是当手头的余额或库存物料的可用数量达到其再订购点时创建请购单。每个 CMMS 的请求记录中包含的信息也可能有所不同。主要内容包括零件号及说明、需求数量、推荐的供应商、供应商部件号、交货时间和优先级。在将请购记录转换为采购订单之前，某些系统能够基于现有库存记录或可用数量自动更改采购数量。库存记录更改是库存返回、取消工作订单、库存调整或物料附加要求的结果。将请购单记录移至采购订单后，通常不允许对请购单进行其他更新。

创建申请的第二种方法是使用 CMMS 手动输入创建用于直接购买的非库存物料和服务的申请。当已知需要超出正常数量时，也可以为库存项目进行创建。一些系统在不允许自动再订购条目上有相应的标记，标记条目的申请需要手动创建，如季节性物品。

在大多数系统中，请购单可以进行检查和更新，直到将其移动或添加到采购订单中为止。至少在收到所需零件或材料之前，请购单记录需要保持完整。在自动申请的情况下，请求者或存储人员可能需要访问记录以获取信息。通常一旦创建了采购订单，CMMS 便会将采购订单编号引至请购单，这使得无需联系采购人员即可找到有关订单的重要信息。

（11）订单

采购订单文件包含有关未清采购订单的信息。该文件或相关文件将维护每个已关闭的采购订单和每个相关项目的记录。历史记录应包括收货信息，例如收货日期、收货数量，以及是否接受超额或短缺数量来关闭记录。在许多系统中，只有在所有订单项都关闭后才能关闭采购订单。在发票被批准付款或已付款之前，采购订单可能不会被视为完整。

采购订单通常根据批准的采购申请创建。系统之间执行此过程的方式有所不同。大多数系统的确允许按供应商选择和合并请购单，并按供应商和商品代码或其他选择标准将其合并为单个采购订单或成组采购订单。应该自动创建采购订单编号与请购单的交叉引用，以便申请者可以查询请购单并确定是否已创建采购订单，如果已创建，则应确定编号是多少。也可以允许创建没有请购单的采购订单。

系统可在线接收采购订单中的零件和材料，应允许采购订单中部分收货，以及在可控制的范围内超额收货。这些限制可以定义为不超过订购数量的百分比或特定的金额。当收到的金额少于订购的金额时，系统还应允许关闭条目。通常，必须先关闭采购订单上的所有订单项，然后才能关闭该采购订单。当所有订单项均已关闭时，系统应自动关闭采购订单。

如果采购订单是用于直接购买的非库存项目，并且有关联的工单或项目编号，则该编号应自动添加到采购订单记录中。由于在接收功能上显示订单项，因此接收人员将知道该材料不需要入库，并且应将收据通知请购者。

除了 CMMS 提供的系统，公司通常使用其他的采购订单系统。当发生这种情况时，需要通过两个系统的接口进行集成。将在 CMMS 中创建的请购单传递到采购系统，并将有关采购订单的信息传递回 CMMS 中的请购单。同样，在收到物料后，通常会通过采购订单系统来接收物料。CMMS 库存记录必须对收货数据进行更新。这可以通过界面手动完成，也可以通过集成接口自动完成。

17.3 基于计算机的维护管理系统的使用

人们可能会有一个误解——维护人员是 CMMS 的唯一用户。尽管维护组织是主要用户，但其他许多工厂组织也可能会从对 CMMS 内可用信息的访问中受益。这些组织包括工程、生产、库存控制、采购、会计/财务和执行管理。这些组织使用 CMMS 可能因工厂而异。

（1）保养

顾名思义，计算机或基于计算机的管理维护系统最初是为维护组织设计和开发的。多年来，添加了很多功能，使该系统对除维护以外的组织而言非常有意义，但是基本系统仍然是维护工具。软件程序和相关的数据库提供了获取、存储、管理和检索有效利用所有维护资源所需的大量数据的方法。至少，维护人员使用 CMMS 执行的功能是工单启动、预防性维护计划、工单计划、工单和资源调度等。

① 工单启动。可以根据 CMMS 及 CMMS 用户的策略和过程，以几种不同的方式启动

工作指令。

第一种方法是从书面请求开始，通常采用预打印形式。这是 CMMS 出现前的传统方式。该请求由维护人员或计划人员输入 CMMS。书面请求的优点是可以在进入 CMMS 之前对其进行审核和批准，也可以拒绝该请求。缺点是请求实际上已被写入两次。请求者必须准备纸质记录，业务员必须将数据输入 CMMS。

第二种方法是电话呼入请求。此方法也是 CMMS 出现前的传统方式。除紧急请求外，几乎没有优势。其缺点很多，而且往往很贵。接听电话的人必须在接收信息时将其写在纸上或直接输入 CMMS。错误的表达和误解可能导致后继严重的错误。接听电话使接收者感到不确信，而发生的错误使请求者感到沮丧。例如将维护人员送到错误的位置、安装了错误的零件、准备解决错误的问题等，会浪费生产和维护时间。CMMS 供应商能够提供使用按键式电话的电话请求功能，最初应用于酒店设施的维护，可以输入房号以及问题代码，例如电视的三位代码。

第三种方法是让请求者将请求直接输入 CMMS 中。这种方法的优点是请求仅编写一次，软件将为请求者提供帮助，并且维护组织所花费的时间最少。软件协助意味着请求者通常仅输入设备/资产 ID、问题描述以及工号。CMMS 将验证设备/资产 ID，如果有效，则在请求屏幕上显示诸如设备/资产描述、位置、区域、部门、成本对象等信息。这使请求者可以验证请求是否针对正确的设备/资产。如果输入的设备/资产 ID 无效，CMMS 将立即通知请求者。一些系统包括与特定设备/资产类型关联的问题描述表。请求者选择其中一个代码来定义问题。这使请求者更容易输入，并使维护的问题描述标准化。注意要消除过于常用的描述，如"破损"。由请求者直接输入的请求通常在维护人员审核后才能成为实际的工单。在成为工单之前，维护人员可能会批准、拒绝或修改请求。这种方法的缺点是，任何输入请求的人都必须易于访问终端，并且必须培训所有可以输入请求的人员。

第四种方法是 CMMS 自动创建 PM 工单。制订要执行的预防性维护计划、所需的零件或材料、所需的工艺/技能以及其他相关信息，并将其存储在 CMMS 文件中。每个计划都要与其执行的一个或多个设备/资产 ID 相关联。为每个预防性维护计划和设备/资产关系定义了频率或执行时间表，当频率或执行计划被触发时，CMMS 自动将预防性维护计划复制到工单中。此方法的区别在于创建的是工单，而不是工作请求。重复性工作计划与预防性维护计划非常相似，因为该计划已编写并存储在系统中，这些计划用于诸如翻新和大修的任务。当需要工单时，重复计划将通过 CMMS 手动复制到工单中。

② 工单计划。工单计划是定义执行作业所需的资源以及执行作业时应遵循的指令或程序的任务。资源包括人工、零件、材料、工具和合同。计划过程通常从已输入系统的工作请求开始。计划人员可以检查请求的准确性，并可以根据需要进行更改。计划人员可能还需要对要处理的设备/资产进行检查，以确定工作要求。计划人员确定所需的工艺/技能并将其添加到计划中，通常还包括每个分配的工艺/技能所需时间的估计。在许多系统中，仅计划了工艺/技能类型（焊接），而不是计划执行工作的特定人员。分配工作时，具体人员的选择权留给维护主管或领班。某些系统每个工单只允许一种工艺/技能类型。另一些系统允许多种工艺/技能类型，而且允许将工单分解为多个步骤或任务。具有多个步骤或任务有很多优点：可能是该工作需要较长的时间，并且每个步骤或任务都可以用于多个工作的特定部分；可以按照应该执行的顺序进行步骤或任务，也可以按照不同的顺序对其进行排序；可以与内部配合使用合同工，也可以对承包商使用单独的步骤或任务。

第 17 章　基于计算机的维护管理系统

计划说明包括要执行的特定步骤或操作，例如标准操作程序、安全程序、锁定和标记程序以及可能的签字要求。许多系统提供了允许从其他系统中检索文档（例如过程和图纸）的功能，可以检索文档并与工单计划一并打印。

工单计划对于控制维护性能和成本至关重要。因此，遴选计划人员非常重要。计划人员应是训练有素，聪明、认真、有上进心的人。准确而简洁的工单计划可以为公司节省大量资金。因此，对于维护经理或维护部门而言，计划人员不是文员或"督导员"。他们的职位是维护操作成功的关键，应等于或非常接近维护经理。

③ 预防性维护计划。预防性维护计划与正常工单计划非常相似。区别在于，预防性维护计划仅创建一次，存储在 CMMS 中，可以多次使用。该计划具有指向要使用的设备/资产的关联链接。每个预防性维护计划与设备/资产的关系具有一个或多个执行频率，这些频率控制着该计划何时开始工作。

达到频率或间隔时，CMMS 将根据预防性维护计划自动创建预防性维护计划工单。经常与预防性维护计划一起存储的是重复性工作计划。重复性工作计划适用于重复执行但未按预定频率执行的作业。例如翻新特定类型电动机的计划。该计划包含所需零件、材料、工具、工艺/技能的列表，以及每种工艺/技能的估计时间。通过 CMMS 功能，根据需要将计划复制到工单中。预防性维护计划和重复性工作计划都可以根据需要进行修改。从这些计划创建的工单也是可修改的。

④ 工单和资源调度。一旦每种工艺/技能的计划总工作时间超过一个工作日的可用小时数，则必须决定是否安排工作存量。CMMS 可协助安排工单及所需的资源。所有未完成的工单都保存在一个称为工单存量的文件中。每个工单都具有用于确定时间表的指标。其基础指标包括工单类型、状态和优先级、设备/资产的关键程度，以及要求的完成日期。除指标外，还要求零件、材料和工具可用，除非可以在缺少它们的情况下开始工作。大多数系统使用工单状态代码来定义工单目前状态。例如指示出为工单计划的所有零件或材料尚未提交或保留。

CMMS 应该允许调度程序输入标准，以选择要调度的工单。这些标准包括地区、部门、主管、工艺/技能和工单类型等。调度程序还应该灵活地指定排序工作或排序标准，以此来调度选定的工单。这些标准包括工单输入日期、预计完成日期、工单优先级和工单状态。从调度程序提供的输入中，CMMS 将按照指定的顺序选择所有符合选择标准的工单并对其进行排序。选定的工单将保留在计划文件中，还可以重新排顺，甚至删除计划外工单，以满足维护和操作的特定要求。许多系统允许计划创建的时间长达 12 个月，但超过 1 周的计划可能价值有限，因为其间可能发生若干未知事件使计划无效。

一旦确定了工单，CMMS 应将计划中每个工单的计划人工需求与可用于产生可行计划的实际工时进行比较。计划程序应该能够调整可用的工时，并使系统重新创建最终计划。调整工时意味着增加加班时间、增加人员（可能是来自其他小组）或将工作外包。

⑤ 采购非库存，直接购买的零件和服务。CMMS 应该允许在线创建非库存或直接购买的零件、材料和服务的采购申请。直接购买申请通常遵循正常的（库存补充）购买申请流程，并且可能需要在批准采购订单之前得到批准。与手动申请相比，CMMS 具有多个优势。首先，请购单可以参考要为其购买的工单。此工单参考应贯穿收货过程，以便收货人员知道谁需要该材料。这有助于在收货后及时通知或发送信息给请求者。其次，请求者可以向 CMMS 在线查询请求状态。如是否已批准、是否已订购、采购订单号是什么、供应商是谁、预计收货日期是什么等？查找此信息的功能里消除了请求者致电以获取信息的麻烦。

⑥ 设备/资产维护历史记录分析。CMMS 的主要优势在于可用作大量数据的存储库。有许多文件包含大量记录，可使用有意义的格式对其进行组合、排序、显示或打印。这些显示和报告通常为分析设备/资产维护历史记录提供关键信息。历史数据包括什么问题、什么地方、什么时候发生、什么原因造成了问题、产生的结果、采取的纠正措施、使用的资源、维护时间以及与这些活动有关的评论。CMMS 可以从许多不同的记录中快速检索信息、组合这些信息、执行任何所需的计算、对结果进行排序，并以有组织的格式显示它们。

分析单个设备/资产的历史记录可以显示故障趋势，提供估计未来故障的信息以及提供任何时期的维护成本数据。利用维护成本数据，可以决定是否继续维修、大修或翻新或更换。还可以生成特定类型的设备/资产的故障趋势。大多数故障或故障类型通常因特定制造商的产品而不同。可能出现大多数故障都发生在特定位置（这可能是操作员的问题吗？）的现象。CMMS 可以执行的分析类型基本上仅受想象力限制。

⑦ 资源平衡。它是 CMMS 的另一个主要优势。资源平衡可以节省支付系统的实施费用。如果 CMMS 执行自动化的资源（人工）平衡，CMMS 自动将计划中的所有工单与可用技能/工时进行匹配，并以可用工时的工单来最终确定计划。如果为每种技能/工艺安排了足够的时间，则系统会将它们安排为 100%，除非指定将某些人安排为更低的百分比。大多数系统允许指定每个技能/工艺的百分比。

如果系统没有自动进行资源平衡，则仍然能够实现最大限度地利用劳动力的目标，可以通过出色的工作计划来完成。出色的工作计划将消除或减少因发现未计划所需的人员、零件、工具或许可证而开始工作所造成的延迟。发生这种情况时，结果通常是人员无计划地等待未计划的项目。显然，计划的工作越多，人员的生产力就越高。在时间表上手动平衡可用技能/工时与计划工时，需要按技能/工艺对时间表进行排序，并确定每种类型的总工时。从日程安排中选择与第二天所有可用时间相近的工单。这可以成为当天的最终时间表。通常会获得较大的利用率。当一项工作需要多种技能并且在不同时间进行时，如果 CMMS 允许分步计划工序，则可以使人员安排更加容易管理。

⑧ 预算编制和跟踪。由于 CMMS 会保留过去一段时间的所有维护维修费用，并且可以按许多顺序或分组列出这些费用，因此可靠的信息可用于编制预算。成本数据可以按特定区域或部门分组，并且可以分为人工、材料、合同和杂项等成本类型。这些成本可以根据所执行的工作类型（例如预防性维护、纠正性维护和生产）进一步分开。CMMS 及众多的数据使估算工作相当便捷。

CMMS 还应每天、每周、每月或根据用户定义跟踪预算中的实际成本。对于基于日历执行的预防性维护计划，CMMS 应该提供前摄能力，以按周或按月确定至少一年的未来人工和物料需求。借助此功能，可以调整预防性维护计划以平衡特定时期的人工需求，并且可以每周或每月（最多一年）确定零件和材料需求。这些因素看上去似乎并不重要，但是它们提供的计划功能具有极高的成本效益。

(2) 工程

工程师可以使用 CMMS 来计划项目，就像维护计划员计划工单一样。他们还可以使用 CMMS 存储和检索有关设备规格、图纸以及对设备/资产的修改数据。他们将能够快速准确地识别和定位整个机构中相同的设备/资产。当工程变更要影响所有相似的设备/资产项目时，这一点非常重要。

① 项目计划和跟踪。工程人员可以使用 CMMS 计划任何规模的项目。根据项目的规

模，可能需要一份或多份工单。单独的工单可以用于每个项目活动，还可以在一个工单上计划多个步骤。项目工单通常具有用于分配项目编号或标识符的字段。使用项目标识符字段作为排序标准，可以将与项目关联的所有工单选择为一个组进行查看或打印。

CMMS 通过使用项目工单提供的一项优势是，能够对所有计划的资源需求及成本进行分组和显示或打印。随着项目工作的进行和对工单的支付，将实际工时和费用与计划工时和成本进行比较，将显示该项目是在项目计划之内、还是超出项目计划。在工单上计划的合同工可以跟踪实际和承诺的时间及成本。如果采购模块与维护模块集成在一起，则可以通过 CMMS 跟踪采购订单承诺。

② 查看设备/资产规格。CMMS 应为每个设备/资产记录提供规格的存储和检索。许多系统允许将一组规格与所有相同的设备/资产记录相关联。规格通常采用用户定义代码的形式，每个代码都带有描述性文本。规格可以在设备/资产记录上和/或在单独的文件或表格中维护，并带有指向设备/资产记录的链接。如果要为所有类似的设备/资产项目修改规格，则只需要对规格表或文件进行一次更新。这不仅快速，而且还可以确保没有忽略任何设备/资产项目。工程师在购买与已经拥有的设备/资产相同的新设备/资产时，也可以使用这些规格数据。

使用规格数据提供了在文件上定位所有相同设备/资产项目的最佳方法之一。例如，要找到所有 GE 电动机（交流、50hp、30A、特定的机架尺寸、周期、电压等），将规格值输入 CMMS 搜索功能，应返回所有匹配项的显示或报告。它还应显示每个项目的物理位置。

③ 设备/资产修改历史记录。通常会修改设备/资产项目以满足特定需求。如果使用 CMMS 工单进行这些修改，则将保留修改的历史记录。历史记录将包括修改的内容、何时、由谁以及为什么需要修改。如果要对所有相同或相似的项目进行相同的修改，则 CMMS 提供了一种非常快速、准确的方式来定位和分组这些项目。

(3) 生产

在许多工厂中，生产人员可以像维护人员一样频繁地使用 CMMS。例如查询工作请求的状态，而不必联系维护人员。在其他方面，CMMS 也可能对生产人员有利。

① 停机计划。生产人员可以使用 CMMS 查询要停用的设备/资产项目、生产线的所有未清工单。该查询将显示要停用的设备计划和计划外的工单，可以在停机期间通知维护人员该设备可用于维修。还可以在最方便的时候安排和执行例行工作。发生紧急故障时，可以快速查看生产线工作存量，使得常规工作可以在计划外停机期间执行。当某个流程或设备/资产项目停止服务时，生产人员必须主动检查 CMMS 工单。

② 维护工作记录。CMMS 为生产人员提供了查询工作请求或工单状态的方法，而无需与维护人员联系以获取信息。通常，当人们有能力自己寻找并获取相关知识时，他们会对答案有更高的满意度和执着程度。这样可以改善沟通交流，从而改善维护和生产之间的关系。由请求者通过计算机终端直接输入工作请求的好处是巨大的：第一，文书工作量减少了；第二，工作请求不会在请求者和维护人员之间丢失；第三，当向计算机输入请求时，他们通常会感到更自在，因为在计算机中会受到办理；第四，消除或减少呼叫服务，使维护经理可以有更多的时间按原因和结果整理设备/资产维护历史记录。由于重复性故障，维护人员经常被认为工作不佳或不彻底。如果在完成工作时将失败原因代码输入工单中，则生产人员可以查看故障原因的历史记录。某些故障可能是操作人员导致的结果。原因代码

还可能表明所涉及的设备不适合要求的工作，如电动机不足以拖动施加在其上的负载。通过查看与每个原因相关联的影响代码，生产人员还可以查看每个故障的结果有多严重。建议生产人员能够使用 CMMS 来自己查看故障，有尽可能多的机会使用 CMMS，并鼓励他们使用 CMMS。

(4) 库存控制

库存通常是 CMMS 的活跃用户。通过 CMMS 接收和发送零件、材料和工具，并调整库存余量。其他用途包括零件使用历史记录，零件到设备/资产的引用，预先通知零件需求，以及存储和检索材料安全数据表等。

① 零件使用历史记录。CMMS 只允许将零件和材料发放到工单或特定账号。遵循这种做法，可以消除未经授权和无法解决的问题。但是，没有任何系统能够完全消除不时发生的临时性问题。通过 CMMS 发送零件时，将创建每个发送的历史记录。每个历史记录都应包含发出的数量、工单和账号。此历史信息用于确定零件使用趋势，包括在任何时期内的异常和不活动。通过跟踪工具问题，将形成一个记录，记录工具的发送对象、发送时间和退还时间。

② 零件到设备/资产的引用。它是形成设备/资产物料清单的逆过程。这意味着对零件编号的交叉参考查询应得出使用该零件的所有设备/资产清单。库存控制人员可以打印设备/资产物料清单。对于物料清单上的每个条目，都可以进行引用查询，以确定使用这些零件的设备/资产。根据查询的结果，可以决定从库存中删除零件或调整再订购点和再订购数量。如果可以减少库存，则可以节省成本。

引用还能够找到当前缺货但在紧急情况下需要的零件，可以表明所需的零件位于当前不可用或正在非关键位置使用的设备/资产上，可将零件从此设备/资产项目中移除，用于关键设备。

③ 零件需求预告。在大多数系统中，在工单上计划零件将自动更新相应库存记录上的所需数量。在工单计划和调度过程的某个时刻，例如批准工单，所需数量自动添加，称为保留数量或承诺数量。根据 CMMS，承诺数量将更新系统计算值（称为可用数量）。可用数量等于手头余额减去承诺数量。如果零件是通过工单以外的其他方式请求的，例如非计划性要求，则库房人员可以立即确定该零件是否可以发送。

CMMS 应打印工单上计划零件对应的发货清单。发货清单对计划中的每个零件显示零件编号、描述、计划数量以及零件在库房中的位置。在开始工作之前准备好发货清单，零件可以挑选并准备好，以供维护人员提取，或者可以将其交付到工作现场。

④ 自动再订购零件。CMMS 将自动创建再订购申请以补充库存。在某些系统中，创建申请的触发点是可用数量。在其他系统中，它是手头余额。当触发数量等于或低于定义的再订购点时，将创建请购单。知道 CMMS 使用哪个触发点很重要，因为这将决定在哪里设置再订购点。如果使用手头余额，则再订购基于剩余零件的实际数量。如果使用了可用数量，则再订购基于剩余和承诺的零件，在第二种情况下，再订购点会设置得比第一种情况低。

许多系统都允许标记不自动再订购的零件，对标记零件不会发生自动申请。这些零件的申请将通过其他方式（可能是手动方式）创建。季节性零件（例如除雪设备的零件）可能属于此类。

⑤ 工单到采购订单的交叉引用。通常，对于特定的工单，需要直接购买无库存的物

品。它们是在工单上计划的，并且请购单可以由 CMMS 自动创建，也可以根据系统功能手动创建。在任何一种情况下，工单号都会被转发到请购单，再到采购订单。收到物品后，接收人员将自动获得为其购买物品的工单编号。有了这些信息，他们可以查询 CMMS 以确定请求者，以便立即发出接收通知。

⑥ 材料安全数据表的存储和检索。CMMS 应提供所需零件和材料的安全数据表（MSDS）的存储、维护和检索。发货时，还应允许自动或手动选择 MSDS 打印。

（5）购买

许多公司在实施 CMMS 之前已经使用了采购系统。需要确定使用 CMMS 随附的购买功能还是使用其他采购系统。通常，公司政策要求保留现有系统。首先，CMMS 采购模块与 CMMS 库存模块需要完全集成。其次，如果必须使用其他采购系统，则需要与 CMMS 集成。集成消除了重复输入数据的烦琐，并确保了整个过程中数据的完整性。集成系统还包括自动查询库存，将同一供应商的申请合并到单个采购订单，以及针对采购订单的收货单。

① 自动查询仓库库存。库房部分介绍了 CMMS 如何基于再订购点自动创建用于补充库存的请购单。这些申请以及手动输入的申请都存储在文件中，供采购人员根据需要检查、修改和转移。出于买方的原因，采购人员可以在将申请转移到采购订单之前更改卖方、订单数量或单价。完全集成的系统，基本上可以使用一个终端和一个系统来执行这些任务。

② 采购订单合并。通常，请购单作为单独的记录存储在请购文件中。每个申请所购买商品都有推荐或首选供应商。采购人员应该能够请求将特定供应商的所有申请转移到单个采购订单中。附加选择标准，例如商品代码，可以用于筛选特定供应商和特定商品代码的所有请购单。

③ 收货单。通常会在系统中根据采购订单接收物料。系统应允许延期交货的部分收货以及之后关闭采购订单。在预定义的最大级别内的超额收货也应被允许。这些级别可以是固定数量或金额，也可以是采购订单价值或数量的百分比。收到并完成采购订单上的所有条目后，系统应自动关闭采购订单。如果在关闭采购订单后收到该订单的其他条目，则某些系统允许重新打开采购订单。

收到库存物料后，该物料的库存文件应自动更新为已接收的数量和物料的购买价格。购买价格如何更新库存记录将取决于使用的 CMMS 和库存核算方法。记账方法可以包括平均单位成本、先进先出（FIFO）、后进先出（LIFO）或收货时计价。独立分开的系统意味着两次输入，首先是接收，然后是库存更新。

对于工单的直接购买，系统可以在收货时直接收取工单的费用，实际上是自动将物料发布到工单。

（6）会计与金融

CMMS 可以合并格式为财务部门提供准确的维护成本数据。将财务人员包括在实施计划过程中非常重要，这样可以就如何在 CMMS 中累积成本做出早期决策，可以帮助确定层次结构和成本汇总级别。在确定成本中心和科目代码时，也需要来自财务的输入。CMMS 用于财务的好处是自动成本分配、成本历史评估和符合 ISO 9000 的要求。

① 自动成本分配。输入工单的成本会自动分配给成本中心以及与该工单所对应的与设备/资产记录相关的总账科目。在某些系统中，工单可以代替设备/资产项目直接针对成本对象编写。使用大多数系统的设备层次结构和成本汇总功能，会计能够以其所需的方式

接收成本信息。例如按地区、部门、过程、生产线、项目或它们的任意组合。工单将在成本信息中输入工单的日期和工单的完成日期。会计所需的信息都可以按照既定格式轻松、准确地传输到总账系统。

② 成本历史评估。会计人员应该可以直接在线访问 CMMS，查看维护成本历史记录数据；可以按区域、成本中心、部门、过程、生产线、项目以及单个设备/资产项目查看人工、材料和其他成本的历史记录；还可以查看对应于其会计期间的特定时间段的成本汇总。

(7) 管理

管理层可以在需要时以摘要形式从 CMMS 检索有价值的信息。高级管理人员可能会有兴趣查询预算跟踪和 ISO 9000 合规性之类的内容。

① 预算跟踪。CMMS 可以快速汇总任何时间段内的预算成本与实际支出。例如，按成本中心、区域、部门、过程、生产线、项目或单个设备/资产项目进行审核，然后在线查看结果或打印结果。可以为特定的时间段选择要查看的数据，例如年初至今或本月初至今。还可以在线查看正在经历极高维护成本的区域或设备/资产，要求列出在所述期间内完成的所有工作单，审查相应工单将查明大笔支出或工单数量异常的原因。

② 符合 ISO 9000。CMMS 提供了多种类型的文档的存储、维护和检索，包括标准操作程序、标准维护程序、材料安全数据表和图纸。CMMS 还保留所有已执行工作的完整历史记录。ISO 9000 要求对文档和合规性进行标准化，CMMS 可以提供相应文件以及完整的审核记录。ISO 9000 合规性通常是高层管理者关注的问题。

17.4 基于计算机的维护管理系统的适用性

(1) 维护、排序、汇总和显示数据

CMMS 的主要功能之一是维护、分类、汇总和显示数据，以供人员查看和决策。组成 CMMS 的计算机和程序可以更快、更准确、更大量地执行这些功能。对一个 CMMS 文件上的数据字段进行更改，可以使每个文件上所维护的数据字段自动更改。这样可确保始终提供准确的数据。大多数系统提供许多不同的选择或排序来组织要显示或打印的数据。可以自选要查看的信息及查看方式。CMMS 还提供输入选择字段，以产生摘要显示或报告。丢失或错放已输入 CMMS 文件的数据的情况很少见。为了安全起见，应该采取系统备份措施。

(2) 自动化和控制可靠的预防性维护程序

良好的预防性维护计划是提高维护性能、设备可靠性和降低维护成本的重要因素。在 CMMS 中制订了预防性维护计划和时间表后，系统将自动创建和安排预防性维护工单，并自动提供未在其计划周期内完成的预防性维护工单的通知。

(3) 自动化和控制可靠的库存补充程序

CMMS 将基于定义的或计算的再订购点自动创建库存商品的采购申请。不同系统在确定何时到达再订购点的原则可能会有所不同，但是一旦到达再订购点，所有系统在创建采购申请时均一致。某些系统可能将再订购点基于实际的现有余额。其他系统可以基于零件的总工单需求数量，也可以使用总工单承诺数量。许多系统都允许对单个零件进行标记，以说明要使用的再订购点原则，或者从不为该零件创建自动请购单。无论使用哪种方法，都可以保证其一致性和准确性。

（4）根据资源可用性提供准确的作业计划

手动安排要执行的作业，尤其是在有大量积压的工作时，既困难又乏味。CMMS计划程序可以根据诸如工单优先级、设备/资产关键性、工单类型、请求的完成日期和工作请求的起始日期等标准来计划工单。一个好的调度程序还将根据资源的可用性进行调度。例如，能够按照计划的时间表将所有工单的所需时间（按技能/工艺）与计划期内每个技能/工艺的可用时间进行匹配，并确定了每个工单所需零件和材料的可用性。对于按优先级、关键程度等确定的计划顺序，最终计划将基于所需人工、零件和材料的可用性。

17.5 基于计算机的维护管理系统的不适用之处

CMMS用于改善维护工作，并为其他组织提供存储、操作和检索数据的功能，还可基于定义的触发点生成工单、安排工单，并自动再订购零件。换句话说，可以将CMMS设置为根据定义的参数自动"记住"并执行活动。但CMMS不会取代良好的维护规范和管理。例如，CMMS无法替代维护经理、计划人员以及无法分配工作等。

（1）无法替代维护经理

CMMS无法控制计划要执行的工作以及指派人员的工作进度。维护经理确定首先需要从事哪些工作，谁可以从事这项工作，以及谁最适合哪项工作。CMMS将按优先级顺序维护所有待完成工作的待办事项，并可以快速有效地创建此待办事项的计划，将考虑作业所需的所有资源的可用性以及基于可用性的计划。仅此一项活动便为维护经理节省大量时间，以腾出时间来更有效地管理组织。

（2）无法替代计划人员

在许多情况下，由于实施CMMS，维护计划人员的数量有所增加。如果目标是CMMS计划工作的90%，那么可能需要更多的计划人员实现目标。用CMMS使计划变得更加容易和高效，因为CMMS包含了很多有价值的、组织良好的信息，可供计划人员使用。例如，要维修的设备/资产的物料清单，计划员能够从该物料清单中直接选择工单计划中需要维修的零件。又如，计划人员可以将先前制订的计划复制到新计划中，并根据此工作的需要修改新计划。使用CMMS，快速准确地进行计划的能力增加了工作总量的计划部分而减少了应急部分，以至于可能有必要增加计划人员。

（3）无法分配工作

通常，CMMS不会将工作分配给特定的个人或小组，尽管有些CMMS现在提供了根据可用性自动将个人分配给工单的功能。在这两种情况下，CMMS均会提供大量信息，以使维护经理和/或计划人员能够做出有关工作分配的决定。例如，CMMS能够以几种不同的排序显示工单存量。排序选择通常包括部门、过程、设备/资产类型、技能/工艺要求、工作请求日期、请求完成日期、工单类别/类型等及其组合。排序的待办事项应可用于在线查看或作为打印报告查看。借助此功能，维护经理应该能够就哪些人最适合分配哪些工单做出最佳决策。许多系统会根据日期、优先级和技能/工艺可用性来提供建议的时间表。以此计划为基础，维护经理与生产经理一起，应该能够将所有工作有效地分配给最合适的人员，并以最有利的顺序计划工作。

（4）无法整顿混乱

在准备选择和实施 CMMS 时必须谨慎。准备过程的第一步是全面评估当前情况。该评估必须超出维护作业的范围，包括生产、工程、库存、会计、采购、人力资源和信息系统。首先确定这些领域中的当前状况，然后确定需要进行哪些更改才能实现目标。CMMS 的决定会影响上述领域，因此必须将其包括在评估中。确定了需要进行哪些改进后，就可以制订 CMMS 规范。进行评估的另一个原因是，确定除 CMMS 可以提供的功能之外，还应该做出哪些改变。将现有的不良做法用于 CMMS，会导致要解决的问题更加复杂。

（5）无法提高设备/资产的可靠性或产品质量

CMMS 不会提高设备/资产的可靠性或产品质量，也不会降低维护成本或减少人工需求。CMMS 只是实现这些目标的一个工具。除流行的维护程序外，CMMS 可能是最具成本效益的工具。CMMS 使维护工作能够节省许多成本，一旦实施，应在 18~24 个月内收回成本。用户必须正确设置它，培训使用人员，并控制其中的数据。如果控制不当，CMMS 实际上会增加维护和库存成本。

17.6 基于计算机的维护管理系统的失效

CMMS 通常翻译为计算机维护管理系统。坦白说，这是一个误称。购买和安装的大多数 CMMS 系统都不是管理系统。虽然这些系统确实可以管理大量数据，但并非旨在管理维护功能。市面上出售的许多 CMMS 系统的管理能力有限。作为软件开发方，许多供应商对实现有效维护组织所需的管理任务缺乏切实的了解。它们非常擅长开发存储大量数据、处理数据、自动化重复执行任务并生成标准报告的软件程序，但它们没有提供组织所需的有效的管理工具。

CMMS 的另一个限制是自我依赖。无论尝试什么改进，许多工厂和设施中的组织架构和工作文化都限制了维护功能的有效管理。添加 CMMS 对维护经理改善状况的能力影响有限。

最初计划不佳会导致资源分配错误、执行时间增加、关键人员失去信息以及项目资金不足。培训太少或在错误的时间进行培训会带来不便和低效。这使人们对 CMMS 缺乏信心，结果导致缺乏使用。最初加载到系统的数据不正确或不足会导致从系统获得的信息不足，这也导致失去信心，并缺乏使用。正确的计划和实施是 CMMS 成功的关键。

对失败的 CMMS 实施的调查显示，阻碍成功实施的主要因素包括以下几项。

（1）部分执行

CMMS 实施尝试中有很大一部分失败的原因是 CMMS 尚未完全实施。大多数公司缺乏全面实施 CMMS 所需的专业知识。由于它们的内部人员没有这些程序的工作知识或无法完全理解系统的功能，因此他们无法识别直接或间接支持已安装系统所需的所有任务。结果，项目团队"偷工减料"或仅执行 CMMS 程序所需最低限度的任务。项目团队未能意识到所有因素，包括许多非维护性问题，这是成功实施 CMMS 和有效维护管理的绝对障碍。据估计，用户平均仅使用 CMMS 模块的 30%，结果 CMMS 的整体利用率为 9%。

安装一些计算机终端和 CMMS 软件包不会对维护组织的效率产生任何影响。用户必须确定并解决所有限制维护有效性的因素。

（2）缺乏资源

资源有限是任何项目失败的主要原因。这种失败通常是由于计划不当或缺乏管理/劳动承诺造成的。部分案例中显示用户根本没有系统性制订计划，无法估计全面实施 CMMS

和控制各因素所需的人力和财力水平,结果难以取得实施该项目所需的资源。

造成此问题的第二个原因是公司和生产线管理层都缺乏投入。在许多情况下,这是由于未能将程序宣贯给各级工厂人员造成的。在开始实施之前,所有级别的工厂员工必须掌握该程序,必须了解系统目的、实施和维护系统的资源要求以及它们在项目中的作用。这需要非常详尽的项目计划。

(3) 碎片化组织

许多工厂在实施 CMMS 时并未应用有效的项目管理。与所有重大项目一样,实施 CMMS 是一个复杂的长期项目,企业必须具有强大的管理和领导能力,必须指派经验丰富的项目经理参与项目,并有权促进项目的及时完成。

内部纷争、劳资关系和许多其他因素导致 CMMS 实施工作的分散化。项目计划必须预见到这些问题,并拥有有效的手段,以限制其对项目进度的影响。

(4) 人员冗余或不足

大多数实施尝试将内部人员用于大部分 CMMS 任务。实施 CMMS 通常需要数年的工作。在大多数情况下,工厂没有成功实施所需的额外资源。结果,要求内部人员执行其日常职责以外的实施。在满足生产和维护目标与实施 CMMS 之间产生的冲突会给所有相关人员造成极大的负担。他们会对进展缓慢且系统未达到预期感到沮丧。结果是 CMMS 实施成为第二优先事项,并且从未完全实施。解决方案可能是聘请专门从事 CMMS 实施的外部顾问。他们可以补充内部团队,同时提供只有经验才能带来的领导才能和知识。

(5) 不当的期望

太多的组织期望 CMMS 硬件和软件的实施将自动实现有效的维护组织,但这绝对不是事实。CMMS 是一种工具,它将提供有效管理维护所需的信息,但它无法克服无数其他导致有效性降低的因素。如果未及时正确实施,CMMS 实际上可能会增加维护组织的无效性。

(6) 缺乏行为期望

理所当然地认为所有员工都将接受 CMMS 系统以及工作文化将因使用此工具而发生变革是 CMMS 失败的主要原因。没有主动的人为因素的根本改变,CMMS 系统将无法提供预期的收益。CMMS 无疑将为组织及开展业务的方式带来变化。如果在 CMMS 之前没有正式的系统,则那更是如此,因为现在有了工作分配和计划的方法。

(7) 将计算机视为可交付成果

许多组织对 CMMS 实施抱有期望,但从未意识到安装计算机、网络和软件只是 CMMS 实施的一小部分。如果未能完全实现工作方法、程序、组织、员工态度、技能等方面的改变,则不会成功。

(8) 对抗而不是合作

几乎每个工厂都具有一定程度的内部纷争,阻碍部门之间及内部的有效协调与合作。就 CMMS 而言,维护、信息、采购、财务和生产之间将形成主要的利害关系。这些组织中的每一员都将是 CMMS 系统的用户,并且每个组织都有自己的功能、实施时间表和期望结果的议程。在规划阶段和整个实施过程中,应该有一个团队,每个相关组织中至少有一位代表。该团队将解决分歧并确保实施过程保持正确。高级管理人员应担任仲裁员,以解决团队无法解决的分歧。此人必须拥有最终的绝对权力。

(9) 沟通不畅

项目管理是成功实施的基本要求。清晰、简洁的沟通是良好项目管理的重要组成部分。

太多的项目缺乏总体项目计划和进度表，这些计划和进度表清楚地标识了所有任务以及必须执行的顺序以满足实施进度表和预算。缺乏总体规划会导致沟通不畅、对抗关系以及时间表和预算的延误。

（10）缺乏专业知识

许多组织没有一支拥有丰富经验和专业知识的员工队伍来正确实施有效的CMMS。通常，它们将从维护组织或信息系统中选择项目经理。在前一种情况下，维护经理通常将缺乏以下方面的经验：①基于计算机的系统性知识；②人的行为和动机；③有效的组织要求和其他技能。这些都是成功的基本要求。在后一种情况下，信息系统管理员具有所需的计算机知识，但可能缺少其他所需的技能。如前所述，实施需要一个团队，该团队将把所有必需的技能和知识整合到一个单元中。该团队应由一名高级管理人员领导，该人员将为整个组织的利益服务。

（11）依赖顾问

许多工厂试图通过聘请CMMS顾问来解决有限的内部知识问题，以其提供专业知识和经验来正确实施有效的维护管理计划和CMMS。尽管此方法有效，但在选择过程中必须谨慎。CMMS失败的一个原因可以直接归因于外部专家的领导能力差。

聘请顾问之前，需要先验证他们的实际能力。一个人写过书、发表过文章并且参加过CMMS会议，并不意味着他可以提供实施系统所需的实际领导能力。与以前的客户交谈，并验证顾问是否具有经过验证的实际实施记录。不要使用CMMS供应商的顾问。无论CMMS供应商的顾问的职业道德如何，其作为CMMS供应商雇员的地位与他作为用户方代表的责任之间的冲突将妨碍有效实施。顾问必须保护用户的利益，并绝对致力于实施最有效的系统。与这些目标的任何冲突都将严重限制实施成效。

（12）CMMS的修改

许多组织甚至在没有机会改变某些做法以满足CMMS之前，就选择修改CMMS以使其与现有的业务惯例相匹配。在大多数情况下，这适得其反。虽然一些公司有一个有效的没有CMMS的维护组织（大多数没有），如果在CMMS中复制常规业务惯例，则极有可能无法获得收益。此外，标准CMMS软件的修改可能非常昂贵且耗时。许多CMMS供应商会倾向于修改软件，以满足独特需求。他们收入的很大一部分是通过修改产生的。如果用户找到最适合的系统需求，除报告格式之类的细微变化外，尽量不要做其他更改。

（13）工作文化限制

基本管理，属于哲学或程序问题，而不是CMMS系统问题，可能会阻碍CMMS的顺利实施或过渡。该系统可能完全符合需求，但是如果没有就如何最好地使用该工具达成内部协议，则该系统将无法提供所需的结果。有时需要彻底改变以打破过去的习惯。如果在实施新系统之前未解决这些问题，那么每个人都会将维护问题归咎于CMMS。

在某些情况下，工作文化问题可能会影响系统的规格。例如，一个普遍问题是机器操作人员将在多大程度上参与设备的维护。这可能不会影响系统要求，因为系统实际上并不关心维护人员还是生产工人执行维护、输入数据或输出报告。但是，CMMS的成功或失败取决于这个问题。除非操作人员开始认真对待设备的保养和维护，否则维护人员会感到浪费时间来继续为同样的问题填写工单。操作人员会抱怨，该系统没有提高对他们问题的维护响应速度，也没有提高维护质量。维护人员会坚持认为，没有人会查看CMMS的报告，看是否是由培训不足且不关心设备的操作人员引起的同一问题。为了实现CMMS的潜在利益，必须找出根深蒂固的管理和程序问题，并迅速解决，以使所有利益相关者满意。